谨以此书

献给

即将、正在或已经

走在人生的求学、进城和求职路上

为谋求

生活幸福、事业成功

而奋斗的

广大农村青年们

多元成功路

与农村青年谈人生选择

● 李宝元◎著

北京师范大学出版集团
BEIJING NORMAL UNIVERSITY PUBLISHING GROUP
北京师范大学出版社

图书在版编目(CIP)数据

多元成功路：与农村青年谈人生选择/李宝元著. —北京：北京师范大学出版社，2010.8(2014.12重印)

ISBN 978-7-303-11043-8

Ⅰ.①多… Ⅱ.①李… Ⅲ.①成功心理学-青年读物 Ⅳ.①B848.4-49

中国版本图书馆CIP数据核字(2010)第095219号

营销中心电话 010-58805072 58807651

京师心悦读新浪微博 http://weibo.com/bjsfpub

出版发行：北京师范大学出版社 www.bnup.com

北京新街口外大街19号

邮政编码：100875

印　　刷：北京易丰印捷科技股份有限公司

经　　销：全国新华书店

开　　本：170 mm×240 mm

印　　张：13.25

字　　数：220千字

版　　次：2010年8月第1版

印　　次：2014年12月第5次印刷

定　　价：25.00元

策划编辑：戴 铁　　责任编辑：戴 铁

美术编辑：毛 佳　　装帧设计：天之赋工作室

责任校对：李 菡　　责任印制：马 洁

说在前面的话

本书专门为“农家书屋”而作，特别针对农村青年而写。

在我们这个“三农”（农村、农业、农民）大国，说到“农”字，往往有五味杂陈的意味。一方面，它代表着“人民大众”，面向他们就是“面向人民大众”，对他们说话、为他们说话、与他们谈话，应该是一件很光荣、很伟大的事情；另一方面，它又代表着我们社会中最“弱势”的群体，与“农”有关往往意味着“贫穷落后”，因此无论城乡，青年人都在争先恐后地“脱农”，似乎唯有脱农才能脱贫、才能致富，而故意与这个“农”字粘连，好像无异于自甘落后、不愿进步。

前几年，有本科生给我提意见，说：“老师，请你以后别在课堂上给我们讲乡镇企业的案例了，我们毕业以后肯定都会留在大城市工作，你给我们讲这些没用！”我不知说这话的是农村青年，还是城市青年，按照我们学校城乡学生比例及说话神情，我估计多半是好不容易考学出来恐惧回去的农家弟子。

这不，日前《中国青年报》（2010年4月6日）还报道说，部分免费师范生“恐惧回农村”，农村缺教师难题悬而未解。不仅“免费师范生”政策，包括“大学生村官”等与“农”有关的政策，都面临着这种“惧农怕农脱农逃农”强大离心力的现实挑战，面临着“初衷设计很良好、实际后果反效应”的尴尬。

不要说现在的青年人“恐惧回农村”，当年我刚参加工作时，因体弱多病、不会说普通话等难以应付的生活和工作压力，也常常半夜从噩梦中惊醒，以为单位不让我教书把我遣返回乡了……

而且，在我们这个以“非农化”为主题的现代化转型社会，我们的农民工伯伯、农民工兄弟、农民工子女，在城里遇到过多少“被区别对待”的制度歧视，遭遇过多少“被另眼看待”的不公平待遇，以致在心理上一来二去留下了害怕“被区别对待”的阴影。敏感者不禁要问：你现在特别针对我们“农村青年”写这本书，你想干什么？究竟是什么个意思？是不是看不起我们？你为什么不针对你们城里青年写一本呢……

这样的书名，不仅现在还没有“脱农”的青年看了不舒服，就是已经进城打工、正处于“城乡结合部”的民工，包括已经上大学、现在正在城里走街串巷求职、将来下决心定要做个城里人的农家子弟，听了要“与农村青年谈人生选择”这样的书名，也大都有些别别扭扭“不舒服！”你是不是在歧视我们农村青年？你有资格和我们农村青年说话吗？

如此这般，看来问题很“严重”，我必须首先给大家把话说说清楚。

我写这本书，直接导因虽说是出版社小戴相约，但根本的动因是来自我作为“农民教授”乡愁情愫和思乡情绪之冲动。

这种乡土亲情引发的“冲动”，其实不止我一个人有，我们这一代很多进了城里的农村娃也都有过，而且比我还强烈。

例如，就拿著名作家贾平凹来说，他就自称是“进了城的农民”。由于他生在“农村公办教师”家庭，在陕西乡村被“土生土养”长大，无论走到哪里，成了什么著名的“家”，也都脱不了“农民”的印记。他所写作品大都是有关农村，或写起农村题材来比写城市的拿手得多，前几年曾专门为他的家乡写了一本小说叫《秦腔》，还获了个文学大奖。此外，还有我们河南籍的著名作家刘震云、阎连科等，都是如此。

鄙人与大作家们没的一比，但乡土同感酷似。自从三十多年前“农转非”进城上大学以来，虽然经过“努力奋斗”，也没有成为平凹老兄那样有成就的著名作家，但至少也是一个有资格“坐在家里”搬弄文字的长辈级了，竟然同他们“大腕”的感受一样，自己也始终觉得是个“土老帽农民”，顶多是个“披着教授外衣的农民”而已，少有城里人的感觉。虽然活了近50年，在乡下的时间只有17年，剩下的三十多年，大部分时间都是在城里混日子，但青少年时代“农村娃”的身份认同感已经融入我的血液里，根深蒂固、魂牵梦绕，一直感到自己是一个临时客居在城市里的农村人。

特别是这后三十多年的“农转非”城市生活，介于城乡间的身份过渡和焦虑，一直撕扯着我的身和心，使我感到“自从进了城，从来就没有真正高兴过!”有时在精神上甚至有些“撕心裂肺”、痛不欲生！值得庆幸的是，在自己青春而不阳光、物质生活上丰衣足食但精神饱受痛苦折磨的日子里，在长期处于“黑暗中摸索”状态的城市岁月中，之所以能够一直走到今天，可以说与两个“贵人”相助不无关系。

一个难得的“贵人”是，在我还是18岁“小青年”的时候，遇到“潘晓”（潘祎、黄晓菊）。他们当年在《中国青年》杂志上发出的“人生的路呵，怎么越走越窄?”的呐喊，把我从恍惚中突然“震醒”：原来并不是我一个人这么可怜，竟然还有像我一样渴望“掏心窝说话”的同路人，他们城里孩子也和我这个农村娃一样困惑、痛苦和不幸！这使我从极端封闭褊狭、无比孤独郁闷的恶劣心理状态中逐渐解脱出来，终于没有因为“想不开”而走上绝路。

另一个难得的“贵人”是，在我临近而立之年成为“老青年”的时候，遇到著名经济学家樊纲先生。说是“遇到”，其实当时与他本人并没有在空间上真正相遇，像兰州那个叫杨丽娟的30岁女粉丝在香港见到膜拜偶像刘德华那样（当然我没有极端疯狂到她那般程度），终于在中国人民大学真正近身见到樊纲先生，那是多年以后的事了。

我作为樊纲先生的学术粉丝，敬佩他深厚扎实的经济学理论素，被他严肃规范而实在透彻的理论著作所折服。当时我在山东，曾主编了一本《宏观经济分析》教科书，其中有关“总供求分析”一章，实际上是对他主笔的大作《公有制宏观经济理论大纲》进行了一个“创造性转述”，因此，书出版后我就通过邮局敬递了一本给他，并附了一个短信，诚恳说明拜师领教请指正之意。不曾想，过了几天竟收到樊先生从北京寄来的包裹，里面有他写的两个小册子，同样附了一个短信，上面写了几句鼓励的话。

樊先生寄送的两本书中，有一本就是他的准自传《求解命运的方程：一个青年经济学家对人生的看法》（北京出版社）。这本书可了不得！它对于我在“理论”和“实践”上，最终搞懂人生是什么、人生选择是怎么回事儿，可以说具有“重大而深远”的历史性影响。接到偶像专门寄来的书，自然是受宠若惊！知道什么叫“如获至宝”、什么是“如饥似渴”吗？那感觉就是！连续三天三夜，看了想、想了再看，反反复复……就如同暗夜中遇到了一盏明灯，心里无比亮堂，精神无限愉悦！

我写这本书，在很大程度上就是为了感恩，为感谢这样两位“贵人”而做的个人努力，我期望这本《多元成功路》也能像他们两位对我人生选择起到重大指导的影响一样，对目前正陷于“潘晓式困惑”的青年，特别是农村青年，认识感悟人生的意义，有些许帮助。

樊纲先生，现在已经从当年一个著名“青年经济学家”，转变成一位著名经济学大家了，而我连“非著名经济学者”都称不上，顶多是个大学校园里的教书匠，因此，在传统“成功”的意义上，似乎不可与他同日而语。

但是，如果按照本书中我所阐释的“成功”含义，或根据同样很著名的职业经理人士李开复博士等曾反复强调的“多元成功”定义，樊先生那样的著名大家可以叫“成功”，我这样的无名小家也不一定就是“失败”吧？我们又是同代人，他是典型的“城里人”，而我是典型的“乡巴佬”，不要说非要“与他一起喝咖啡”，在书面或口头上把他与我拉扯在一起说说事儿，总是可以的吧，你们说呢？

樊纲先生在北京城里长大，从小亲朋好友就给他灌输“将来不上大学那怎么行”这样的观念，他从那样的高起点走出，“上山下乡”到北大荒，后来又几经周折转到河北围场县，再由保定的河北大学校园迂回曲折地回到北京城，他以城里“知识青年”的坎坷人生经历为背景，写就了那本《求解命运的方程》。

我，一个土生土长的农村娃，从小不知道大学究竟是什么状况，后来竟然懵懵懂懂地考上大学进了城，接着一个人拖着病怏怏的身体，背井离乡、南征北战，走山西，回河南，下湖北，奔山东，围绕中原兜了一圈，最后“上”到首都北京来，我为什么就不能以农家子弟、“乡土青年”的身份，与我们农村的父老乡亲，特别是乡下的青年朋友，就“人生选择”这个重大而严肃的话题，掏心窝地说说知心话呢？

读者朋友，现在你面前摆的这本《多元成功路》，就是这么出笼的。可见，没有什么“恶意”吧？全是出于好意、真意和诚意！只是为了与我有同样人生处境、机缘和遭遇的青年朋友，包括土生土长于农村、现在还在与泥土打交道的，以及因考学或打工从农村走出去，来到城市街头四处奔波到处徘徊的，或已经成为“大人物”或像我一样没能成为“人物”、“人士”而一直是平民百姓普通“人”的，掏心窝说说话，忆苦思甜谈谈心，聊聊“革命家史”，展望展望未来美好愿景。如此而已，写这本小册子就是为了这个“一吐为快”的感觉，没有什么别的意思！

这本书与其说是写出来的，倒不如说是“说”出来的，从心窝里“掏”出来的，是从内心深处“倾倒而出”的。行文很散漫，语言很土气，谈天说地胡拉八扯随便聊，说话姿态不高甚至还很低，有些不文雅、可能很俗气。对此，希望青年朋友读它之前能有充分的思想准备。

关于“多元成功路”这个题目，我需要说明一下，以免发生误会。在我们国人眼中，“成功”、“成功人士”、“成功人生”、“成就大业”等词汇术语，似乎都与一般平民百姓没有多大关系，那都属于极个别名人名士大人物、明星名模大导演的，只有那些天才奇才、神童神女才可以获得的奢侈品，这些与我们农家子弟似乎更显遥远。因此，在我“成长”的岁月里，一看到关于“成功”的励志书籍，我就时常有些发怵。

记得1989年在武汉读研究生时，那时候要说是青年还算“正当年”，看到一本洋人写的畅销书《人人都能成功》，主要是冲着这个诱人的书名才狠心花钱买下的，回来后一直没能读进去，放在书架上覆盖尘埃。现在我也敬告读者朋友，看到《多元成功路》这样的书名，一定不要像我当年一样望文生义，你期盼的那种“成功”与我所说的“成功”可能不是一回事儿，因此，在掏钱购买之前一定要掂量清楚，免得买后大呼上当受骗，误你误我浪费资源！

我多年从事的是，以“人本管理与发展”为主线的职业教育工作，随着年龄增长，作为前辈“教书育人”的动机和感觉，竟然在不知不觉中变得越来越显著、越来越强烈。这本书自然也受此“职业病”感染，读者要特别留神，以防传染。不知道你读起来感觉究竟怎样，但从我这方面的主观努力和愿望而言，真的是用心用血用泪水严肃而认真地“谱写”的。因此，自然希望自己如此这般写出来的东西是个“东西”，能对当今的青年朋友认识人性、感悟人生、省察人事有一些帮助！

但我有自知之明，不敢奢望！因为书中的真情道白、真感实理，连我身边的人我都不能说服，我还能期望他人什么呢？平心而论，我们老辈人扭曲的思想观念、价值判断和行为习惯，对于当代青年人的负面影响是潜移默化的，往往是十分“恶劣”乃至有些“残酷无情”的。一个母亲因为没有学历深受其苦，自己成天痛苦地活在过去旧体制遗留下来的“不平衡”心态中，于是就变本加厉、惨无人道地将儿子往扭曲的应试教育陷阱里推，平日里将孩子和孩子他爸往死里唠叨，这是一种多么不幸、不堪又无奈的状况啊！

真诚希望天下有“可怜心”的父母们，特别是中国所有陷于如此不堪的生存环境而不能自拔的青年人以及他们的爸爸妈妈们，都能看看这本书并从中感悟到点什么，从此少些莫名其妙的痛苦、多些人道主义的幸福，使我们所处的家庭环境、社会环境自然和谐可持续！

正在读高二的李荟东同学，就是千千万万处于邪恶应试教育环境中没有童年快乐、没有青春幸福的青少年中的一个。这位生在城里长在城里的“城里孩子”，这位马上就要“成人”但又必须全身心应付高考的城市青年，按照当年“上山下乡”时代的标准，现在也算是“知识青年”了，至今对我所写的关于“人事”方面的书，都无暇一顾，表现出一种“漠不关心”的态度。

作为父亲，对于儿子面临的无名压力和莫名状况，我也焦虑万分却也无可奈何。说实在的，孩子科举应试课业繁重，你的这些东西与他高考无关，你又从来没有关心过人家的课业情况，只知道一味地教导自己的学生，不追究你作为父亲的责任就不错了，还好意思说呢！但是，老爸用血和泪挥洒而就的这本“革命家史”，自然是想能够像“红宝书”一样对儿子的成长有些正面影响的，因此以前的东西不屑一顾也就罢了，殷切而真诚地希望这本东西他能够认真地看一眼。

拜托了，各位！谢谢你了，李荟东同学！也谢谢你们了，我们当今城里的城外的、乡下的乡外的青年朋友们！谢谢你们抽出宝贵的“黄金”时间看这本小书！有什么心得体会要交流或提出严肃批评意见者，请：

访问我的博客留言 http://blog. sina. com. cn/m/libaoyuan

或发电子邮件至 byli@163. com

李宝元

二零一零年四月十日于北京师范大学

人本发展与管理研究中心

目　录

1 多元人生路　看你怎么走 /1

□ 生在农村不自怨，志在四方谋幸福 /3

人生而平等，但生而不同；出身不由己，人生属自己。

□ 生逢其时遇改革，庆幸赶上开放好时代 /10

其实，改革与开放，不仅是一个社会的政策基准，也是每个人在社会求生的两个基本点。

□ 农家子弟要自信，不亢不卑闯世界 /13

无须自怨自艾，更不自轻自贱。戒除自卑心，树立自信心，自助者天助，我是农民我怕谁！

□ 世界因你而不同，摆脱世俗偏见，做最好的自己 /16

无论你是谁，世界都会因你而不同。农村孩子同样可以做最好的自己，获得多元化成功。

□ 漫漫自我人生路，谦谦自主向上走 /20

自我定义成功，直面外部世界进行多元化选择，内在设计人生，自主规划职业生涯路。

2 走好求学路　成才先成人 /31

□ 考大学，跳农门，传统路径今非昔 /33

传统求学路狭窄而拥堵，千军万马挤过独木桥；近年来，这条“农转非、谋功名”的路越来越难走，明智者自当另辟蹊径。

□ 怎样破解农村孩子求学路上遭遇的新“潘晓困惑” /41

每代人有每代人的困惑，但困惑的立意、境界和根由存在很大差异性。进不了重点高中、考不上好大学，难道真的是我们当代青年的最大人生困惑吗？

□ **升学竞争非要你死我活，考试分数真的那么要命** /46

“分分，学生的命根。”我们应试教育的弊端大概就在这里。走出应试教育陷阱，我们青年人才有希望，才有美好的明天。

□ **知书不达理，遇挫不反思，自杀要挟死无益** /58

一个青年人成熟的基本标志，就是自主自立自强，遇到挫折不怨天尤人，而是主动向内反思找原因，从我做起寻对策。

□ **上学未必有出路，不上大学有理由** /65

上大学，跳农门，是老皇历了。时代不同了，上不上大学早已不是什么“要命”的分界线了。

□ **要学知识千千万，须从明晰到隐含** /71

工作有成就，生活要幸福，不仅需具备必要的明晰知识，而且更为重要的是要有隐含知识。青年人不仅要上学求知，更要直面现实，向生活学习，在干中学。

□ **直面现实，争当“匠士”，多元求学路宽广** /75

跳出传统应试教育陷阱，直面现实生活，通过多元求学途径，积极提升自己的生存和职业技能，是农村青年的明智选择。

□ **好好学习路，天天向上走** /79

在这个唯一不变的就是变化的世界上，我们青年人唯有不断进取，时时处处留心学习，才能走向成功人生的巅峰。

3 踏上进城路　融入新时代 /83

□ **从“上山下乡”到“进城入市”** /85

“人往高处走”是人口和劳动力区域流动的普遍规律。农村青年到城里去，寻找更多发展机会，是大势所趋、时代召唤。

□ **“刘姥姥进大观园”，淳朴自然，不亢不卑不忐忑** /87

奔向希望，随心飞翔。勇敢地走出村，豪迈地跨进城，以开阔坦荡的胸怀，去拥抱无限广阔、精彩奇妙的大千世界。

□ **好出门不如赖在家，城里人交往与咱有反差** /93

从乡土宗法伦理习俗到城市市场法治秩序，是进城农村青年必须直面的价值观念变革、行为规范转换和身份角色蜕变。

□ **把理想照进现实，让自己融入城市** /96

农村青年在城市求生存谋发展，无论遇到什么状况，都应该持有开放达观的生活态度，直面现实去寻找和实现人生梦想。

□ **城市求生发展有血泪，自主自立自强最要紧** /101

在城市打工，求生存，谋发展，可能遭遇很多不平和不幸，需持有平和心态，有自主追求、自立能力和自强毅力。

□ **入城随市，融入新生活** /105

进城有自己诉求点，安置好老人孩子是条件；依法维护自身合法权益，求生存着眼于谋发展；人穷志不短，不贪财不好色，农村人一定要活出城市人的尊严。

4 步入求职路　打开新天地 /109

□ **从“农村劳动”到“城市工作”** /111

中国社会正经历着从传统农业社会到工业社会的现代化转型，广大农村青年也在打工生涯中艰难地进行着从农村劳动者到城市工作者的角色转换。

□ **工作事大，连带生命，关乎人权** /115

劳动是人的第一需要，不仅是在手段意义上的生存需要，更是与人生意义内在连带着的发展需要。

□ **人生周期有三重，职业生涯为主导** /121

人生由生物—社会生命、婚姻—家庭生活和工作—职业生涯三种周期组成。当今社会，职业生涯发展路径是一个人命运的主旋律。

□ **职业生涯有阶段，循序渐进谋发展** /125

人生设计在早年，成家立业在青年，安身立命在中年，敬业操守在晚年，如此构成现代人生职业生涯发展基本路线图。

□ **做好人生“三环”定位，瞄准职业发展指向** /128

人生要有目标，职业生涯发展要有方向。青年人可借助“三环”定位模式确立核心价值观，万变不离其宗地对自己人生和职业生涯进行动态目标管理。

□ **为自己制订一个有战略弹性的职业生涯规划** /136

从小树立职业意识，趁早进行生涯规划，找准自己的职业方向和发展平台，是一个青年人生选择并走向成功的关键因素。

□ **放弃幻想，脚踏实地，从容步入职场** /147

青年人初次参加工作，要放弃不现实的期望，从容走入组织，立业并获得初步职业成就。

□ **靠打工安身立命，以学习改变命运** /151

近年来，沿海地区“民工荒”实质上是“技工荒”。青年民工要真正维护自身权益，实现长期可持续发展，应注意学习进取，不断提升自己的职业素质和技能。

□ **人生万花筒，行行道道有出路** /157

“职业锚”好似一种奇异吸引子，使人生呈现出万花筒的多元化发展路径和心路历程。

5 走向成功路　幸福谁都有 /165

□ **青年人，大胆地往前走** /167

积极主动，胆大心细，理性有情，是青年人走向成功需要具备的基本心理素质和生活态度。

□ **多元成功路，你有我有他都有** /169

只要有精神追求，人人都能成功；只要能自我超越，个个都有幸福。

□ **修齐治平：修炼自我，成就社会** /173

国学乃人生哲学，“修身、齐家、治国、平天下”是最精妙的人生解读和成功之道。

□ **吃青春饭不是问题，仅靠“青春”吃饭很有问题** /175

青年人要积极进取，要有内在的精神追求。如果摆正态度，再苦再累的工作和生活现实，你都会感到苦中有乐。

□ **如果向内找原因，就会获得真善美** /182

你什么时候都不能对真善美失去信心！如果你向内找原因，你会发现这个世界还是很公平、正义、美好的。

□ **走出青春困惑，奔向幸福生活** /188

青年人要学会直面社会利益矛盾，达观平和处理日常人际冲突，基于自利诉求又能超越自我，推己及人去利他，为构建和谐、美好生活而自强不息。

□ **跨文化，平天下，美好世界是你们的** /194

当代中国青年，要有使命感，在全球化新时代，以“欲达人，先律己”的姿态，勇敢担当起“跨文化、平天下”的历史重任。

1

多元人生路　看你怎么走

世上本没有路，有人才有路。多数人经常走的，成为大路或公路，但还有很多少数人攀登，或无人走过的崎岖小路。人生之路，各有不同，也不能靠别人给你修好了再走，必须自己去修去走去探索。人人都能成功，但只有那些有目标规划并勇于攀登的人，才有望到达光辉的顶点，体验高峰美景。

◆ 生在农村不自怨，志在四方谋幸福

> 人生而平等，但生而不同；
> 出身不由己，人生属自己。

作为过来人，我的体会是：**一个人，特别是在青春年少的岁月，最大的困惑和问题就是搞不懂“命”与“运”的关系，往往容易将不可改变的“天命”当作可以作为的“人事”来运，或者相反，把可能大有作为的“人事”当作不可改变的“天命”来认。**

这个困惑和问题，在处于穷困、无奈和弱势状态，往往被社会、体制和他人所歧视的农村青年身上，表现得尤为突出。我们常会在内心深处潜藏着一种挥之不去的幽怨：

——同样是人，就因为我出生在农村，命里注定就受穷？

——同样是人，只因为我生在农村，城里的孩子可以上重点高中，我不能；城里的富家子弟可以上名牌大学，我不能，这究竟是为什么？

——同样是人，为什么我这么倒霉，偏偏生在这么偏远落后的农村？

——同样是人，别人凭什么住别墅，而我为什么就只能打苦工住窝棚？

……

如此这般的委屈、无奈、抱怨和呐喊，在千百万农村青年的心里时隐时现，在艰难曲折的成长道路乃至漫漫人生路上，往往留下一串串或强或弱的不和谐回音。数年前，一个署名“麦子”的农村青年，在《中国青年报》写了一篇题为“我奋斗了18年才和你坐在一起喝咖啡”的文章，其间所表达的情况、情愫和情绪很有代表性，现转录如下供大家好好品读品读。

我奋斗了18年才和你坐在一起喝咖啡

我的白领朋友们，如果我是一个初中没毕业就来沪打工的民工，你会和我坐在“星巴克”一起喝咖啡吗？不会，肯定不会。比较我们的成长历程，你会发现，为了一些在你看来唾手可得的东西，我却需要付出巨大的努力。

从我出生的一刻起，我的身份就与你有了天壤之别，因为我只能报农村户口，而你是城市户口。如果我长大以后一直保持农村户口，那么我就无法在城市中找到一份正式工作，无法享受养老保险、医疗保险。你可能会问我：“为什么非要到城市来？农村不是很好吗？空气新鲜，

又不像城市这么拥挤。”可是农村没有好的医疗条件，去年SARS好像让大家一夜之间发现农村的医疗保健体系竟然如此落后，物质供应也不丰富，因为农民挣得钱少，贵一点儿的东西就买不起，所以商贩也不会进太多货。春节联欢晚会的小品中买得起等离子彩电的农民毕竟是个别现象，绝大多数农民还在为基本的生存而奋斗。于是我要进城，要通过自己的奋斗获得你生下来就拥有的大城市户口。

考上大学是我跳出农门的唯一机会。我要刻苦学习，小学升初中，初中升高中，高中考大学，我在独木桥上奋勇搏杀，眼看着周围的同学一批批落马，前面的道路越来越窄，我这个佼佼者心里不知是喜是忧。激烈的竞争让我不敢疏忽，除了学习功课，我无暇顾及业余爱好，学校也没有这些发展个人特长的课程。进入高中的第一天，校长就告诉我们这三年只有一个目标——高考。于是我披星戴月，早上5:30起床，晚上11:00睡觉，就连中秋节的晚上，我还在路灯下背政治题。

而你的升学压力要小得多，竞争不是那么激烈，功课也不是很沉重，你可以有充足的时间去发展个人爱好，去读课外读物，去球场挥汗如雨，去野外享受蓝天白云。如果你不想那么辛苦去参加高考，只要成绩不是太差，你可以在高三时有机会获得保送名额，哪怕成绩忒差，也会被“扫”进一所本地三流大学，而那所三流大学我可能也要考到很高的分数才能进去，因为按地区分配的名额中留给上海本地的名额太多了。

我们的考卷一样，我们的分数线却不一样，但是当我们都获得录取通知书的时候，所交的学费是一样的。每人每年6000元，四年下来光学费就要2.4万元，再加上住宿费每人每年1500元，还有书本教材费每年1000元、生活费每年4000元(只吃学校食堂)，四年总共5万元。2003年上海某大学以“新建的松江校区环境优良”为由，将学费提高到每人每年1万元，这就意味着仅学费一项四年就要4万元，再加上其他费用，总共6.6万元。

6.6万元对于一个上海城市家庭来说也许算不上沉重的负担，可是对于一个农村的家庭，这简直是一辈子的积蓄。我的家乡在东部沿海开放省份，是一个农业大省，相比西部内陆省份应该说经济水平还算比较好，但一年辛苦劳作也剩不了几个钱。以供养两个孩子的四口之家为例，除去各种日常必需开支，一个家庭每年最多积蓄3000元，那么6.6万元上大学的费用意味着22年的积蓄！前提是任何一个家庭成员都不能生大病，而且另一个孩子无论学习成绩多么优秀，都必须剥夺他上大学的权利，因为家里只能提供这么多钱。我属于比较幸运的，东拼西凑加上助学贷款终于交齐了第一年的学费，看着那些握着录取通知书愁苦不堪全家几近绝望的同学，我的心中真的不是滋味。

我终于可以如愿以偿地在大学校园里汲取知识的养分！努力学习获得奖学金，假期打工挣点生活费，我实在不忍心多拿父母一分钱，那每一分钱都是一滴汗珠掉在地上摔成八瓣挣来的血汗钱啊！

来到上海这个大都市，我发现与我的同学相比我真是土得掉渣。我不会作画，不会演奏乐器，不认识港台明星，没看过武侠小说，不认得MP3，不知道什么是walkman，为了弄明白营销管理课上讲的“仓储式超市”的概念，我在“麦德隆”好奇地看了一天，我从来没见过如此丰富的商品。

我没摸过计算机，为此我花了半年时间泡在学校机房里学习你在中学里就学会的基础知识和操作技能。我的英语是聋子英语、哑巴英语，我的发音中国人和外国人都听不懂，这也不能怪我，我们家乡没有外教，老师自己都读不准，怎么可能教会学生如何正确发音？基础没打好，我只能再花一年时间矫正我的发音。我真的很羡慕大城市的同学多才多艺，知识面那么广，而我只会读书，我的学生时代只有学习、考试、升学。因为只有考上大学，我才能来到你们中间，才能与你们一起学习，所有的一切都必须服从这个目标。

我可以忍受城市同学的嘲笑，可以几个星期不吃一份荤菜，可以周六周日全天泡在图书馆和自习室，可以在周末自习回来的路上羡慕地看着校园舞厅里的成双成对，可以在寂寞无聊的深夜在操场上一圈圈地奔跑。我想有一天我毕业的时候，我能在这个大都市挣一份工资的时候，我会和你这个生长在都市里的同龄人一样——做一个上海公民，而我的父母也会为我骄傲，因为他们的孩子在大上海工作！

终于毕业了，在上海工作难找，回到家乡更没有什么就业机会。能幸运地在上海找到工作的应届本科生只有每月2000元左右的工资水平，也许你认为这点钱应该够你零花的了，可是对我来说，我还要付房租，还要交水电煤电话费，还要还助学贷款，还想给家里寄点钱让弟妹继续读书，剩下的钱只够我每顿吃盖浇饭，我还是不能与你坐在“星巴克”一起喝咖啡！

如今的我在上海读完了硕士，现在有一份年薪七八万的工作。我奋斗了18年，现在终于可以与你坐在一起喝咖啡了。我已经融入到这个国际化大都市中了，与周围的白领朋友没有什么差别。可是我无法忘记奋斗历程中那些艰苦的岁月，无法忘记那些曾经的同学和他们永远无法实现的夙愿。于是我以第一人称的方式写下了上面的文字，这些是最典型的中小城市和农村平民子弟奋斗历程的写照。每每看到正在同命运抗争的学子，我的心里总是会有一种沉重的责任感。

写这篇文章不是为了怨天尤人，这个世界上公平是相对的，这并不可怕，但是对不公平视而不见是非常可怕的。我在上海读硕士的时候，曾经讨论过维达纸业的一个营销案例，我的一位当时曾有三年工作经验，现任一家中外合资公司人事行政经理的同学，提出一个方案：应该让维达纸业开发高档面巾纸产品推向9亿农民市场。我惊讶于她提出这个方案的勇气。当时我问她是否知道农民兄弟吃过饭后如何处理面部油腻，她疑惑地看着我，我用手背在两侧嘴角抹了两下，对如此不雅的动作她投以鄙夷神色。

在一次宏观经济学课上，我的另一位同学大肆批判下岗工人和辍学务工务农的少年："80%是由于他们自己不努力，年轻的时候不学会一门专长，所以现在下岗活该！那些学生可以一边读书一边打工嘛，据说有很多学生一个暑假就能赚几千元，学费还用愁吗?"我的这位同学太不了解贫困地区农村了。

我是70年代中期出生的人，我的同龄人正在逐渐成为社会的中流砥柱，我们的行为将影响社会和经济的发展。把这篇文章送给那些在优越环境中成长起来的年轻人和很久以前曾经吃过苦现在已经淡忘的人，关注社会下层，为了这个世界更公平些，我们应该做些力所能及的事情，让社会责任感驻留我们的头脑。我花了18年时间才能和你坐在一起喝咖啡。

我对这篇文章所反映的情况，总的判断是：在客观描述上是真实甚至不堪的，在主观感受上是令人同情的，但在世界观、价值观上却是值得我们每个青年人，特别是农村青年们认真冷静反思的。

这里的关键问题在后者，这就是：从世界观、价值观层面上看，"我奋斗了18年"的人生目标和价值意义，难道就是要和人家"坐在一起喝咖啡"吗？如果是，正如一篇跟帖文章题目所表达的那样，"我奋斗了18年也不能和你一起喝咖啡"，那是不是意味着我就白活了？我就失败了？实际上，人生的目标和意义远不是"我奋斗了18年才和你坐在一起喝咖啡"这么一回事，对于一个心路正常的青年人来说，正如另一篇跟帖文章标题所表达的那样，"我奋斗了18年不是为了和你坐在一起喝咖啡!"

常言道："人比人，气死人"，其实在世界观和价值观层面上表达了一个再正确不过的大道理、再明白不过的基本常识，我们青年人千万不能把这个基本常识和大道理给忘了。这是我们首先应该要搞清楚的。

如果论辈分，这个叫"麦子"的青年人，应该比我低半辈。同为农村出来的孩子，由于所处的时代不同，感受却有很大差异。回想自己当年"成长的烦恼"，这种幽怨情愫也曾在心中闪现过。但由于我们那个年代，城乡基本上分割封闭而处于“你攀不到我，我比不了你”的彼此隔绝的状态，这种能不能一起喝咖啡的“直接比较”不具备外在的客观条件，可能没有当今青年人在开放流动、近距离接触情形中对城乡差别感应得那么直接和真切。不过，对于这个涉及世界观、人生观和价值观的“重大问题”，我们老辈人还是能够感同身受的。经过数十年“在黑暗中摸索”，而今临近“知命”之年，这个重大问题似乎也已释然了，其实答案很简单，就是：

人生而平等，但生而不同；出身不由己，人生属自己。

想想看，一个人来到这个世界上，其本身就是一个非常奇妙的随机事件。我们每个人的不同“出身”，在相当大的程度上决定了你我他从一个什么“起点”开始，来活这一生一世。

我觉得，平常我们所说的“世界观”、“人生观”或“价值观”，就应该从这样一个基本事实出发来认知和建立。面对这样一个奇妙而伟大的“随机事件”，我们应该有一种豁达开朗、二元辩证的认知态度：**一方面人“生而平等”，在社会属性和精神实质上，我们都是“人”，因而应该有平等的“人权”；但另一方面，人又“生而不同”，我们每个人一生下来，就是以具体的处于不同位置的个体而存在的，因而有很多不可比、也无须攀比的特殊性。**

实际上，面对无限丰富多彩的外部世界，每个时间空间都有局限的生命个体，确确实实是“生而平等”的，你享用了这个就没有机会拥有那个，在这个意义上，大家都是“机会均等”的，不大可能有“赢者通吃”的情况。

——你出生在农村受穷，但“穷则思变”，因此获得了必要的生存能力和发展机会！

——你不是城里孩子，可能上不了重点高中或名牌大学，但有可能因此而无奈地早早走上社会、走进生活、走向市场，“在广阔天地里锻炼成长”，而最终成了一个成功的社会活动家或企业家！

——你虽然生在偏远落后的农村，但可以享受大自然赋予的新鲜空气、花草树木、阳光雨露，如果能够抓住机遇和机会，说不定若干年后那些在车水马龙、烦躁喧闹的大都市活不下去的人们将会求救于你，祈求你卖给他们点“绿色”饮水和食品！

——他住别墅可能一身富贵不自在，你打苦工住窝棚也许辛劳而快乐！

……

对此，经济学作为关于“人生选择”的致用之学，其理论可能最有说服力。去年，我曾主持翻译了一本经济学科普读物，名字叫《像经济学家一样思考》(人民邮电出版社)，它是美国加利福尼亚州立大学圣马科斯分校罗格·阿诺德教授为初学经济学原理课程的青年大学生写的。作者在开篇首章就谈到为什么“好东西不是越多越好，坏东西也不是越少越好，生活充满了交换和选择”的经济学道理，现摘录其中几段译文供大家参阅思考。

经济学家眼中的“好”与“坏”

你可能听过这样一句谚语：“好东西总嫌太少”。注意：日常生活中习惯讲“好东西”(good thing)，在经济学术语中，只抽取了“好”(good，在英文中与“商品”同字)，而不管它究竟是什么“东西”(thing)。

你赞同这句谚语的观点吗？如果你表示认同，那说明你与经济学家还相差得很远。为了帮你理解经济学家的观点，我们就拿“健康”这个“好东西”来说事儿。我们大多数人认可“健康”是个好东西吧，但为什么人们又在日常生活中自觉不自觉地干些有损健康的事情呢？为什么健康的身体时常遭受损害而很难保持呢？他们做的与说的为啥不是一码子事儿呢？

一个客观事实是：在现实生活中，几乎没有谁能够“苛求”自己将身体保持在“最佳健康”的极致状态，因为保持“最佳”状态也是需要成本、时间和精力的，这种行为在实际操作层面往往会失去“经济”上的合理性和可行性，因而很难做到。尤其是，你必须为此放弃一些其他“好东西”(消费品)，比如可口的黄油汉堡带来的美滋滋感受。事实上，你可能会选择稍少一点的健康而换来一个美味的奶油汉堡，而不是更多一些健康却没有汉堡的美味。

同样，对于学业成绩，你自然是倾向越高越好，你宁愿得B而不是C，能得A当然不愿得B。对于所有的学生而言，高分数都是一件“好东西”。但是高分不会白白给你，你得“好好学习，天天向上”，花最多的时间和精力，做最大的努力，才有可能得A。如果考虑A要付出牺牲享受其他“好东西”的沉重代价，你可能宁愿得B而不是A。

人们日常的选择行为清楚地告诉我们：好东西并不是多多益善！“好东西”对我们来说确实存在一个是否“太多”的问题，或者，至少存在**一件**对我们来说是“太多了”(过量了)的好东西。

如果世界中只有一件“好品”，也就是说，只有这样一件东西能让人们从中获得效用和满意，那么，这个“好品”就总是稀缺的，永远没个够，对此你自然会觉得多多益善，多就是好。事实是，世上显然远不止**一件**“好品”，而是有**很多很多**“好品”(商品)。拥有更多的某件“好品”，意味着你享有其他“好品”会更少。获得更多的健康“好品”，意味着更少的其他“好品”(如美味汉堡)。在你的学业中得更多的A分，这是“好事”，但也意味着你享有其他“好事”(如交女朋友)的机会更少。

经济学家用“生活充满交换”这句话，来概括说明这个道理。简言之，鱼与熊掌不可兼得，你得学会用“鱼”和“熊掌”进行交换，一件“好品”如果拥有得太多，那就想想是不是可以用它“换”点其他“好品”来享用一下。试设想一个“好品”对立面即“坏品”的情形。如前所述，一个“坏品”就是任何一件对人无用或令人不满的事物。一个“好品”并不是越多越好，那么，一个“坏品”呢？是不是越少越好，直到“一点都没有”(其存量为“零”)就最好呢？

譬如，在大多数人看来，污染不是个“好东西”，也就是说，是个“坏品”。那么，这是否意味着，更少污染就一定优于更多污染呢？换句话说，100个污染颗粒物是否就好于1000个污染颗粒物，而**一点污染都没有**(零污染)就好于10个污染颗粒物呢？当然，拥有10个坏品比拥有100个坏品，人们面临的生活境况显然要好些，表面上看这似乎是合乎情理的。但是，经济学家会告诉你：“坏品”与“好品”往往是紧密相连的。

大多人认为驾车兜风是件“好品”，但驾车不是一种“自由落体运动”，轿车排出的尾气同时会污染空气。我们试图减少污染排放量，但污染或多或少总是存在的。你认为多数人会愿意为了达到零污染而放弃驾车吗？实际上大多数人会说，存在一点污染并能驾车兜风，相对于零污染而完全放弃驾车兜风，前者是一个更好的选择。简言之，适度污染可能优于零污染。

不管人们在说些什么，他们的行动表达了其真实的看法。你可能会说，相信世上没人会嫌自己拥有的“好东西”太多了，零污染总是要比有污染要好，高分数是你最看重的。但是，这些不过是说说而已，经济学家不会把你**说**的话当真，你在生活中的**实际行为**很少能证明你自己所说是真的。

例如，人们可能会说，他们从不觉得“好东西”太多；但是，他们的行为举止，时时刻刻都在说明他们拥有的“好东西”太多了。一个人往往一边抱怨没有足够健康的身体，一边却时常去吃些垃圾食品，而不肯做有益于健康的必要休息。一个人时常说，在房屋里没有足够安全感，但他只会买个插销装在自家门上，却不愿意为更为安全的报警系统付费。一个总感慨钱不够花的人，却时常不愿加班或兼职来多赚点钱。如此等等。

通过观察人们的日常行为表现，我们可以清楚地发现：每个人其实是知道“生活充满了选择”，以及“好东西不能太多”这个道理的。只是我们在日常说话时，有时会“忘记”我们实际行动所显示的“真理”，而这恰是我们每个人早已真正懂得的。

总之，经济学家认为，**一个人不可能好事占尽，也不可能总是倒霉地遇上坏运气，在这个充满资源稀缺而又好事多多的世界上，赢者通吃或绝对地被剥夺的情况，都是不太容易发生的**。由此看来，造物主并不总是偏向强者或魔鬼，这世界总的来说还是有“公平正义”的。

一方水土养一方人，每一个生命都有自己的一份幸运。天地万物之光普照四方，每个方位的生命个体都会得到其应有的润泽，无论是生在穷乡僻壤还是繁华都市，都会有黑有白有明有暗，或因祸得福或因福造祸。我们每个人来到这个世界上，其本身就是一件独特而美好、值得庆幸的事，因此都应该拥有一份感恩戴德、宽容仁慈的心，去看待与你同样幸运地走到一起的人和事。

当你走进鸟语花香的山间，你会感叹大自然的万千奇妙。同样，你走出村庄，来到熙熙攘攘的集市，也可以用同样的心境放眼观望：这么多人，男的女的，黑的白的，高的矮的，胖的瘦的，低调儒雅的高昂粗放的……千姿百态、竞相斗妍，却又都各成一体，那么多鲜活的脸庞和身躯竟然没有一个重样的，这是一种那么神奇的造化啊！

面对“丰富多彩”的外部世界，我们每个青年，特别是身处偏远乡村的青年，如果能够以如此这般的角度和态度去“看人”与“待人”，那么我们的内心就会充满阳光，我们的世界观、人生观和价值观就会因达观而达人，由达人而达己，从而支撑我们走向光明四射的远方。

年轻的朋友们，**“生在农村”不是问题，最大的问题是不知道自己是谁，看不到自己得天独厚、不同于他人的天赋亮点，孤僻自己、封闭自己、自己麻痹自己甚至自己欺侮自己，不能够开放达观地去积极观察和认识多彩奇妙的外部世界，去勇敢地“志在四方闯天下”。**

记住：我们生在农村，但要志在四方，更要勇创天下！

生逢其时遇改革，庆幸赶上开放好时代

其实，改革与开放，不仅是一个社会的政策基准，也是每个人在社会求生的两个基本点。

和平与发展，是人类社会两个基本指向、主题和走势；总的来说，人们的日子是越过越好的，随着世事变迁、时代进步，后代人的日子通常要好过前代人。

但是，话又说回来，好与不好完全是相对的。**一代人的命运再不济也属于自己那个时代，如果我们能够积极主动地认知和把控，每个时代的人们都会有一番“造化”的**。在这个意义上，每个时代的人都是“生逢其时”的，所谓“生不逢时”，不过是由于人们世界观不对头、人生观没有摆正而生发出来的一种失落感罢了。这种失落感，往往在一个人未成年的青春期，更显得“莫名其妙”。

记得小时候听老师说，将来到了共产主义社会，我们就可以要什么有什么，想吃肉就有肉吃，想吃“好馍”(白馒头)就有好馍吃——那“垂涎欲滴”的滋味就甭提了！但又听说，那是将来不知道什么猴年马月的事情，也就立马撒了气，心想：真不幸哦！咱生早了，赶不上那个好时代了……

可是，当时我们这些“80 年代的新一代”，从老辈人的言谈举止中，也明显感觉到一种“生在新社会，长在红旗下”的优越感。长辈们，特别是爷爷奶奶们，也常带着遗憾、羡慕、劝诫和鼓励等多味语气，告诉我们：在“万恶的旧社会”老百姓是多么多么的不堪，新社会是多么多么的美好，你们年轻人真是太幸福了，不要身在福中不知福哦！因为年轻，因为没有“历史”，我们听后大多数时候的反应是木然的，而且往往很不以为然。

现在我们这些当年的“新一代青年”，也变成了有“历史感”的老辈人了，忍不住以同样的语气想与你们当今青年人说类似的话：你们赶上了改革开放的好时代，要珍惜生活！对此，由于没有在“不改革开放”的情景下生活过，没有“新旧体制两重天”的历史感，你们这代青年人很有可能对于改革开放的好处，也是一种不真切甚至木然无知的感觉。

可能由于“年老”的原因，近年来常常不自觉地在年轻人面前“忆苦思甜”，絮叨一些过去怎么受苦现在又多么幸福之类的话，结果多是被一鼻子灰给碰撞了回去。每次回乡探亲，看到现在的农村青年，从衣着打扮到言谈举止，与我所生活的所谓城市青年相比，越来越区分不出高下彼此了，加上自己由于“年老”原因习惯纵向历史比较的偏见，那就更加感慨改革开放新时代的好了，为年青一代“生逢其时”遇上这个好时代而庆幸！

但是，当今青年人反馈给我的信息完全不是那么回事：

——你们那时候不自由，一次分配定终身，但不愁找工作不愁住房，那多好啊！哪像我们现在个个都面临就业、住房诸多生存压力，简直太郁闷了！

——你们那时候成天吃南瓜地瓜、大豆高粱，要知道这些都是保健食品，哪像我们现在净吃些麦当劳汉堡包这样一些垃圾食品，太难吃了！

——你们可以批斗老师、不上课，可以到处玩耍，而我们这代人从小为考学、课业压得喘不过气来，你说说究竟谁更可怜？

……

有时想想也是。现在的孩子实在也太可怜了，身在物质丰裕、要什么有什么的环境，却没有童年的快乐、少有青春的幸福感，说来实在不幸啊！

这种“时代反差”或“代际幸福感错位”，可以从多个角度去解读，其中最显而易见的根由是：我们上辈人是“从苦到甜甜又甜”，自然幸福感十足；你们晚辈人是“从甜到甜不知甜”，甚至伴随着扭曲的成长环境往往是“从甜到苦或先甜后苦的苦中苦”，结果真有些“痛苦不堪”。

要解除这种莫名其妙的“苦感”，**当代年轻人需要在“改革”与“开放”两个时代特征最显著的进步点上校准自己的历史方位。**

大家知道，“改革”与“开放”是党和国家早已确立的两个政策基本点。市场化改革是我们这个时代的主旋律，是我们国家经济高速发展、人民生活富裕幸福的根本动因；而对外开放则是市场化改革的必要条件，是全球化大环境下民族复兴、国家富强的必然要求。只有从封闭走向开放，我们才不会夜郎自大，自以为自己所处状态具有“无比的优越性”（因为“无比”才自感“优越”嘛），一旦打开门窗对外开放有了比较，才知道外面的世界真精彩、外面的世界真奇妙，不是人家而恰是自己处在“水深火热”之中，于是有了危机感、紧迫感，有了加快市场化改革以改变自己落后面貌的压力和动力。两个基本点相互支撑，才有了我们城乡青年在生活中感受到的优越和富裕。

其实这两个基本点，对于一个人的成长和发展也具有普适性指导意义。**一个人要健康成长，在特定社会经济文化环境中推动自己的职业和事业顺利发展，就必须以平和而开放的心态去接触社会、深入生活、与他人交往，在开放中变革进取，不断发现自己的优势，弥补自己的劣势，然后学会审时度势地把握机遇和机会，进而推动自己在人生道路上循序渐进，最终实现与自己情况相契合的职业或事业价值目标。**

当今城乡差别虽然还很大，城乡流动还存在很多障碍，农村青年成长和发展还会遇到很多不平等、不合理的体制性阻隔，但是毕竟遇上了改革开放的新时代，其流动的自由度、可选择空间之大，乃至横向流动途径、通道和方式之多元多彩多花样，与前改革开放时代完全不能同日而语了。

在当今改革开放的大环境中，一个青年人，特别是身处地理封闭、体制屏蔽状态下的农村青年，只要有“对外开放”的心态，拥有变革进取、改变命运的志向和胆略，就会拥有无限多样的成功机会！**只要你的心灵是开放的，只要你勇敢地往外走，听从内心深处的自由呼唤去大胆地闯世界，大山阻隔不了你，旷野阻隔不了你，不合理的制度歧视压制不了你，无数艰难困苦吓不退你！**

对于我们每个青年人来说，如果能够自觉树立“生逢其时”的达观认知心态，积极抓住改革开放新时代赋予的特殊历史机调和各种人生机会，所谓“成功”实际上并非遥不可及，而很可能就在你身边，近在咫尺。

农家子弟要自信，不亢不卑闯世界

> 无须自怨自艾，更不自轻自贱。戒除自卑心，树立自信心，自助者天助，我是农民我怕谁！

基于自己可能有也可能没有代表性的成长经历，我“痛心疾首”地感到：**收起自卑心，树立自信心，是我们这些从贫困农村走出、在备受歧视的环境中艰难成长和发展的农家子弟，首先需要自我超越、胜利跨越的第一个坎。**

人与人其实都有很大不同，同样是贫困农村走出来的，但各人的家境出身、成长经历不尽相同，其自卑感的具体表现形态及其强烈或复杂程度可能都存在很大差异。下面就与年轻朋友们谈谈我自己感知的“个性化自卑”。

不知道别的农村孩子在成长的心路历程上究竟处于一种什么样的心理状况，我自己从小到大数十年，在内心深处一直挥之不去的阴影，就是自卑。没完没了的自卑，坚韧不拔的自卑，尴尬无奈的自卑，变幻莫测的自卑……很多时候看起来很傲慢无礼、狂妄自负的言谈举动，往往是异常敏感和夸张的过激反应，事后理性分析和冷静反思才发现，说到底还是缘自于内心深处、彻入骨髓的自卑感在作祟。这实在是一种无比痛苦的成长烦恼和精神煎熬！

在我“成长的烦恼”中，让人恼怒的自卑感倒不是什么感叹命运不济的“自怨自艾”，而是不可救药般的“胆小”，平常说话做事都没有自信心，遇到在公开场合发个言就语无伦次，遇到台面上的事情就忐忑不安，一阵晕眩几近要昏厥过去。尽管做过十几年老师，在讲台上“摸爬滚打”了多少年月，但前几年来京求学，如果是给导师或某个文化名人打个电话，事先都会紧张得心里咚咚直跳、手脚乱打哆嗦……

看到人家城里的孩子那么大大咧咧、个个潇洒自如，只有佩服羡慕的份，哪敢有与人攀比的心？遇到尴尬无奈的苦闷状况只能自叹弗如，这时才有点莫名其妙的“自怨自艾”情愫朦朦胧胧在心头。可能由于如此这般的自卑感长期压迫在心头，导致心理年龄相对滞后于生理年龄，虽然过三十奔四十，却没有显著的“而立”、“不惑”成熟标记，一直不大清楚，自己究竟身在何处，如今又是何年？直到前几年才忽然猛醒过来，把自己吓了一跳：一直以为还是不省人事的孩子，原来走到哪里一说年龄都属于“前辈”级人物了！

如果将上述描述的心理感应看作是我自己“个性化自卑”的主导方面或显性层面，那么如果事后分析起来，特别是从他人感应角度来看，其实还有另外一种辅助方面或隐性层面的表现形态，那就是异常敏感的反应、莫名其妙的自负，甚至在别人看来，有些无可忍受的傲慢或狂妄。这种“无知狂妄”的主观感觉，在20～30岁的年龄段，表现得异常突出：那时候在内心深处，似乎没有自己要干而干不了或干不好的事情，虽然自己也时常克制性地故意表现出“谦虚谨慎”的姿态。

这种由深层自卑而在浅层无意间表现出来的无端狂傲，不知早在什么时候就在自己身上潜藏着而不知。第一次正面而清楚地被人提醒，是1991年从湖北硕士研究生毕业时(是年正值29岁“芳龄”)，我们母校的科研处处长给我嘱托的一句话：“宝元啊，以后走上工作岗位一定要注意自己自负傲慢的毛病”，我至今记忆犹新，谁知他这警言很快就应验了。

那时，虽然只是个硕士研究生，但在我所供职的学校却是以“优惠政策”特别引进的“人才”，我所在的系史上第一次有了硕士学历的“人物”，但自己确实在主观上没有明确认知到这给周围同事造成的“不利影响”。结果，一次自学考试阅卷，关于标准答案应该怎么理解的问题，我插嘴谈了自己的看法，谁知我的教研室老主任突然发火，一句“你研究生有什么了不起的”，把我训斥得张口结舌，愣在那里半天找不到北。事后反思才感觉到，是不是自己由自卑而来的自负行为表现惹怒了他老人家?

现在，我在课堂上时常以此作案例，教导我们现在的青年人要学会“尊重长辈、尊重领导”，尤其是在我们这样一种特殊的社会文化环境，能不能学会尊重长辈和领导，确实是一件有关青年人“前途命运”的大事。

随着时间推移，在城里“艰难发展”的日子，慢慢超过当初在乡下“烦恼成长”的日月，见的人多了，有城里“土生土长”的，有来自农村而看不出“土气”的，还有好多或“原装”或“出口转内销”的真假洋人，原先“害怕”的自卑心渐渐消除了不少。

特别是深入接触和了解后，尤其拿出所谓的理论武器“透过现象看本质”以后，发现他们城里人或洋人，并不是什么“三头六臂”的超人，也是和我们一样的“平常人”。就像当年教训我的那位老前辈所说的那样“没有什么了不起”，之所以“怕”主要是因为你不了解他们，一旦了解了也就没有什么好“怕”了。

如果说得“露骨”一些，很多看起来样子很“吓人”的大人物，其实八成都是他们故意拿腔捏调“装”出来的。再放眼看看周围所谓的“城里人”，其实半数都是和你我一样的“乡巴佬”，另外三成不过是我们农村人的“二代”而已，再往上追溯不到三代，当初他们的老祖宗其实都是从乡下进城闯天下的“农村青年”。

如此说来，大家彼此彼此，我们当今的农村青年还有什么好自卑的呢?！不仅不应该“自卑”，甚至应该“自豪”才对！因为，说不定若干年以后，你们的子孙都是由于你如今大无畏的创业举动，而一代代变成货真价实的“城里人”！你说这该不该现在就“自豪”一把啊?！

当然，也应该知道，这不是一句话的事情，而是一个漫长的“历史积累”过程。人家洋人不是有句俗话，说“三百年才出来一个绅士”。意思是说，一个平民需要经历三四代人“艰苦卓绝”的努力，才能逐渐脱胎换骨，造就出身上没有一点“土气”味道的真绅士来。我们中国也有俗话说得好，“山外有山、天外有天”，低俗地说，“林子大了什么鸟都有”，高端地说，“佛家常说家常话”，“不显山露水的才是高人”。

因此，**我们农村青年到外面混世界，无须自怨自艾，更不可自轻自贱，但一定要放平心态、放低姿态，真心诚意、谦虚谨慎地对待每一个你遇到的人，认认真真、踏踏实实地做好每一件值得你去做的事。**

说到这里，我想起了执拗的老父亲一次向我发脾气时说出的“至理名言”。有一年春节，我将他老人家接来北京过年显孝心，结果元宵节还未过完，就对首都北京城里的好日子有些“受不了”了，闹着要回乡下，我赶快连哄带蒙安慰说：“可以可以，只是现在火车票不好买，能不能缓几天看看，等四五月份天暖和了再回去?”老父亲怒吼道：“你以为我不知道？现在这个时段进京的票难买，从北京出去的票不是问题!”我赶快开玩笑缓和气氛：“爸你还挺聪明的嘛!”于是老人家冲口而出，说出了一句响彻云霄的豪言壮语：

“这世上谁比谁傻多少!”

是啊！**这世上的人，谁能比谁聪明多少，谁又比谁傻多少！因此与人打交道时，千万不要自作聪明把别人当傻瓜。**如果你愣要有“差别”看人和待人，我劝年轻的朋友们：**宁可将自己当傻瓜，也千万别把他人当傻瓜！**如果你做到这一点了，那么我敢保证你就可以走遍天下都不怕！

借用王朔语式(剔出其原始“语义”)，你就可以高声地喊一嗓子：

“谦虚谨慎去待人，我是农民我怕谁!”

我们每个人都要自强不息，靠我们自己，要时刻铭记“自助者天助”的真理。我们所处的这个人类社会，毕竟是从大自然动物界进化而来的，物竞天择、优胜劣汰的达尔文法则，似乎一直或隐或显地起着某种支配作用。在社会达尔文主义法则下，处于弱势的群体最容易受歧视、受压迫和受伤害，由此积淀在我们内心深处的自卑感往往是融入血液了的。要么夜郎自大，要么崇洋媚外，就是这种自卑心的两种极端而常见的表现，需要我们在坎坎坷坷的人生路上去慢慢感悟、渐渐认知和不断矫正。

当然，**世间的人事往往“知易行难”，好话好说人难做，人与事搅和在一起时，那就更是难上加难**。时至今日，临近知命之年，年轻时节那些愚钝可笑之举依然可掬，在那无限自卑的内心感受与无知自负的行为表现之间，我还是时常把握不住“火候”，往往在错综复杂的情景中有“错乱”表现，时常因此把本来和和气气的人际搞僵，把本来顺顺当当的事情搞砸，苦恼无端、尴尬频现，对于由此引发的人事困局，时常感到无力应对无法收拾无可奈何，真是苦不堪言啊！这种状况，对我们每个青年人来说，可能或多或少都是无法绕过的坎，**苦难而快乐的人生，谁也替代不了，必须自己去亲身经历，在不断“试错”的个人成长及发展过程中思考、摸索和调整**。

总之，一句话：出身农家咱不自卑，咱的人生咱做主！

世界因你而不同，摆脱世俗偏见，做最好的自己

> 无论你是谁，世界都会因你而不同。农村孩子同样可以做最好的自己，获得多元化成功。

一个名叫李开复的著名职业经理人，他从中国台湾走到美利坚，又从北美大陆转回到中国大陆，是目前中国高技术业界闻名遐迩的成功人士。这位成功人士以自己金灿灿的成功经历凝练了一句至理名言：“世界因你而不同，做最好的自己。”

我们每个人来到这个世界上，作为一个与这个世界交换物质和能量的有机体，有“投入”有“产出”，因而无论自觉不自觉、自主不自主、自由不自由，都或多或少对这个生于斯、死于斯的世界产生一些正面的或负面的影响效应，在这个意义上这个世界确实会因你的生死存亡而有所

“不同”。但显而易见，李先生的话不是在这个意义上说的。

李先生作为一个成功人士，将“世界因你而不同”作为其自传的名字来言说，可能想要表达的是世界观、人生观和价值观层面上的一个重要观点。**我们每个人来到这个世界上走一遭，是异常珍贵难得的奇遇，非常不容易，每个人只有一次机会，因而应该在人生最初阶段上搞清楚自己究竟是谁，自己与其他生命个体不同的地方在哪里，自己究竟应该作出什么样的选择和努力，才能够对这个世界最大限度地发挥独一无二的正面影响**。我揣摸，李先生所讲的“世界因你而不同”大概是指这个意思。

生命既无比脆弱又无比柔韧，其物质能量和生理机能虽然有很大局限性，但人一生潜在的生命能量和精神作用，可以说是要多小有多小，说多大又可以有多大，其间是一个近乎无限的弹性空间。**做一个多大的自我，能够获得多大的自我价值，完全由你选择，因你自己的主观能动性而定。面对有限的外部生存空间和资源条件，你按照自己的意愿和价值目标，最大限度地充分利用了，而且尽自己最大限度的主观努力逼近了既定目标，对这个世界施加了最有力的正面影响，对他人产生了最大的正面效应。如此，你的人生就算成功，这般，你就是成功人士。**就这么简单，就这么明了。

因此，**就如同人生是多元化、多样化的一样，成功也是多元化、多样化的，在效果上可能有大有小，但在价值上往往小中见大、大中有小，很难用一个绝对的、外在的、有形的、大一统或一元化的标准来量度**。具体地说：

——成功主要是精神意义上的丰富，而不仅是物质层面的丰裕；

——成功不仅是一种物质文明标志，更是一种精神文明或文化进步；

——成功与其说是一种外在成果的物量标度，倒不如说是一种内在价值追求的精神状态；

——成功在本质上是个体生命价值自由张力的一种欢悦体现，而不是社会群体对世俗功利目标竞相争夺的快感表达；

——成功说到底是一种利他行为，而不是某种狭隘的自私追求。

这才是现代社会应有的正当成功观、进步成功观、文明成功观或高尚成功观，特别值得我们国人反思、感悟、学习和推崇。

只可惜，由于数千年“大一统、官本位”的传统文化积淀，在这种社会文化环境下，人们判断成功的标准相当趋同：一个是“升官”，另一个是“发财”，这成为千万民众梦寐以求、终生奋斗的两个基本成功目标。

在传统社会，为了选官取士，衍生出千年科举古制，使国人在“升官发财”之外，又多了一条“金榜题名”的求学人生路。不过，这种“学路”对大多数求学者来说并非最终目的，而主要是走上“仕途”、求得“财路”的台阶或手段，更是千百万“田舍郎”登上“天子堂”的唯一狭路或捷径。直至今天，对于“学路”，国人也可能存在着复杂而扭曲的价值判断，表面上似乎谁都很“看重”它，但在内心深处又都或多或少地“轻看”甚至“鄙视”它。

对此，我有切身体验和感慨。我们这一代人，目前在官界、学界和商界混出点名堂的(也就是人们通常所认同的“成功”)，大都是恢复高考最初的几年从乡下通过“求学路”走出来的，不仅包括像我这样“土生土长”的乡下孩子，也包括从城里“上山下乡”的一大帮“知识青年”(有人调侃说其实是指一群“没知识”的青年)，但那时大多数青年上大学的目的，与其说是“求知”不如说是“求仕途”，沿着“学而优则仕”的传统路径，到国家机关当干部。

回想当年“毕业分配”(这个词可能对于当今青年大学生来说有些陌生)场景，充满着一股浓郁而莫测的“悲喜剧”效果。

我们那个时候，同学间年龄和社会阅历差距很大，有在社会上摸爬滚打多年、上大学目标无比清晰的老大哥老大姐们，也有像我这样懵懵懂懂、不省人事的小弟小妹们。毕业分配在形式上要走个组织程序，就是让本人先填个“志愿”，记得当时志愿表中有一栏是“是否愿意从事党的教育事业”，我根据自己的情况和心愿就在上面填写“愿意”两个字。我的一位要好同学看到了，很不理解，劝说：“你就写个‘不愿意’，不要填‘愿意’，否则就把你分配到学校了!”我说我真愿意，分到学校尤其是大学当老师，那正中我意，甚至可以说是求之不得的！同学听了直摇头，表示不可理喻。在宣布分配方案前有同学告诉我，你们省某工学院来要人了，你被分配到那里教书了，我听后将信将疑，心想人家还没有公布你怎么知道的？但同时又在心里窃喜，如果是真的那就太好了……结果一宣布方案还真是，当时的场面也很有戏剧性。

那个年代学财经的大学生，算是国家极度稀缺人才。我们班上60多位同学，有三分之一都直接被分配到北京各部委机关工作，还有三分之一被分配到山西本省各级政府机关，另外不到三分之一被分配到其他原籍省政府机关，有极个别的人则直接被分配到高校教书。在宣布分配去向的会议上，当轮到我时，老师喊：“李宝元，机械工业部——洛阳工学院”，大家听后哄堂大笑，我当时有些莫名其妙，不知道大家笑什么，过后才知道同学们不是为我分配到学校教书而高兴，而是老师喊话时在“机械工业部”与“洛阳工学院”之间的那个停顿产生的反差效果。

从教数十年，每次回到家乡，都有不少父老乡亲问起“现在外面弄啥的?"我回答"在学校教书的。"乡亲们听后表情复杂，有的不说什么，但可以从脸上看出不屑或失望来，有快人快语者，就忍不住劝说几句："不会换个工作吗？老在学校待着干什么?"就差直截了当地训斥："在外面混了这么多年了，还教书，没出息!"或者旁敲侧击给我树立学习榜样："你看人家谁谁谁，都当局长了，把人家弟弟妹妹都弄出来了，还派人给父母盖了两层小楼，在县城还买了洋房呢!"言下之意，责备我这个教书匠，一点责任心都没有，也没有能耐帮家里兄弟亲戚一点什么忙，连爹妈住的地方都没安排好，白在外面混世界了!

面对周围人这种成功价值评判标准酿造的"社会舆情"，我有时也自惭形秽，感慨自己没能耐，时常连教书职业给我那点点"成就感"也丧失殆尽。特别是每年过"教师节"，面对学生们鲜花笑脸簇拥，在"兴高采烈"之余总有一种"虚假走秀"的恍惚感，咸乎乎、酸溜溜的滋味朦朦胧胧在心头。

遗憾的是，多少年来，虽然我们正面的舆论宣传，老在强调"革命工作只有分工不同，没有高低之分"，但这样的职业价值观，在实际生活中可能并没有真正地为大家所接受，更不要说"深入人心"了。这种情况，你从正面宣传的言辞表达中，也可以真切感受到。

例如，日常不少老百姓或某些官员，甚至一些全国性的大媒体新闻宣传，在言谈举止中有意无意流露出的对某阶层或职业之不屑或歧视，那就更"刺激"人心了：

"不好好学习，你就去开出租车!"

"你一个穷种地的，还告什么状呀?"

"名牌大学生，毕业去养猪。"

……

价值观是现实的反照。有如此趋同单一的成功价值观，是现实社会游戏规则使然，谁都能理解。但应该看到，**价值观念往往滞后于现实，通常情况是，上代人的价值观潜移默化地传递到下代人身上，而新生代青年所面临的现实状况，往往已经大大不同于其父辈们所感知的历史情景了，可是在价值观念上，他们还是按照父辈们传递下来的传统观念，惯性地去作人生选择，结果遭遇在生活和工作中各种错位和无限尴尬**。

比如，现在年轻人所面临的社会环境、工作机会和生活选择空间，与改革开放之初我们那代青年所遭遇的情景，特别是社会横向流动渠道和日益多元化的职业生涯选择，已经大相径庭。但是，在家里爸爸妈妈从小灌输给你们的，在学校老师教导给你们的，却还是二三十年前那个时代留下来的社会认知和价值观念，这些东西潜移默化到你们身上，有可能变成无形枷锁、精神紧箍咒，牢牢束缚着你们的一言一行，自觉不自觉地沿袭老辈人的传统路径，去错位选择已经完全今非昔比的不同人生路。我猜想，这可能是当代青年，特别是广大农村青年所遇到的最大人生困惑、职业困境和生活困扰。

所以我希望，**当今的青年朋友们，能够真正走出封闭、纵向的传统体制，到已经高度多元化的社会现实中去，到轰轰烈烈的火热现实生活中去，直面感受和创造本属于你们的新时代、新社会、新环境和新生活！**总而言之，想尽一切办法摆脱父辈们家长制的束缚，尽量减少上代人按照他们自以为是的传统观念和习惯思维、有意无意给你们造成的误导！

总之，我愿当代的热血青年，特别是“广阔天地”中的农村青年们，真正领会我们中国共产党所一贯倡导的实事求是的优良传统及其精神实质和伟大意义，树立多元成功观，在思想深处牢牢建树现代职业平等价值观，自主自强自立，不受传统流俗观念干扰，直面现实确立自己的人生向标，在多元化社会中找准自己独特的事业、职业和就业定位，按照自我成功定义、人生设计和生涯规划，去努力实现具有自己特色的人生理想和价值目标。

一句话，**青年朋友们要有“世界因你而不同”的豪情壮志，更要有坚忍不拔地“做最好的自己”的诚心正意！**

漫漫自我人生路，谦谦自主向上走

> 自我定义成功，直面外部世界进行多元化选择，内在设计人生，自主规划职业生涯路。

对于我们大多数平民百姓来说，来到这个世界上，活这一生一世，大都是默默无闻、平庸无奇，要真正“活出个人样”来，就必须付出“超常”的努力和艰辛，至于干出点“惊天动地”的伟业，取得“举世瞩目”的成功，那就更不容易了，甚至是难上加难的事情。

但是，**如果我们改变心态、转换思路，无论你是谁，“人人都能够成功”也并不是一句诳语，而是近在眼前、实实在在的人生选择和生活情景**。何谓“人生”？不同的人有不同的理解，但是我们必须分清楚：哪些是“写真”，哪些是“虚拟”；哪些是“人生真谛”，哪些是“浮沉假象”；哪些是大多数青年摆脱不了的“旧人生”，哪些则是当代青年应该选择而且能够选择的“新人生”。如此，我们才能趁年轻作出“明智选择”，甚至进一步作出“理性设计”，使自己趋近于自己理想的个性化人生目标。

据我判断，自古以来，中国孩子茁壮成长的最大关爱来自于家庭、来自于父母。不幸的是，孩子们自主成长的最大障碍同样来自于家庭、来自于父母。好儿女志在四方，大凡后来干出点功名成就的，都是在该“出家”的时候毅然离开父母走天下，有自主选择和担当、明智理性而又热血澎湃的有志青年。直到今天，我们的很多孩子大都是在父母为他设计好的生活圈子里打转转，即使到了成人的年龄也没有基本的自主意识和独立生存能力，更不要说自己为自己设计成功人生目标和清晰的职业生涯路线了。

关于中国代际关系的扭曲传承问题，我曾在很多场合说了很多很“刺耳”的话，也写了一些很“恶毒”的文字。更广泛地从“可持续发展”的大历史角度来看，中国特色的代际传承模式确实具有很大的“不可持续性”。俗话说，“可怜天下父母心”，要我说，中国父母的心是天下“最可怜”的。

我经常对我的学生严肃而调侃地说：你们的父母们是“伟大而恶毒”的，动物界的父母们都明白的道理，我们人类特别是中国的一些父母却因“伟大的爱”而忘却了最基本的生存常识和代际传递法则；“好男儿志在四方”(当然“好女儿”也是一样)，上大学可能给不了你们什么特别的东西，但至少可以给你们一个在空间和条件上远离父母、走出家门、跨入社会的机会或中介，不在外面混出个样子你们就不要回家！

2006年6月，我写了一篇评论《让孩子健康成人并走自己的人生路》，后来《新京报》以“不要为孩子‘强制’设计人生”为题发表，现将这篇评论转载在这里，请大家看看。

让孩子健康成人并走自己的人生路

一年一度令人有些“心惊肉跳”的高考终于暂时落下了帷幕，但因应试教育而带来的各种真正令人惊心动魄的悲剧惨案却始终不绝于耳。我们的一些孩子，在家长们“望子成龙”的殷切期望和培养下，不仅没有“成龙”，很多连健康“成人”的基本教育目标都没有达到，个别极端的甚至走上“随便”杀人毁灭人生的不归路，令人顿足哀叹！

5月23日，西安某重点中学男生赵大伟“突然就有了想杀人的念头”，于是将同班女生小张骗至家中7刀刺死，后泰然自若地住进高级宾馆，被抓后只淡淡地对死者母亲说声“对不起”。而因高考压力、升学选择或人生规划与父母发生冲突甚至“仇杀”的案例也不在少数。

例如，广东工业大学计算机学院大二学生董吉军，去年9月份因要退学重考“北京的重点大学”而与父亲发生冲突，连砍30多刀杀死了含辛茹苦将自己养大成人的父亲，庭审中反复念叨的一句话就是“我就是想杀死他”，其坚决的话语和仇视的眼神令人不寒而栗。再如，今年2月21日，华南农业大学理学院一位大一学生，因嫉恨幽怨报考专业为父母所迫而不是自己喜欢的，从公寓楼跳下自杀。这样一场场血淋淋的悲剧令人痛心疾首，痛定思痛，我们的家长难道不应该从中反思领悟点什么吗？

首先，我们应该深刻反思，我们养育子女、教育孩子最要紧的目标是什么？难道是那些外在化的、功利层面的“成龙成凤”吗？“上重点大学”、“留学海外”、“光耀门庭”，等等，这些本来是手段或工具甚至极端功利意义上的东西，现在被我们的家长和社会却异化引导到似乎成了教育目的本身，大家在追逐这些外在、功利的东西时，一来二去将内在的人生意义和培育孩子健康成人这个根本性的教育目标给“忘”得一干二净。

董吉军为什么不顾老师和父亲反对要退学重新考所谓“重点大学”，甚至不惜杀父来达成自己的“宏愿”？其实就是被我们的社会环境和教育氛围绕进了这个死胡同。像董吉军这样上了大学为了“争口气”重新高考，不考上北大清华重点大学“誓不罢休”的例子，我也亲耳听过朋友的切身苦诉，不过我的这位朋友很“开明”，没有干涉孩子“内政”，但孩子因此而承担多大的人生成本啊！把大量美好年华花费在莫名其妙的考试争胜目标上，该是一种多大的生命耗费或资源浪费啊？

其次，我们做父母的，更应该反思一下自己的思想方法是否从根子上出了问题。我们口口声声说“为了孩子”，为孩子负责，说什么“不能让孩子输在起跑线上”，“再穷也不能穷孩子”云云。但是请反思一下，我们在平日教育孩子的时候，是真的将孩子作为一个主体人格来看待吗？是否真的从孩子的角度、从孩子的意愿或喜怒哀乐出发，去做有关教育规划或决策？是不是在相当大程度上将自己实现或未实现了的宏志遗愿强加在了孩子身上，反而假借“为了孩子”的利他名义去实现自己的人生目标？

对这样一连串的问题如果“扪心自问”地做客观回答，我们相当多的家长可能就有些脸上发烧了吧！追索这样的“家长主义”作风之根由，可以有千年文化传统基因，也有近数十年计划经济体制的微观意识形态影响。总之，为孩子强制设计人生、强加给孩子很多功利名禄指向，是一种违反“己所不欲，勿施于人”经典古训，以及“己所欲，亦不轻易施于人”现代市场经济民主思想的一种做派。真切希望我们的家长同志自悟警惕才是！

目前，正值高考填报志愿之际，希望我们的家长能够身体力行，在填报志愿的时候多考虑孩子的兴趣、多听听孩子的意愿，将孩子自己当作主体，尽量让他们自主决策，毕竟人生的路要他们自己去走，我们不能替代他们过日子或扶植他们一辈子。想想看，我们自己是怎么走过来的？如果让你自己的父母现在仍然站在你面前指手画脚，你又作何感想？所以为了少些人生悲剧、多些人间幸福，我呼吁我们的家长们：发发慈悲，放我们的孩子一马！

在我们的社会意识形态里，只要动机是出于“爱孩子”、“为了孩子”，父母一切行为都是可以理解、可以原谅的，或属于正确的、正当的，也是别人无权过问的个人私事或家务事。但是，在现实生活中，我们一些做父母的打着“为了孩子”的幌子和名义，干出了多少干预孩子自由、强制孩子按照自己的主观意志行事的“不道德事情”，甚至发生不惜将孩子致残致死的“罪恶”行为！这样的恶性事件屡屡见诸报端，成为我们现实生活中“经常发生的事”。

前几年，一件十分怪异的事件曾被媒体广泛报道。一个老太太，为了制裁离婚的女婿，不让他见孩子，竟然将正在上小学的外孙、外孙女关押起来，时间长达 20 年，直到她自己死去后很长时间，孩子才被从黑屋中解救出来，但年近 30 的兄妹俩已经成为站立不起来的残疾人，姐姐成为“白毛女”，弟弟成了呆傻子。

就在前不久我写作期间，广东顺德的 9 岁小学生小龙，因拒绝到附近补习班上课，被父亲当街暴打后，送到医院不治身亡。据报道，当时周围邻居们都目睹了这残暴的一幕，但谁也没阻止；在场的其他人，也没有一人制止或报警；送到医院，小龙已经停止了呼吸，身上多处伤痕，医生也没提出疑义或报案；事后，父亲将女儿遗体火化了事，居然也一路畅通地办理了各种丧葬手续。这样，孩子因不上补习班被父亲暴打致死，大家似乎都认为孩子不听父亲话“活该”被打死，至少属于“正常死亡”，父亲的暴行也被视为“正当行为”。

对这种经常发生在我们现实生活中的怪事，人们都见怪不怪了，似乎都认为是理所当然的“平常事”。这是不是说明，我们社会的群体意识形态出现了某种“群盲性变异”，这么“异常”严重的问题我们竟然都能熟视无睹？

当然，我们大多数父母的心并不“坏”，有的还是非常“好”的，可是物极必反，“好”得过火就变“坏”，现实中发生的很多悲剧，往往是“好心为孩子，诚心办坏事”。

2009 年 9 月，我又借助武汉大学校长与家长对话会上，一位母亲泪流满面哭诉要求为女儿宿舍安装空调的新闻，还借助小时候祖父给我讲的一个叫“娘的心”的段子作史证，写了一篇很有“标题党”嫌疑的博文

《可耻父母心，可怜90后》，狠狠地对一些好似有“无限爱心”其实不知道怎么让孩子“在大风大浪中锻炼成长”的父母们批判了一通，结果招来不少反批评、谩骂甚至是破口大骂。有个网友分析说，这个李宝元肯定从小没爹妈疼爱，所以心理变态，看到我们现在的孩子享福他嫉妒，所以才写出这么恶毒的文字。

我看了网友几百条五花八门的评论，嘿嘿一笑，也不知道自己这“笑”声中什么滋味，是不屑、失望、酸楚，还是滑稽、尴尬或怪异，真说不清楚。不管怎样，我还是想请读者朋友与这位骂我的网友一起，再耐心地好好品读品读当年我从祖父那里听来的那个古老粗俗但无比传统经典的小段子。

娘的心

一位妇人，丈夫早亡，留下一幼子。她一个人既当娘又当爹，把孩子拉扯大，并且给孩子娶了媳妇成了家。

但娇生惯养的儿子心中只有他自己，在他看来娘养育他是天经地义的，把他养大了娘就没有用了。于是，娶了媳妇、忘了娘，将媳妇待如座上宾，将老娘遗弃到山沟里一个破窑洞里。

一次，媳妇闹怪病，郎中说：“此病要治愈，只有一个办法就是吃人心，否则恐怕是没有救的了！”这个好儿子不假思索地说：“那好办，山沟里还有我那没用的老娘，现在正好派上用场，把我老娘的心挖出来给我媳妇吃了不就结了?!”

于是，儿子就真的把老娘的心掏出来，端着送给媳妇吃。在路上不小心摔了个跟头，把碗里老娘的心摔出去好远。这时，只听老娘的心还在关切地喊：“吆！我的好儿子，走路小心点，摔疼了没有?”

你瞧，这是一颗多么“可怜”的母亲心啊！

这个故事情节虽然有些糙，但所述事实和道理是谁都回避不了的。它真实而生动地描述了中国人“不可持续性”的代际传承关系。在这种代际关系中，父辈给子辈扛活“天经地义”，子辈坐享父辈成果“理所当然”；父母“再穷也不能穷孩子”，而孩子对父母的关爱回报以不孝；即使个别良心发现有“孝心”，也因为父母从小娇生惯养地呵护成为没有“孝力”的废人。从古至今，“孝道”一直是中国父母奢望的“稀缺品”，其根源不在于“思想宣传”和“道德教化”工作没下工夫，而在于社会代际传承机制的深层次出了问题。

长此以往，我们面临的局面不就如鲁迅笔下的九斤老太所感叹的“一代不如一代”吗？还谈得上什么“中华民族伟大复兴”呢？我们中国的父母和孩子真应该谦虚谨慎，看看人家洋人究竟是怎么做父母、当孩子的。

青年朋友们，你今年多大了？在忙着什么？12岁时你在哪里，又在干什么？看了下面这篇曾被国内媒体广泛传播的人物新闻报道，我们中国父母和青少年们该做何感想，是不是有点无地自容了？

——为什么同样是少年儿童，这个12岁的加拿大少年柯尔伯格已经在忙于“改变世界”、“为中国孩子培养领导才能”，而我们中国的孩子却只能听命于父母、忙于为考学而练英语之类的事情？

——为什么同样是孩子，人家柯尔伯格同学能够口出豪言：“要改变世界，并不必一定要等我们长大，孩子也能帮助孩子”，并立刻付诸行动努力践行诺言？而我们的孩子却躺在父母的怀抱哭哭啼啼要糖吃，在学校唯唯诺诺为考试分数排第几名而烦恼不已？

——这究竟是为什么？为什么？为什么……

改变世界不必等到长大

12岁的时候，你在做什么？一位加拿大少年柯尔伯格却从此开始了他惊动世界的事业——投身救助全世界失学儿童。

1995年的一天，柯尔伯格看到一篇报道，写的是一名12岁巴基斯坦男孩以昔日童工的身份发表反对童工的演讲，之后却被残忍地杀害。这篇报道震撼了他。柯尔伯格拿着这份报纸到班上和同学们讲，感到应该为他们做点事情。在母亲的支持下，从这一天开始，柯尔伯格和10多个同龄的孩子共同成立了“Free the Children”组织，希望能解救因战争、贫穷而失学的孩子们。

柯尔伯格自信地说：“要改变世界，并不必一定要等我们长大，孩子也能帮助孩子。”一开始，他与同学们在学校和社区，后来到加拿大工会等组织演讲，那时他还很矮小，只能露个脑袋在演讲台前。但是大人们却很震动，他们没想到一个孩子竟然有这种想法。一次在加拿大工会组织的演讲会上，来了很多大老板，他们听完后每一个都上台来捐钱。从那一次演讲，柯尔伯格深刻地感到：“即使是我们这些孩子们聚集起来，也能做成很重要的事情。”这一次演讲后，柯尔伯格手里的捐款一下子激增到近15万加拿大元。拿到这些钱怎么办？柯尔伯格决定要先建一所学校，但是在建之前，要拿着这些钱走到亚洲去，看看那里的孩子有没有这个需要。

当时，柯尔伯格不到12岁，对他要出国的想法父母自然不同意，一开始也极力反对。他就像大多数孩子那样苦苦哀求。最后，母亲为了为难他，就说“如果你能自己筹集到亚洲去的一半路费，我们就让你去。”那时，柯尔伯格刚好快要过12岁的生日了，于是他就向亲朋长辈请求先预支生日礼物的钱，然后在社区附近到处去帮人铲雪，8个月后他竟然赚到了3000加拿大元。就这样说服了母亲。

柯尔伯格花了7个星期，走访了孟加拉、印度、巴基斯坦、尼泊尔和泰国。最后他决定把第一所学校建立在印度。从此，这个12岁孩子创立的机构开始在世界上有了影响力。他先后走访55个国家，获奖无数，并获得伊丽莎白二世等多国首脑的接见。13岁生日那年，他与德兰修女的见面，给他留下有生以来最珍贵的回忆。这位比他高不了多少的矮小妇女的话令他终生难忘：“孩子你记住，我们不能做很多很伟大的事，但是我们可以通过做很多小事来显示我们的爱。”

2006年，23岁的柯尔伯格从多伦多大学毕业。在同学们为毕业狂欢之时，他马不停蹄地踏着走遍55个国家的脚步，已经这样走了11年。他用每年获得学校的优异奖学金养活自己，而每年通过演讲、出版书籍等获得的150多万美元，则全部归入自己于12岁那年创办的柯氏国际儿童教育基金会中。目前，柯氏国际儿童教育基金会运作的基本资金近5000万美元，全部是由机构里的孩子们通过自己的方式募集而来。

在11年里，柯尔伯格拿了全世界儿童的最高奖项“世界儿童奖”，三次获诺贝尔奖提名，他创立的国际儿童教育基金会(FTC)飞速发展着，目前已成为世界上最大的由青少年管理和领导的以“改善贫困、提高教育”为宗旨的慈善机构，在全球45个国家有超过100万的青少年参与了他的机构，并已经在拉美、非洲、亚洲等35个发展中国家的贫困地区建立了450所学校。这名青年也被联合国评为“未来20个全球领袖”之一，甚至在加拿大的民意调查中被认为是将来当选总统的最有希望人选。在为贫困地区建学校的同时，他还用自己的这些年来的成长经历，写成特殊的教材来“培养未来的领袖”。

柯尔伯格说：“我自己的成长经历告诉我，要改变世界，并不一定要等我们长大。我们这个年代的人被假设为明天的领袖，我们一定要从今天就开始当家做主。我走了55个国家，我没发现有比中国孩子更努力读书的孩子，但是中国的孩子普遍缺乏自信和社会活动能力。未来的领袖人物一定要有奉献精神，并能把这种精神带给别人，而这种领导才能是能被训练出来的。”

在过去的5年里，柯尔伯格的国际儿童教育基金会已经悄悄地在辽宁、甘肃、河北等地的农村建立了15所小学，并计划于未来5年内在中国建立100所学校，以完成他为中国孩子培养领导才能的梦想。柯尔伯格曾在北京为中国的孩子举办过夏令营，当记者问前来参加活动的同学为什么参加这样的活动时，有些回答说是爸爸妈妈安排来的，有些说是为了练习说英语。看来，柯尔伯格"为中国孩子培养领导才能"的志愿是任重而道远啊！

这位少年的爸爸介绍说：在加拿大，家长和老师不是将孩子们成天局限在教室内读书，而是要求孩子们，特别是男孩子们从小就要到野外接受体能训练，通过艰苦的野外生存锻炼以提高他们日后职业生涯所必备的意志力和身心素质。对此，我们中国的父母和孩子该做何感想？你是父母、你爱孩子、你伟大？难道人家洋人就都不是父母、就不爱孩子、就渺小？

看来，**中国要实现"可持续"发展，必须学习外国人，树立"再富也要穷孩子"的新理念，更重要的是通过苛刻的遗产税等外在制度安排，以"逼迫"子孙后代自立自强，"强制"父母们自觉留给孩子宽松的成长自由、发展机会和磨炼空间，彻底打破中国人"富不过三代"的恶性循环宿命，使人们不为儿子女儿而为整个社会积累财富，从而将颠倒了的代际关系再彻底地颠倒回来**。如是，民将富强，而未来将不愁"中华英才"稀缺也！

无论如何，**生命是父母给的，但人生是孩子自己的**。我坚定地相信：**历史如同浩浩荡荡的长江流水，前浪总是要被后浪推没的，前辈自以为是的很多东西最终都会变成历史笑谈，最终都会淹没在浪花翻腾的云雾中**。古语说，"子不孝，父之过。"此话用在我们中国人的身上，可以说是千真万确！**毫不客气地说，我们青年人面临的所有困境，相当大程度上都是不年轻的老人自以为是事先设置的陷阱**。

当然，对这样的评论，我们也应该持达观、平和的态度去看待，从另一个角度看，评论越是"五花八门"，就越折射出我们社会的进步意义。**我可以不同意你的观点，但要誓死捍卫你自主表达观点的权利！**特别是一个真正"开明"的知识分子，如果老自以为是地觉得自己是"对的"、"科学的"和"先进的"，而别人都是"错的"、"伪科学的"或"落后愚昧的"，并且一遇到刺耳的、谩骂或破口大骂，自己也以牙还牙去"骂街"，那他不是"叶公好龙"，也与那些传统社会保守的"伪君子"或"假道学"没有什么两样！

尤其是在代际传承的问题上，更要戒除"大批判"式的争斗偏向或争论嗜好。关于这一点，记得大经济学家凯恩斯曾经说过一句很残酷、很刺耳但却实事求是的话，大意是说，理论思想为什么会不断进步？不是后生们与前辈人争论出来的，而是因为老一代会死去。这确实是"实话实说"的真言！

对此，一些历史伟人们往往看得更明白。当年，伟大领袖毛主席就无比看好青年人，认为青年人就像早晨八九点钟的太阳，朝气蓬勃，世界归根结底是属于青年人的！还有，我们改革开放的总设计师、当代改革开放运动的伟大旗手和倡导者邓小平，当年也曾劝导人们不要争论，鼓励人们要去干、去闯，如果改革成功了，那些所谓“理论家”自然会论证你是正确的。

无论怎样，**青年人在成长过程中应该逐渐摆脱家庭和父母强加给自己的外在约束，积极地通过内省去直面自己的生活，独立自主地设计好自己的人生**。所谓“人生”，用传统而经典的国语来说，就是“成家立业”，或者说“修身、齐家、治国、平天下”。**中国青年要真正成人，走向社会、走向世界、走向未来，必须自己走出生养你的“旧家”创立自己的“新家”，在传承“父业”的基础上创造自己的“新业”，在“修身齐家”的基础上设计规划并勇敢走出自己“治国平天下”的人生新路径**。

一个人的所谓“人生”，用土气的乡言俚语来说，就是“活着”、“过日子”。对传统社会中的男人来说，理想的小康人生无非是“一亩三分地几头牛，老婆孩子热炕头”；对于传统社会中的女人来说，满意的人生诉求无非是“嫁汉嫁汉，穿衣吃饭”，“你耕田来我织布，儿女成群笑语满堂”。这种情景，虽然可能还是我们相当多的农村青年现实而无奈的人生写照，但对于改革开放新时代背景下的很多农村“有志青年”来说，这种人生是他们不愿或不甘选择的。

不过，无论你怎么“理想”，如何“高雅”，也不管你怎么“扼住命运的咽喉”，又如何“与命运作斗争”，人人都脱不开“成家”和“立业”这样两件人生大事。现在改革开放了，你要重新选择人生，或者选择新人生，同样也绕不开“成家”与“立业”这两大人生门槛，无非是你不再局限在传统狭小的地域范围，要走出去选择与谁成家、在哪儿立业罢了。

也就是说，**对于农村新青年来说，与父辈不同、与传统决裂的，不是“成家立业”本身，而是要在一个“非农化”的社会经济文化环境中，在更大的地域范围和社会群体内，选择自己成家的对象、立业的行当和方位**。为此，大致说来可能有三种最基本的人生选择：

——选择求学路，是走传统“应试教育”道路，凭着本能直觉和文化惯性一阶一阶向上走呢，还是另辟蹊径，直面现实走横向多元化道路，凭借大自然广阔天地赋予的创新勇气，在干中学、在苦中乐，最终苦尽甘来享受成功人生？

——选择进城路，是走传统“升官发财”路，凭借仕途向上攀升，同时寻找时机“下海”做生意，做个体面而有钱的“红顶商人”呢，还是另辟蹊径，完全脱离传统体制，凭借自己吃苦耐劳的比较优势、锐意进取的创新精神，特别是天然的农民式机敏，豪迈走出小村庄、勇敢走向大都市，去闯出一片属于自己的新天地？

——选择求职路，是走传统“农民打工”道路，凭借自己年轻、能够出苦力的比较优势，当一名制造业的“传统产业工人”，还是另辟蹊径，前瞻性地面向未来，通过不断学习更新提升自己，逐渐实现由“蓝领”到“白领”、由“打工仔”到“现代职业人士”的身份转换？

总之，漫漫人生路，谦谦向上走。**通向成功的人生路是多元多样的，就看你怎么设计和规划，能不能踏踏实实、一步一个脚印往上走了**。究竟应该怎么走？接下来，咱们与青年朋友，就这三条路上可能遇到的矛盾和问题，以及如何抓机遇、作选择的策略和艺术，一一摊开道来，细细评说。

2

走好求学路　成才先成人

要成才先成人，成才乃成人题中之义，即成为社会有用之人（才）。求学路实乃成人之路，这是青年人踏上求学路之前首先应该弄明白的基本道理。求学路不是“独木桥”，而是“互联网”；求学不为“秀知识”，更须“干中学”。直面生活，不断提高认知感悟世间人事百态的能力，才是真学习。

考大学，跳农门，传统路径今非昔

> 传统求学路狭窄而拥堵，千军万马挤过独木桥，近年来，这条“农转非、谋功名”的路越来越难走，明智者自当另辟蹊径。

“学而优则仕”，是传统求学的基本指向，也是千百年来农家子弟实现“升官发财”人生梦想的基本途径。远的不说，至少我们这些“80年代的新一辈”，无论是“土生土长”的乡村青年，还是“上山下乡”的城市青年，除了个别有特殊背景和门路的，大都是借着“恢复高考”的东风，才走出农村“广阔天地”而进入城里“高楼大厦”的。

三十年前，对于那些安于老老实实、循规蹈矩的“好孩子”，惯于好好学习、天天向上的“好学生”来说，这条传统科举应试求学路，可能是最合适、最省事、最经济和最安全的人生选择。在我们那个年代，只要你按部就班小中大学一路走下去，老老实实接受老师教导，认认真真接受并牢记书本知识，踏踏实实完成各级学业，一旦上了大学不仅意味着一般的“成功”，而是如当年“登天子堂”般成为“天之骄子”，根本没有什么悬念。

说到这里，我要提及一个“成功人士”，以及与他有关的一个情景故事。这就是北京大学教授、著名经济学家张维迎先生，他可算是我们这代成功人士中的一个佼佼者。

一次在中央电视台少儿频道的访谈节目中，主持人问他：“像你这样一个大西北农家出身的孩子，是怎么成长为北大教授和著名经济学家的?”张教授回答说，“稀里糊涂。”主持人追问：“这怎么说法?”张教授解释说：“我走到今天，并不像通常所说的那样，从小就树立了什么远大志向，就明确要当什么北大教授或经济学家，而是一级一级上好学，一个阶段一个阶段把我能做的事情做好，一年级我是班上最好的，小学阶段我是小学最好的，中学阶段我争取做到最好，大学阶段也是如此走过来的，这样一路走下来，稀里糊涂就走到北大当了教授，成了经济学家。”

张维迎这一席话可以说是意味深长，他的人生经历也很有代表性，是那个年代相当多乃至当今不少农村青年，通过“求学”这个传统路径，最终顺利而成功地实现“成家立业”人生目标的一个典型代表。

当然，如果考不上大学——这个可能性是非常大的，或者说是“必然现象”，而考上大学才是近乎不可能的小概率事件，或者说是个别的

"偶然现象"或"意外事件"——那就什么都不是，这虽然谈不上什么"风险"(因为对于农村孩子来说，考不上大学是一个大概率事件，不适合用有意外、不确定性含义的"风险"一词来描述)，但这对于农村青年的人生选择来说，确实是个"很不幸"的事情。不过，如果将时间尺度一拉长，这"很不幸"也并没有什么，最后由"很不幸"转化成"大幸运"的，其实也不少。

我就有一个本家兄弟，在小学时代是文艺宣传队的骨干，革命样板戏唱得是有板有眼，后来被贫下中农推荐上高中，与我一样都是上的"农业班"，数理化没有底子，但一年半后高考分班时，听老师动员愣是报了理科班。后来，我上了四年大学，他考了五年大学，每年据说都是仅差几分，每次都会"很不幸"地落榜，最终还是与大学无缘。再后来，抱着"终生遗憾"还是走进了城里，先是做中学老师，后来只身下江南，现在成为一名很有成就的商界人士。

总的来看，我们这一代人"不幸中有大幸"的人生轨迹大致是：虽说"生在新社会，长在红旗下"，但我们自感却是"大不幸"——童年是在"大跃进"后饥荒中煎熬，少年是在"红旗飘飘"的"文化大革命"动乱中混迹；如果说有什么"幸运"，那大概是因为在青年成人时期碰上了改革开放的新时代，使我们才有机会"重新做人"，匆忙承担起"承前启后"的代际传承使命。

像我这样极少数"特别幸运"的农村娃，能够在不可能(统计上所说的"小概率"事件)的情势下，也在心理上压根就没抱什么"奢望"或"理想"的状态下，"意外"地、"喜出望外"地考取大学，继而在"黑暗中摸索"数十年，在步入"不惑之年"成为知识阶层一分子，其"精神历程"回想起来实在有颇多刻骨铭心的感触、感叹和感慨。在同代人中，确实有不少"因高考恢复而获得重生或成功机会"的幸运儿，我可能算作其中一员，但与人家真正声名显赫的同代"成功人士"不同，我这个教书匠只能算作还不错的"职业人士"，很难说是取得了什么"事业成功"的人物。

2006年，应《新京报》记者曹保印先生之约，就"中国知识分子精神历程三十年"的话题，写了一篇长文，原题叫《经济地管理人生：一个经济管理专业老师从"潘晓困惑"到"四十不惑"的人生感悟》，后来记者将主标题改为《一个农村孩子的进城路》①，此名字虽与那文的核心思想有些不切题，但与本书的主题却很对路。现将该文中有关描述自己三十年

① 该文载于曹保印编《精神历程：36位中国当代学人自述》，北京：当代中国出版社，2006年；有兴趣的读者也可查阅我的博客："人本论坛"，http//blog. sina. com. cn/libaoyuan。

"求学人生"路径的文字摘录如下，以供当今有志于走"传统路线"的农村青年参考。

一个农村孩子的进城路

我是在豫西农村的"地穴"里长大的。

家乡地处丘陵地带，因此与陕北山沟窑洞不同，我们的住宅属于一种"地下窑洞"，就是在地下挖四方形的深坑然后向四周打窑洞，由一个"门洞"从地面引入"地坑院"中。这种富有地方特色的民居，近年来也伴随着改革开放的"时代步伐"，而有些遗憾地成为一种"历史陈迹"。这里特别用文字记述一下，不仅将我带到那"穷中有苦、贫中有乐"的童年记忆，也权作对遗失的民俗文化的某种纪念罢。

按照母亲的说法，我是家里四个"光棍和尚"(因为家贫有可能娶不起媳妇)中的老大，由于最早感应到生活的艰难、做人的艰辛，因而也是四个兄弟中最"争气"、最勤奋的一个。我对家中四位长辈的童年印象是：父慈母严、爷厉奶祥，祖父母对我成长的影响要大于父母亲。

祖父是虔诚的佛教徒，一辈子坚守信仰、我行我素，自学文化、熟读经典，吃斋修行、积德行善，但满脑子"三从四德"儒家伦理思想，在外忍忍饶饶、修桥补路，而在家唯我独尊，属于独裁专制主义者。

祖母是深受旧社会"三座大山"压迫的小脚女人，不识字、没文化，但在我这长孙眼里，她是最伟大的中国女性，勤劳、善良、通情、达理，对旧社会的黑暗和新社会的美好有着最为真切的感触，她老人家对着毛主席像热泪盈眶地念叨着感激话语的情景，时至今天我还历历在目！她一生几十年如一日默默无闻、无怨无悔、称职尽责地做着她的家务活，但往往能在儿孙成长的紧要关头作出些"大义凛然"、"力挽狂澜"的举动。

例如，奶奶很坚定地认为孙子长大后要"干大事"。实际上，也正是在奶奶的全力扶助下，才有我后来上大学成为"人民教师"的人生历程。

能够考大学上大学，对于我这样的农村娃来说，确实是一个重大的"意外事件"。1976年，我被贫下中农推荐上高中的"农业班"，总共两年的学业几乎没有学习过"数理化"课程，最后一个学期说要文理科分班，准备参加1978年的高考。

在老师的鼓励下，我从自己的"实际"出发，"坚守文科"不动摇，尽了最大努力(只为了补偿"老师能看得起"这份恩情)，最后考了247分，很自然地与大学无缘，于是无怨无悔地就卷铺盖回乡"自谋出路"去了。当时，我自觉对书法美术有"天然兴趣"，所以就"立志"自学成为一名

“画画的”。

后来，在母校的“强烈要求”下，很不情愿地回去插班复习，也只是因为“老师看得起”这份情感的内在激励，才抱着不辜负老师的一番好意、试试看的心态，参加了1979年的高考。在内心深处，我们原本就没有把上大学列入过自己的人生计划中，所以不像现在青年学生应试，有那种高度紧张的压力，心态十分平和松弛，甚至可以说是“十分愉快”。结果竟然“意外地”考取了，自然更是“喜出望外”。

因为遇到的是“意外惊喜”，关于报考什么学校、专业，自然也从来没有做过什么“思想准备”。我们当时只听说过“政治”、“语文”什么的，由于字写得不错而受语文老师鼓励，似乎“迁移”到语文成绩也因此而好并成为课代表，还经常给政治老师刻印蜡板学习材料，因此说要报考专业，在心中最向往的自然是省内最著名的师范院校中文专业。

但是，老师们对此却不以为然，并凭借他们的“人生经验”力加劝诫，希望我报财经院校学经济，说这样将来有出路、有前途。对此，当时自然也是在很不情愿的情况下，虽然接受老师的劝导，但采取的是一种有限“妥协”策略：

第一志愿填写山西财经学院，因为它名列招生简章目录倒数第一名，据说粮食供应还是“倒三七开”(70%粗粮，要知道那时候能吃上“细粮”该是多大的人生幸福啊)；而将自己“梦想”(时至今日我时常听到青年学子们张口闭口就是上某某大学是他或她的人生“夙愿”或“梦想”)的师范院校中文专业列为第二志愿。

在等待结果的时日，老在心里祈祷着：第一志愿千万别被录取，要录就录第二志愿。结果，又一次出乎意料，并从此“注定”了自己的基本人生轨迹和总体职业生涯路向。

大学四年的生活是幸运、幸福的，但同时又是最为痛苦而困惑的。

说“幸运”、“幸福”，主要是因为“农转非”而带来的身体生存状况改变、物质生活条件改善和社会阶层地位改观。

从身体生理情况来说，由于贫寒苦难的童年生活条件，使自己身体从小受到相当程度的“摧残”，上初中时又无知地参加学校组织的(向首都北京)象征性赛跑活动而招致双腿急性瘫痪，后来留下严重的慢性风湿病疾患，如果不是上大学享受公费医疗制度保障，这种让人“死不死活不活”的疾患是绝不可能得到必要医治的，可能早就“没那人”了，更不要奢谈什么“潘晓困惑”了。

就物质生活条件来说，在山西上大学，虽然是“倒三七”粮食供应，主要是啃黄面窝窝头，但毕竟是“大学生”的生活；原来在家乡时，啃窝窝头那该算“奢侈生活”了，想啃都啃不到的。

而社会阶层地位的改观那就更不用说了，什么“时代宠儿”呀，“天之骄子”呀，“社会栋梁”呀，这些现在听起来都浑身起鸡皮疙瘩的赞词美语，而在当时都是理所当然地用来称呼那群大学生们的正常用语和舆媒热词。

但是，就我自己当时总的“精神状态”来说，确实没有什么“幸福感”可言，加上突然“农转非”带来的急剧不应症，实实在在地感到比“潘晓”还“潘晓”，很“痛苦”、很“困惑”，沉重、幽怨、郁闷、激愤之情无以复加！

上大学前，我把大学想象得也太“风花雪月”了。

第一步踏进校园是午饭时分，看到“大学骄子”们蹲在土操场吃饭、在露天水龙头上洗碗的情景，恍如置身现在城里大兴土木的建筑工地，那种莫名的失望、失落感就在心底泛起。

进入课堂后，那些“工农兵大学”出身的教员在课堂上“装模作样”照本宣科，将上课变成我们在小学时“生字听写”。而学校管理当局，还时不时为应付“上面”卫生检查，要求全校师生连这样的“课”都不上了，进行三天卫生大扫除活动。

见到此情此景，天真的童子心真有些“忍无可忍”了，于是操着大家都听不太懂的家乡话，“勇敢”地与班主任老师“辩论是非”，在小组讨论中“慷慨陈词”，结果得到的不是嘲笑就是耻笑，唯有更加深一层的幽怨、苦闷和激愤覆盖在幼嫩脆弱的灵魂上面，加上风湿病外加在肉体上“死不死活不活”的疼痛，那真叫“苦不堪言”啊！

当时的精神状态简直是到了极度“变态”、几乎要“崩溃”的边缘：与人打交道，往往采取预防敌对的态度；见面别人跟自己打招呼，我觉得那是“虚伪”的表现；一说话同学发笑，我以为都是恶意嘲笑……一来二去变得更加孤僻、怪异、另类，觉得与周围世界人和事都格格不入，被整个社会所隔绝、所抛弃。所以后来读到潘晓“人生的路呵，怎么越走越窄”真是吓了一跳，恍如听到了另一个自己在远方发出的呐喊、悲叹！

像我这样的农村孩子，自然没有“潘晓”们那样的“文化底蕴”，“为了寻求人生意义的答案”去读黑格尔、达尔文、巴尔扎克……这些大师们距离我太“远”了。

我要发问的不是“人生的路呵，怎么越走越窄”，而是“人生的路呵，你在哪里”。我只能借助我们面前的《马克思主义哲学》和《政治经济学》课程的学习，去寻找自己的人生道路和关于人生意义的答案。

结果，虽然没有在“经邦济世”层面真正弄懂经济学究竟是什么个意思，也没能找到“待人处世”的现成秘方，但确实在“世界观”和“方法论”

意义上收获颇多，尤其被马克思《资本论》“从抽象到具体、从具体回复到抽象”的严谨逻辑以及犀利尖锐、优美生动的批判文字深深打动和吸引，并且平生第一次有种明显的“自我肯定”感觉：原来自己在抽象的“理论”思维方面还有这样令人兴奋的“天赋才能”?！这也为后来自己职业生涯的“能力定位”提供了重要参照。

或许是自己有如此“困顿”的人生境遇之缘故吧，当我读到“潘晓”来信中那段著名的哲理性文字：“任何人，不管是生存还是创造，都是主观为自我，客观为别人……”虽然仍然觉得此说法还存在没有打通的许多“逻辑关节”，是对人生和人际关系的“特解”而不是“通解”，但在当时情景下能够读到这样直白朴素、直抒胸臆、坦诚真切的“掏心窝”式话语文字，真是让人感动得有些个“潸然泪下”，确实感受到一种春晓般的融融暖意！

也正因如此，关于“人”的问题就自然成为我内心深处丢不开的沉重命题，也是进城以后数十年来学术研究及教师职业生涯始终关注和探索的一个核心主题。所以，当我听到我们学校人口学专家毕士林老先生所主持的关于“两种再生产理论”的讲座时（这是我记忆中在大学时代听到过的唯一一次学术报告），感觉又新奇又激动。

毕先生是一位值得永远怀念和崇敬的老前辈，他老人家那“谦谦风度”和“长者风范”对我以后的人生路径、人生态度和学业职业生涯具有“终生难忘”的重大影响。当时，他已近70岁高龄，雪白银发、精神矍铄，讲话声如铜钟、富有感染力。在我当时看来，毕老先生才是我真正见到的“大学教授”！

在听完他的讲座后，作为无知学生多次向他请教，没想到老人家那么平易近人、和蔼可亲，又拿出其他相关论文上批“李宝元同志批评指正”字样送给我，自然受宠若惊，更加“废寝忘食”地研读，读后也还真写出大段大段的“批评指正”心得拿给老人家看。

后来，毕业时的学士论文，就写的是《关于“两种再生产”理论问题的探索》，从此以后数十年，从事学术研究并发表论著所涉及的主题大都是关于“人”的问题，现在专门从事人力资本理论、人力资源开发与管理领域的学术研究工作，其初步基础和思想框架，就是如此这般奠定和形成的。

我回过头来体会：人生的基本志向就是成为一个对他人、对社会有用的人，并因为在手段的意义上对他人、对社会“有用”而在主体意义上获得“成就感”，最终实现了所谓“自我价值”，也就是老百姓所说的“没有白活”。

用我们的专业术语来说，人生就是一个不断进行人力资本投资和积累并由此获取收益的历史过程，而人力资本投资和积累不一定就是“上学”，比上学更为重要且不可替代的途径乃是“干中学”。一个人的人生意义都是各不相同的，都是在各自不同的人生经验中具体“体验”出来的，而能够给你带来幸福人生的“人力资本”同样是别人无法替代的。

人生的路必须自己去走，无论是“越走越窄”还是“越走越宽”，你都得在“摸爬滚打”中坚定地往下走，一直走下去；如果你把握住了最基本的人生向标并坚定地走下去，即使一时间“越走越窄”，但最终会“绝处逢生”的，“山重水复疑无路，柳暗花明又一村”乃是人生路上的常有情景。

在临近大学毕业走向社会之时，更大的“恐惧感”萦绕在心头：将来的人生路向何方？对此自己一无所知、一片茫然。唯一的感觉是不管将来的路指向何方，目前的路却实实在在地就在脚下，能够确信的就是“脚踏实地”凭着“感觉”往前走吧！

虽然我不是共产党员，我个人的人生经历却真切地验证了党所倡导的“实事求是、从实际出发”思想路线之伟大。根据自己当时的“实际”情况，我觉得，不管进政府机关对别人有多么美好的前景，或凭借“财经专业”的稀缺性资源如何能“经济”地成就别人多少“财富人生”，对于我自己来说，最现实、最理想的职业选择就是当一个“教书匠”。

尽管我们那时的职业选择还是“一次分配定终身”的计划配置，我自己心里没有任何“紧张”感，因为到大学当老师几乎等于是“被发配”或“被流放”的一种职业去向，别的同学都唯恐躲之不及，而这却给了我一个绝好的“选择”机会，可以“从容自得”而获之。

宣布分配去向时，同学们听到我去的是学校都“哄堂大笑”，但我在心里窃喜，感到无上荣光和幸运！这可以说是平生第一次所进行的不自主、不自由的重大自愿选择了——从此就走上了我二十多年来“相濡以沫”、作为终生事业和人生使命的教师职业生涯路。

正是作了大学老师以后，才真正学会说话，学会做人，学会作为一个正常人待人处世、与人打交道，也才学到了大学时代本应该学会而没有真正学到并掌握的专业知识。可以说，正是由于教师职业要求的现实“压迫”，才使自己真正走上了正面体验生命价值的人生旅途。所以，我对教师职业是“情有独钟”的，对于教师的角色和使命有我自己的独特体悟。

我感到，当老师实在是一个最经济、最有效的学习之道，一个好教师其实就是在学生“学”与“问”的压力下不断进取，做一个能够积极主动地“好好学习，天天向上”的好学生。所以我常给我的学生说：你要真正有“学问”吗？那就当“老师”吧！可能是由于骨子里“信仰”这样一种“教育观”的缘故，在我二十多年的教书生涯中始终没能树立起“师道尊严”来。

特别是沿着教师这样的职业生涯越往上走，就越来越感到“山外有山、天外有天”的职业压力，以致到后来在还想当老师、必须当好老师的单一内在使命的驱赶下，不得不又再两度住大学、当学生，在“老师—学生—老师—学生”的两度双重角色转换中，“稀里糊涂”就走到了自己人生的“不惑之年”。

时间如流水，岁月如穿梭，不知哪一天忽然很惊讶地发现：自己什么时候竟也变成了一个在“谆谆教导”下一代青年人的老导师了！

我啰里啰唆絮叨这些“革命家史”，无非是想现身说法，告诉我们当今的年轻人：如果你像我一样属于智商不高(我觉得自己虽谈不上“弱智”，但智商肯定是在平均水平以下！这不是“自轻自贱”而是“实话实说”)，也能够像我这样善于勤勤恳恳做小事，像我这样听毛主席话，一辈子“好好学习、天天向上”，那么可以考虑：是不是选择传统求学路，按部就班一级一级上学，最后将学上完后“光荣地做一名人民教师”。

不过要赶紧告诫你的是：**这条路已经今非昔比，其间充满着荆棘、陷阱和无法确定的变数，你必须有意识地不断校正父辈们误传给你们的“信号”，特别去除关于高考上大学的“科举效应”和“成功光环”，否则仅凭父辈们的感觉走，自己会找不到北的。**

关于高考的“科举效应”和“成功光环”给千家万户、千百万代代青年施加的误导、错觉和梦幻，确实是非常可怕的。

从1999年开始，国家实行大规模“扩招”政策以来，中国高等教育进入了快速发展的新时期。到2002年，大学招生145万人，高等教育毛入学率已达到15%以上，标志着中国高等教育已经由“精英”状态进入“大众化”发展阶段。近年来，“大学生就业难”成为热门话题，“高学历失业”已经成为普遍现象，“知识无产者”的队伍也在一天天膨胀壮大。

但时至今日，无数的家长和青年，还是按照几十年前的“上学”概念，到处求学、层层应试，盲目地追求什么“校园梦想”和“知识夙愿”。在我的数十年的教育职业生涯中，直到此时此刻，都在不时遭遇这样不知道要孩子究竟往哪里走或最终自己要干什么，只感觉上学不会有错、上大学就是成功、为上学而上学的“爱心家长”和“痴情学子”。

当然，也有不少“有识之士”，也已看到传统求学路上的情景，早就不是那么回事了，而奋起行动起来积极推动变革的。

2007年9月3日，应《北京日报》记者之约，以我的名义，在该报

"理论周刊"上刊发了一篇纪念恢复高考三十周年的整版长文《考：一个改变中国命运的重大决策之回顾和论析》。在该文的后面，编者附了一个"77、78级名人名单"，其中列举了一些著名政治家、经济学家、历史学家、艺术家和学者的大名。

文章刊发后不几天，我收到一位退休的科学界老前辈来信。在信中，老人家列举了一长串没有上过大学而同样大名鼎鼎的"成功人士"，然后质询道：难道你认为要成功就必须上大学，不上大学就不能成功吗？看了老人家来信后，我有些哭笑不得，赶紧按照先生所留电话号码打过去解释误会，并对老科学家能有如此这般明晰正当的"人文关怀"表示无比敬佩！

其实，很多家长和青年学生也并不是不明白，传统求学路已经不是什么金光大道，应该为孩子、为自己早做打算。但是，临到现实选择，就是身不由己，谁都不能从世俗的陷阱中自拔。

怎样破解农村孩子求学路上遭遇的新"潘晓困惑"

> 每代人有每代人的困惑，但困惑的立意、境界和根由存在很大差异性。进不了重点高中、考不上好大学，难道真的是我们当代青年的最大人生困惑吗？

在前文引述我早年所写的"革命家史"文字时，老是提到一个当今青年可能感到莫名其妙的名字——"潘晓"，现在我们就回过头来，给大家交代一下这话语的历史背景和来由，并专门讨论一下当代农村青年面临的人生困惑，以及这种困惑与父辈们的困惑之间究竟存在着怎样的差异性。

1980年夏，也就是我在大学一年级下学期时，当时绝对权威的全国性青年读物《中国青年》杂志，刊载了一个署名"潘晓"的"读者来信"，题为"人生的路呵，怎么越走越窄?"，提出"主观为自己，客观为别人"这个在当时看来绝对"雷人"的观点。其真实作者，是当时北京经济学院(现在的首都经贸大学)男学生潘祎，和一位在北京某工厂上班的女青年黄晓菊。

在这个"被编辑"了的读者来信中，两位青年大胆直白地"激情诉说"，立刻引起"山摇地动"，并惊动了当时的国家高层领导。随即，相关部门和领导介入此事，并"正面引导"全国千百万青年，展开了一场关于人生观的大讨论。

在将近三十年后的今天，难道我们的青年朋友就没有困惑了吗？令人遗憾的是，不仅问题依然存在，而且可以说是有过之而无不及。

不过今天的新“潘晓困惑”，不是由两个身处城里的男女青年提出来的，而是由“一个怎样也进不了重点高中的农村孩子”喊出来的；只是，最初发出呼喊所借助的媒体，从《中国青年》杂志转移到《中国青年报》，虽然也同样是以“读者来信”的形式刊发；当年的“人生大讨论”是在大一统的正面引导下“有序”展开的，声音单一而清晰；而今是在多元化的网络媒体传递下平等“互动”评说的，声音嘈杂而模糊。但是前后对照、彼此参照来解读，可以发现很多微妙、尴尬且无奈的人生选择意义。

这篇刊登在2009年8月4日《中国青年报》上的“新版潘晓来信”，对现行体制的不公平，提出了“声泪俱下”般的控诉，可以说是“句句血、声声泪”，现将其最初发表的“简版”(我还看到过篇幅更大、内容更为具体详细的版本，估计是报纸正式发表前的“原版”)抄录如下。

上不了重点高中只因为我生在农村

我是一名初三毕业生，家在山东乳山市的一个农村。可是我中考因3分之差落榜了，市里重点高中针对农村的分数线是678分，我只考了675分，没达到我们那里中考的重点线。我很难过，也很生自己的气，怎么就不能多考几分呢？可是我不明白，为什么同样教材、同样的试卷，城里的学生只需要601分就可以上重点高中？为什么他们的中考分数比我差得远却可以上？我也好想当城里的孩子啊！

乳山市是一个县级市，我们老师说，这里就只有两所高中还比较像样，里面的老师能教出好成绩来，而每年从剩下的普通高中里考进好大学的总共也没几个。

每年中考后，市里会划定各镇的重点线，各镇过了重点线的孩子就可以到这两所重点高中读书，而城里初中毕业的孩子，只要过了普通线就可以进到重点高中读书。同样的教材，同样的试卷，为什么却是不同的门槛？

城里的家庭，都比农村的有钱。那些甚至连普通线都没过的孩子，只要爸妈交足够的钱也可以进这两所重点。而我们这些农村孩子，如果没有考过重点线，就要去散落在各镇的普通高中读书。很多同学都不愿意浪费3年的时间和钱去念，因为反正在那里也几乎考不上好大学，而我们的爸妈又很少有人能拿出那么多钱把我们送进重点高中。

以前，我们市里的每所重点高中每年大概会根据分数招收800多名学生，然后，剩下的名额就给了城里中学只过了普通线的那些同学和爸妈有钱愿意交钱的孩子。我中考在全年级考了30名，在以前，我肯定能进重点高中读书。可是，今年他们调整了中考招生政策后，我就怎样都进不了重点高中了！我猜他们调整政策不让我们农村孩子进重点高中读书，可能是为了进一步保障城里孩子到重点中学读书的权利吧。

现在，我们这里的两所重点高中就要变为城里孩子的高中了。

我在新闻上看到，温总理在国家科教领导小组会议上说“过去我们上大学的时候，班里农村孩子几乎占到80%，甚至还要高，现在不同了，农村学生的比重下降了……这有多方面原因，要认真分析研究……农村的孩子们素质并不差，同样能够成才。”现在我知道有人想尽办法把更多优质资源用制度设计的方式让城里的孩子优先享用，但我不知道如何改变这一切。

我的命运，就是中国农村孩子的命运，我给你们写信，不仅是为了自己，也是为了农村那沉默的一群！

一个怎么也进不了重点高中的农村孩子

2009年7月30日星期四

这位农村孩子的来信，确实说出了当今很多农村孩子的心声，倾诉了积压在他们心头的委屈和不满，反映了我们这个社会强加在他们身上的制度性歧视和人为性不公，表达了对公平制度环境的美好期待和无限向往。

但这里关键的问题在于：**无论什么体制和时代，美好的理想与严酷的现实总会有各种落差甚至反差，一个青年人在成长的过程中，怎样才能学会在理想与现实之间寻找和把握平衡点？**由于长期城乡二元分割的制度性限制，在传统应试求学道路上，相对于在主流体制优待条件下的城市孩子，我们处于体制边缘甚至被排斥在体制之外的农村孩子，会遭受种种不平等待遇，遭遇很多不公正竞争，失去不少本该同等拥有的权利、机会和条件。遇到这种情况，一时间我们又无法改变现状，那应该怎么办？

对于这位“怎么也进不了重点高中的农村孩子”所控诉的不平事，作为一个同样来自农村、备受这种歧视而一路走过来的前辈，虽然有年龄鸿沟和代际差异，但我也确实感同身受，非常能够理解体悟这位农家孩子的心境和感觉。

作为一个自称有“人本主义”情怀的学者，多少年来我也一直在呼唤户籍制度改革，无时无刻不在关注着社会民主化和市场一体化改革进程，特别是来自体制边缘、来自农村的青年人工作生活境遇。

尤其是我们这一代人，亲身经历并横跨新旧双重体制鸿沟，对于制度公平与不公平的差异性体验感悟，不仅不比你们当今青年人“迟钝麻木”，而且可能会更直接、更真切、更彻骨、更撕心裂肺，对于那种基于身份差异区别对待、另眼看待的歧视性制度安排，可以说是“恨之入骨”、“嫉恶如仇”的！

这里就给你们讲一个我们这代人面对体制性身份焦虑的可悲故事。

一个陷于体制性身份焦虑中不能自拔的女士

我认识一位同代的中年女士，她本来属于体制中人，只是因为“嫁鸡随鸡、嫁狗随狗”的原因，被丈夫的事业带出了体制之外。

她早年幼师毕业，在一个地方性大学幼儿园当老师，属于“国家干部”。后来随丈夫事业迁到另一所大学，由于先生属于那个学校特别引进的“人才”，因此她也享受“优惠政策”被安排到系里做资料员，接着还评了个中级职称“馆员”，而当时，她丈夫的技术职称还是初级水平的，后来，这位女士还“风风光光”地当上了学校中级职称评定委员会的“委员”。

再后来可就惨了！随着丈夫来到“什么都缺就是人不缺”的北京城，她只能在一家事业单位当个“临时工”，自己的身份感马上一落千丈，感到周围同事看自己的眼神都不对头，时时处处受“白眼”、被歧视，就连五一劳动节发个礼品什么的，都是要区别对待的！

十几年来，她无法从这个体制性不公造成的身份感反差中走出来，一直处于自怨自艾、怨天尤人的心理状态不能自拔。唠叨丈夫没本事、靠不住，担忧孩子学习不争气、考不上大学，像她这样没身份而被人家瞧不起怎么办？担心将来没有退休保障、没钱看病怎么办……

其实，她的日子很不错，丈夫工作稳定，收入不是很高但属于平均水平以上的，有房有车，生活条件很优裕，孩子在重点中学上学，将来考个大学根本不成什么问题。在她的亲朋好友、兄弟姐妹中，她不算是最富有的也是生活稳定、最有保障的一位。

可她就是“想不开”，开口闭口她是天下最可怜、最倒霉的，老是说她原来怎么样怎么样有身份，现在如何如何不体面；同学同事亲朋好友，谁谁都比自己强，谁谁的丈夫怎么能干，谁谁的孩子争气学习好，就是自己不如人，自己的丈夫窝囊废，自己的孩子不争气……整日里郁郁闷闷、愤愤不平，甚至有些反社会倾向的歇斯底里状态。

这样一位不能正视自己、不能摆正心态，长期处于精神分裂状态的女士，多少年来老陷于杞人忧天的无限痛苦中不能自拔。我真怕她有一天会想不开跳楼自杀，或做出什么极端可悲的举动来！

大家知道，我们现在正处于市场化、城市化和现代化转型期，各种社会矛盾错综复杂，人际利益冲突不断，很多矛盾和问题的解决需要时间与耐心，在短期内，很多“普遍而异常的不平事”，往往是谁也无法改变、无可奈何的。在这种情况下，最好还是话分两头说，不要像我认识的这位女士那样，一味怨天尤人走极端，应该学会向内思考、向内找原因，积极主动地调适心理状态，心平气和地摆正自己的心态。

有句话，叫做“**我们改变不了别人，那就改变我们自己；我们改变不了残酷的现实，那就主动改变我们自己的心态。**”这听起来可能有些阿Q的味道，但是对于正在成长的青年人，特别是处于弱势的农村青年来说，遇到问题和不可抗力压迫，慢慢学会内省、向内反思、向自己方面找原因，学会调适心态、不断超越自我，也是相当重要的。

每代人都有每代人的烦恼，有他们各自的“时代风貌”，也有他们各自的“历史局限性”。关键的问题是，他们各自的精神风貌和思想境界谁高谁低，谁更代表人类进步的方向，谁更顺应着时代进步的大潮流。如果将三十年前的“潘晓来信”拿来，与前面那封新版“潘晓来信”放在一起对照阅读，除了二者在时代主题和叙事内容方面存在的差异外，或许你还会惊奇地发现二者在“立意”、“境界”和“眼界”方面也存在很大差别：

——三十年前的“潘晓”们主要是找不到光明的“精神性困惑”，而这个新生代“潘晓”则更多的是个人利益得失层面的“利益性困惑”。

——三十年前的“潘晓”们是在自我超越的层面上思考“人生的价值”，而这个新生代“潘晓”则主要是在眼前利益得失层面上争取“考试的分值”。

——三十年前的“潘晓”们不会求实、不会巧谋算计，而这个新生代“潘晓”则要聪慧、精明得多，对于不平等的游戏规则给自己造成的不利影响算计得清清楚楚，令我这个至今愚钝不堪的“老知青”佩服之至。

——三十年前的“潘晓”们也呐喊呼叫，但他们主要是为从小所接受的虚假意识形态宣传教育，与现实活灵活现的真意亲情、丰富多彩的生活情景完全脱离，进而在精神层面引致的撕心裂肺般痛苦而呐喊；而这个新生代“潘晓”虽然也声称“我的命运，就是中国农村孩子的命运”，而且大喊“我要控诉，不仅为自己，也为农村那沉默的一群”，但实际上主要还是因为“羡慕”比自己优越的同龄人而“内心无限悲凉”，为了“想进重点高中……争取考上好大学”而喊叫。

请读者朋友别误会，我不是在拐弯抹角地指责或批评那位为我们千百万农村孩子请命的同类，而主要是想说，这个“怎么也进不了重点中学的农村孩子”，如果能够向内思考一点点，他的“悲凉”肯定不会是“无限”的，他的痛苦和愤懑也许会减轻很多，他的眼前可能马上会亮堂不少。

实际上，如果能够将我们在本书开篇所述的一些道理，即“人生而平等，但生而不同”，“大自然天然平等，小自我无须不平”，“自助者天助”，等等，好好捉摸捉摸，你会忽然理开心朗的。

想想看：**在这样一个大众化的新时代，在这样一种“大学毕业就失业”的现实面前，难道进不了重点高中、上不了名牌大学，就真是那么“要命”的重要吗？**退一步说，假如你的人生目标就是“考上好大学”，如果你足够努力和能耐，那些“土政策”可以将你挡到“重点高中”之外，难道真的就能够堵死了你进入“好大学”的路子吗？我看关键还在你自己——你的世界观、人生观、价值观和方法论！

实际上，只要你是一个自强不息的有志青年，别人根本不可能左右你的命运！只要肯内省、肯使内劲，谁也别想挡住你的道！这个基本判断不是诳语，也不是“站着说话不腰痛”，而是基于我这个农村娃独自一人走出村、数十年在外“摸爬滚打”的人生经验，所作出的严肃判断。

升学竞争非要你死我活，考试分数真的那么要命

“分分，学生的命根。”我们应试教育的弊端大概就在这里。走出应试教育陷阱，我们青年人才有希望，才有美好的明天。

对于国人来说，无论是谁，说到应考、升学，似乎都有一番“酸甜苦辣”滋味在心头。像我这样三十年如一日在校园里过活的人，作为应试教育最大的受益者，同时也是应试教育最大的受害者，对于应试教育的“好”和“坏”，应该说是既有主观痛切感应又有客观评价信度的。

我们来到这个世界上，面对有限而稀缺的资源环境，与我们的同类发生利益冲突，与他人展开生存竞争，实在是一件不可避免、也无可奈何的事情。号称“世界第一 CEO”的杰克·韦尔奇，在通用电气公司执政的二十多年里，一直推崇“数一数二”战略，特别强调“区别对待”考核评估制度。他说这种优胜劣汰的游戏规则，是每个孩子在小学橄榄球赛场上就已开始懂得和学会了的，在这个优胜劣汰的市场经济社会中生存，我们不“争强好胜”行吗？

在我们这个纵向一体化的金字塔式社会架构中，在“千军万马过独木桥”的应试教育征途上，与同道同志又同学的同行者竞相争夺稀缺的教育资源，作为极度短缺教育资源供给的需求者，以及奇缺优质教育资源诸如重点或名牌学校和学位之类的追逐者，其间的攀比竞争往往是极其恶性和残酷的，甚至，近年来陆陆续续、越来越频繁地发生过一系列惨不忍睹的应试竞争悲剧。从社会达尔文主义的现实出发来看，这些情

景也都没有什么可大惊小怪的。

但是，什么事情都有个度，也有个人心态和人性伦理底线约束的问题。回顾恢复高考三十多年来，应试教育效应的基本判断是：前十年复制性回归，正面效应突出；中十年摇摆性变动，公平与效率矛盾交错显现；后十年适应性调整，负面问题日益凸显，并成为社会矛盾和不和谐的焦点。

刚恢复高考的那几年，虽然对于大多数应考青年来说，招生录取概率小到成为“不可能事件”，但那时大家横向攀比竞争的感觉，并没有现在这么明显。不知道当时同龄人究竟持有着一种什么心境，那时我自己与身边同学们并没有太多的攀比竞争心理，不仅中学阶段是如此，就是后来到了大学阶段，乃至若干年后的研究生阶段，也都是如此。要说在那个时代，“一次分配定终身”的内忧外患、后顾前虑也是相当大，但不知为什么，我自己一直对“分数”很迟钝，没有像现在的青年学生们如此这般有些神经质地敏感。

正是因为在这个应试教育的圈子里，反而对应试教育的“恶劣影响”感觉得异常真切，甚至“痛心疾首”。参加工作后，经常被逼无奈，每工作若干年，由于“学历阶梯性低势压力”，而不得一次又一次重新走上应试路，以致在黄金的十六年生涯轨迹上，留下了一个“5—3—5—3”(即五年老师—三年学生—五年老师—三年学生)的规整线路。结果，数十年的应试教育生涯在自己的心理上，还是留下了一些莫名的“应试后遗症”或“竞争性阴影”。

可是，我在职业生涯中发现，多少年来，一级一级从四面八方走进来、又一届一届从我这里走出去的青年学生，在他们心理状态和行为表现上，这种“应试后遗症”或“竞争性阴影”有一种愈演愈烈的趋势。

近年来，由于本科毕业后不好找工作，大家就继续往后递延，考研究生，硕士研究生毕业没人要，再考博士研究生，而今连在国外给博士毕业后找不到工作者而专门设置的临时待业岗位“博士后”，在我们这里都变成更高一级的学历或学位了。我不知道这样下去，还会不会有什么“博士后后”之类更高的阶梯，让我们可怜的青年学子继续向上爬。在这样层层递延的阶梯式应试教育体制下，现在大学也逐渐“中小学化”了，特别是大学本科阶段，由于前面直接受中学应试惯性影响，而后续又有“保送研究生”的应试牵引拉动，大学生们上课学习的应试心理和动机越来越强，对于课程考试成绩单异常看重，到了近乎“分分计较”的可怕程度。

下面是我在2009年1月21日新浪博客中记述的一件无比难堪、特别无奈的教学事件，它对于我二十多年的教师职业生涯，以及操守终生的职业信念和成就感，可以说都是一种“毁灭性打击”。

当时写这篇博文，主要为了抒散自己恶劣不堪的情绪，不意被编辑作为“热贴”放在了首页，结果引来成千上万名看客，招来了数百条评论，有语重心长规劝的，有表示同情同感的，也有低级下流谩骂的，我都抱以平和包容的哂笑态度。由于有些“不堪回首”，我不想再重新叙述事件的具体细节，直接将相关文字不加修整地转贴在这里了事。请读者朋友本着“论事不说人”的原则，对于现在仍然备受应试综合征煎熬的你我他，给予人道主义关爱和人文主义关怀，以及达观理性的关注、反思和批判。

分数真要命

上午在校园网上刚登完分，下午就有位女同学找上门来。

我每学年第一学期给本科二年级讲授《人力资源管理》课程。在首堂课上，我就给大学生们进行“淡化应试心态、积极提升素质”的教育，为此，特别要求学生学会向生活学习、向社会学习，注重日常行为修炼，而且这将占课程考核总成绩50%，并再三强调相信老师，最起码应该相信我这个专门讲授《人力资源管理》课程老师的绩效评估能力，而且我会尽心尽力认真判卷，因此请同学们到期末不要再找我讨分数。

令人郁闷的是，每个学期“学为人师，行为世范”下来，都有学生气冲冲打来电话讨要分数。这次变本加厉：中午一点多，一位Z女生打来电话声称是我的学生要见我，语气倒很客气、平和且显得有素养，拐弯抹角几句对白后，我方才弄明白是一名本科生嫌分数打低了，质问我她的期末成绩为什么只有70分，而平时成绩也只给她打了76分。按照她的“自我感觉”应该是80分以上，因此想找我谈谈……我作为老师，由于性格原因自惭形秽，自觉修养不到家，一听就气儿不打一处来，很情绪化地说：“……你不用见我，我也不见你这样的学生……”接着就把电话给挂了。

没料到，正在休息间，听着咚咚一连串的敲门声，接着客厅电话也叮铃铃响起，起来开门见一位怒气冲冲的女学生站在门口，拉开铁门就要往里撞，我说作为一个女生，不经允许就往老师家里撞这不合适，你这样的学生我不接待。气急了的Z女生，就喊叫要到校长那里告我云云……我也气蒙了，推着她出去，请到校园里长椅子上坐下来说说看。这位极其有教养的女生，态度不骄不躁地解释说，她不是来向我讨分数的，而是要请我做她的本科研究项目的导师……我，这个作了二十多年老师的，很没有涵养和耐心地说：“你不要给老师拐弯抹角，直接说问题，你的分数怎么不合理了?”接着她回到讨分数正题上，说的还是和电话里一个意思……我就耐不住性子了："如果是这样，我跟你没有什么说的，你不要再取闹了……"回来后，该女生的手机电话又打了好几遍，吓得我没敢接电话……赶紧给她班辅导员老师打电话求救，让她出来解围。

我作为"人"(不是"人物")也实在很委屈呀：就算我不公平，没有按照人家Z女生的"自我感觉"，给孩子多打4分，将平时成绩从76分提到80分，但至于如此这般"要死要活"地"大打出手"吗？这不怨孩子，都是该死的分数、该死的应试教育惹的祸！每到学期末考试周来临，看到校园里飘扬着"严肃考场纪律"、"杜绝作弊"的横幅，我就觉得莫名地晕眩、恶心、悲哀，作为几十年从事教育的老职业者真有些无地自容！

人有怨气都需要有发泄渠道的。我作为长辈、作为老师都控制不住情绪，何况才20多岁年少气盛的大学生呢？因此，这篇博文主旨不在就事论事做"我是人非"式的辩解，而主要是博主自我心理排解的一种手段和方式，同时也想就这点一线教师职业"生活烂事儿"反思开来：让我们大家都来想想，究竟是什么魔法，使我们的孩子、家长和老师陷于如此难堪可怕的分数博弈僵局？我也愿这位女生将我这篇博文作为平台狠狠发泄一下自己的"痛苦"情绪，在留言出处注水好好骂骂这位可恶、讨厌、不公平、脾气暴躁的李宝元老师……不过骂完了之后，还希望她能够冷静下来，反思一下自己的"分数情结"究竟是怎么回事儿，这很重要——因为我们老一辈已经过气儿了，而你们年轻人今后人生的路还长着呢！

但愿我的学生们——教过的或将要教的，也不管是本科生还是研究生，认识的不认识的，只要是认我作老师的——都能幸福快乐、事业有成！

1月22日Z同学的来信：

尊敬的李老师：

您好！我是Z，首先我为昨天的事情向您道歉，请您原谅我的鲁莽。我不应该中午给您打电话，那样打扰您休息；也不应该在中午去找您，还使您心情不愉快；对不起，请您接受我的道歉。

昨天中午，接到班主任老师的电话，当她说到您很担心我，怕我想不开时，我心里非常愧疚，也非常感动。真没有想到您不仅没有怪我的鲁莽，还这么关心我。谢谢您！想了很久，今天决定提笔，给您致上我最衷心的歉意。

老师，我昨天并不是有意要向您顶撞的，确实是事出有因。

老师，我职业规划里决定本科毕业直接工作，而我本身对经济非常感兴趣，所以要修一个经济学双学位，因为我在咱们学校不能修经济学双学位，所以我要求自己一定要在那里修。然而，那个学位报考资格非常高，要求必须是门门专业课都达到 80 分以上才行，因此，我从大一开始，就特别注意，努力学好每一门专业课，确保每一门专业课都在 80 分以上，因为是否在 80 分以上直接决定了我能否具有报考那个双学位的资格。然而，这次我一看到我的人力资源管理课没有达到 80 分以上，心里是非常的担心和害怕，我怕我自己没有资格去报那个学位了。为了准备那个学位，我大二上没有申请双学位，现在已经不能再申请双学位了，如果再不能报那个学位，我的所有计划基本全泡汤了……我心里非常非常害怕，也很难过。所以，在情急之下，我才给您打的电话，才出言不逊。老师，对不起，我知道错了，请您原谅我。

老师，在此祝福您寒假愉快，新年快乐！

Z

2009 年 1 月 22 日

1 月 23 日我对网友评论的回应：

谢谢各位网友：先给大家拜个早年！

没想到一篇排解自己心理情绪的博文，会引来各位网友热情帮助。真是太感谢大家了！

看了各位留言，包括破口大骂的，我都很受教益。尤其要感谢很多同行、前辈和年轻精英“语重心长”的教导。我这里写点反思的心得，以作为致谢之辞。

首先要声明：之所以发生那样不愉快的事情，责任全在我这里，无论从专业素养、职业责任哪个角度说，都是这样。在这里，**也郑重向 Z 同学致歉！**前天写那篇博文可能是处在情绪中的缘故，使一些网友读出自己是在诉苦埋怨别人的味道来，其实我主要是想排解排解情绪，与其说是牢骚他人，倒不如是在悔恨讨厌自己！

如某网友所说，连起码的沟通能力都没有，还写出《人本致胜》那样的书，全是纸上谈兵——此话一语中的，这的确是实情。我自己也早意识到这一点，所以在上课时老调侃自己，说自己光说不练是“说家”，根本不是什么所谓“专家”，尤其是在那些真正专家的 MBA 学员和各行业领导学员面前，绝对没有自谦的意思，而是“实话实说”！

是啊，人家孩子客客气气地打电话要跟你谈谈，凭什么一听就火冒三丈，有话好好说嘛！一个将进入知命之年的人，还是老师呢，怎么就如此没有涵养！你自己肯定有心理障碍，还说人家孩子有心理问题。是的，我也自知自己心理有问题，而且也有性格缺陷，也如有网友指出的毛病，做过心理咨询，不过心理师说我属于正常范围，我觉得问题可能出在自己性格缺陷，以及特殊的成长经历方面吧！

在性格及做人方面的修炼，几十年来我做了很大努力，今天能作为一名老师，还在课堂上给孩子们传道授业解惑，对我来说已经是奇迹了。当然，与“正常”标准还差得很远。可能有读者不知情，那本《人本致胜》的书，其实就如同上篇博文一样，是排解心理问题的结果，类似于《少年维特之烦恼》的东西。

就自己成长经历来说，一个“无知愚昧”的农村孩子能走上教师职业生涯路，既是高考科举制度的最大受益者，也是应试教育的最大受害者，因为前者所以能当老师，因为后者所以发生如此“小儿科”、有些荒唐的校园故事。因此，看到今天孩子讨分数，情绪复杂，才会有那样夸张的反应！

近年来，由于职业原因，对于应试教育造成的可怕恶果，我作为一线老师亲眼所见、亲耳所闻，往往痛心疾首、焦虑痛苦不堪。大家可能都有感同身受：今天的孩子们所面临的时代，与二三十年前他们父辈们的情况，完全不能同日而语！可悲的是，我们的孩子在家长、社会和学校“应试”教育环境耳濡目染的熏陶下，仍然停留在前辈灌输的“应试思维”惯性中，急功近利地攀学历、争分数，而不能直面现实独立思考，正视自己前面的路。

把这些道理给学生们讲明白，并最大限度地在课堂上把自己年轻时“不会做人”带来的苦恼和经验教训与学生们(特别是本科生们)分享，以免学生们走弯路，我觉得这应该是工商管理老师，特别是人力资源管理授课老师最重要的职责。因此，可谓“苦口婆心、唠唠叨叨”，通过案例分析、课堂讨论和平时作业等形式，与同学们沟通。

为了淡化应试意识，本来可以完全开卷考试，但由于本科成绩在现行教学体制下权重很大(如以分数排名推免上研究生等)，怕不客观、不标准，不得不有一定比例的闭卷考试，但即使这样，我出题时坚决避免那种死记硬背应考式的问题，如什么选择题、填空题啊什么的(如此考下来，凡是考得“不理想”者，我认为都是只有应试能力而无真正理解感悟能力的学生)，而且在考试时间上也从来不放在“严肃得可怕”的期末考试周，都是随堂考。

此外，在课堂上，还特别从“专业”角度给同学们讲：绩效评估本来就是一种主观判断，很难做到完全客观公正，虽然老师会尽力注意成绩评估的“效度”和“信度”，区分出好坏优劣，但只能做到大致准确，如果因为多几分少几分找我“算账”，实在没有多大意思，请同学们不要在考试后再向我兴师问罪讨分数！你平时好好学习，自然会得高分的，如果应试式地随机应变搞投机，肯定分数不会高。请同学们放心，相信老师不会故意为难你，在学校连老师都不信任了，到社会上还能信任谁？

我还以自己的亲身经历开导学生：依我自己数十年的人生经验，只要自己刻苦努力，把事情做到位了，在各种场合还是有基本公平可言的，因此，作为大学生要关注社会公平规则，但在个人做人修炼方面还是要往内使劲，如果你能够超越自我、积极进取，就应该相信会有你应得的结果以及基本公平的对待的！

……这些话，我觉得都事先在课堂上公开地讲明白了。但是，如此“苦口婆心”一个学期讲下来，自我感觉尽心尽责了，应该得到一些职业成就感了，却突然来个“依然如故”的讨分电话，原自以为是的“成就感”立马一败涂地，于是就有些“气不打一处来”，作出那般无理性、没涵养的情绪化反应……

我平时在同学面前从不摆老师的臭架子，而且骨子里讨厌那些装模作样、拿腔捏调的“人物”，但我是一个没有“文化”、脾气不好、自卑到莫名其妙死要面子的“人”，因此在日常生活中常常笨拙地遇到各种尴尬难堪的局面，只能无可奈何地感叹、懊恼、郁闷。作为一个自觉活得还算真实(也许过分了)的人，又无奈地生活在我们这样一个“尊师爱教”的社会环境里，难免也莫名其妙、不自觉地沾上“老师为大”的坏习气。如果是这样，在文章或言语之间流出这样的毛病，我要很好反思，也请各大网友多多原谅！

希望大家对事不对人，能够由小事见大意。如此这般的“讨分数”事件完全不同于西方国家校园里的文化情景，让我们在自己特殊的转型社会背景和教育体制环境下，都来认认真真思考一下：为什么“分数”会如此这般要我们老师、学生和家长的命？它与我们民族复兴、国家可持续发展又有什么钩挂……

谢谢大家在大过年的快乐时分，抽空看我文字，听我唠叨！

再次给大家作揖拜早年！

博主敬上

1月27日(大年初二)给当事学生的回信：

Z同学：新年好！

很感激你能给我写这封信！发生那么大的争吵，还能主动给我写信沟通，作为老师我真有些无地自容！再次感谢你，感谢你来信！我先说明：发生不愉快的事情，责任全在我这里。无论是从人力资源管理专业素养，还是作为大学老师的职业品质来讲，都不应该有如此情绪化的激烈反应。这我在年前博文中已经正式向你道歉。

但我的反应也事出有因，正好借着这个机会与你好好沟通沟通：

(1)所有的话都于事先在课堂上说了，我当时觉得你一个学期下来根本没有听进去一点，而且还如此这般地上门讨分数，仅凭这点我以为“平时成绩”就应该是不及格，如果要改也是往低处改而不是相反，何况分数一旦登录在网上就已经锁定，老师自己也不能“主观随意”，任何“事后要求”都是无法满足的，所以你的行为完全是在做无用功。

(2)平时成绩是综合考量，其主要依据是作业，你的作业记录是“中”，尽管批阅时可能就某些方面说了“很好”这样鼓励的话，也不能仅凭这一点，就断定必须是80分以上。即使给你80分，与期末成绩70分平均，你也得不到80分。

(3)为什么设高比例的平时成绩，其主要目的是为了淡化“应试”意识，还有一个“补偿”期末闭卷考试“发挥”不好的功能。你可能也注意到：所有同学的平时成绩都比期末要高。

(4)为了避免期末考试的“应试性”，我出题时特别避免有“现成答案”、逼迫学生死记硬背的所谓“标准化”套路，虽然那样改卷倒很容易，但那很“害人”，是误人子弟的行为；而且为了更加“客观公平”，我是请研究生助教按照事先拟好的“参考答案及得分要求”批阅的，你的期末分数“不高”，与你的平时成绩“中”是不谋而合的，因此我认为给你“76/70”的成绩是客观公正的。

(5)学生想要好成绩，可以理解，而且人心皆然，如果所有学生都像你这样按照自己愿望和感觉争讨分数，那成了什么局面？你“着急”可能事出有因，但“方向”不对头，以怀疑老师公平性、自我中心主义的思路去“争讨”，这样的做法大不对头。这样的情景不是你一个，往届也有，我不仅在课堂上“敬告”了，还请你到我博客上看一篇“与一位讨分大学生的通信”。在那里，你可以好好看看那位大学生是抱着什么样的目的、态度和做人准则跟老师进行“沟通”的。相比之下，你的沟通方式虽然与老师我一样不够“专业”，但“率真”多了，这样的方式虽然相互“伤害”谁也不“愉快”，但是对于你这样的“真”我却是喜欢的，而且我还很欣赏你事后的“冷静”和“理性”！

(6)最重要的是，你没有认清你们青年人现在所面临的新时代背景，还不自觉地以父辈们和社会意识形态“灌输”给你们的“应试思维”去争功名，沿着这样的思路下去你会越来越被动，到头来葬送了自己的前程和美好生活。我很担心！

(7)正如我在课堂上所说：一个人在成长过程中，“隐含性的”知识文化素养比“明晰性的”科学知识学习更重要、更难，它需要更长时间“潜移默化”的生活累积。

……

还有很多很多的话想对你说，只要你愿意听、能听进去，我就愿意说。这是我的工作，我干的就是这样的事情，我这辈子也只能干点这样的事情——这不是那位同学提醒的，我自己早就知道的，而且一直是这样做的，真的！

祝你：新年有新进步！职业生涯前程似锦，而且生活越来越幸福快乐！

李宝元

2009-01-27(大年初二)

2009年2月7日Z同学的来信：

李老师：

首先给您拜个晚年，我从那天给您道歉后就一直没有上网，今天刚看到您的邮件，不好意思看晚了。谢谢您的教导，从您的话里我的确受益匪浅，我有点太主观了，而且凭感觉做事也太不理性了，请您原谅我的鲁莽，我以后一定改。您专门查了下我的成绩，并耐心地给我解释，这让我很感动。一位大学教授可以做到这样，我觉得很了不起。谢谢您，我知道错了！我会记住您的教诲，您的信让我看到您对我们这一代年轻人深切的希望，非常感谢您的关怀，我一定把您的嘱咐牢记于心！

Z

2009年2月7日

我觉得，发生在今天校园里这样不愉快的“讨分数”闹事，不是个案，具有普遍性。记得十年前我刚来现单位任职时，就在教研室发生过一个女生向一位德高望重的老教授“讨分数”的事情。我是在同屋隔板外无意听到的：那位女生一进来就质询我们可怜的老教授，“为什么别的同学都及格了就我不及格?”老教授无奈地说：“是啊，我还纳闷呢，为什么别的同学都及格了就你不及格?”接着那位女生不依不饶，与老先生争吵个没完……我当时非常吃惊：自己也在其他学校教了十多年书了，为什么从没听说过有这样的事情发生？可能是我们这样的大学有“民主传统”吧，但愿这样的事情不会轮到自己头上……谁知后来在自己的履职生涯中，这样的事情接连不断，而且还不断“发扬光大”到今天如此这般的尴尬状态。

因此，当时看到Z同学主动跟我来信沟通，在异常高兴、心存感激之余，又使我想起上一年级男生YC与我就"讨分数"问题所进行的不愉快通信。这次"书面过招事件"，虽然在形式上看比较"婉转文雅"，但在性质上可能更加"恶劣粗野"的，于是我加了个"按语"放在了博客里，以警示后来者。

这里顺便提及，事隔两年多，一次偶然听说该男生后来出了点不大不小的事(拿了同学几台电脑被警方传讯)，我不知道此事与这通信中折射出来的做人问题有无相关联系？请读者朋友自己去思考吧！

为了不"污染"版面美，我将这位大学生的来信在形式上作了点规整：修正了乱七八糟的标点符号，将七零八落的段落整合成一段文字，现将我们"师徒"间的一来一往的电子通信转录在这里，请年轻的读者朋友们共同欣赏、自由评论。

李老师您好，我是您的学生YC，是06级本科生，上的是您的人力资源管理课程。现在考试成绩出来了，我不理解为什么我的分数，尤其是平时成绩会那么少呢？不知道是我的作业没有交还是论文没有交？平时的课程我都去了啊，有几次是迟到了，但是每次都是去了啊，不知道为什么分数会这么低呢？这次考试的分数对我来说比较重要，希望您能体谅，您的课程我很喜欢，学得也很用心，但是这次考试的成绩是这样的让我感到比较难堪，希望您能想个帮助我的方法，可以吗？谢谢您这一学期对我的辛勤教导，真的，您的课程是我学到的第一门真正的大学课程，在此谢谢您。

2008-01-15

YC同学：你好！

本来你这样讨分数的信我是不该回复的，这样的事情我在课上已经说明，希望同学不要事后向我讨分数，你竟然又这样做了——学习人力资源管理课程主要是为了"分数"，而不注意平时做人方面的修炼——正好说明我对你的评估符合实际情况！

既然你来讨了，我就给你作出三点解释：一、你是平时上课迟到最多的一个(除了两位最极端的同学而外)，而关于上课守时的问题，往大里说是折射一个人诚信等方方面面修炼到位不到位的一个重要标志，这我在第一堂课就说得很清楚；二、光交了作业就该给满分？还要看作业质量，从你作业质量来看我判断为最差等，属于不及格；三、你的自选案例分析也很差，本来属于不及格，结果凑够60分。因此综合考虑给你55分。

怎么你觉得太少了？我还觉得太少了呢！你怎么就是三个平时成绩不及格中的一个呢？你说人力资源管理课程是你上的一门“真正的大学课程”，怎么会是这样的结果呢？老师知道分数对你们每位同学都很重要，因此评分时尽量做到客观公正，但老师这里也有一个自以为是的底线，我爱你们每位同学，对每位同学都不抱任何成见，一些具体要求可能并不一定很合理，但我觉得大致都是有利于你们每位同学今后成长的。

本来，我完全可以按部就班地按照应试式的考核办法给你们评出“准确无误”的分数，这样既省力又讨好，为什么我要加大平时成绩的权重、干这样“出力不讨好”的事情呢？这样做并不是为了给老师自己按印象随意给分的权利，而是要你们淡化应试分数概念，把主要注意力放在平时综合素质的修炼和提升方面。

希望你能够深刻理解这样的苦衷，就此深省自身的问题，不要一味向外找原因。这很重要！老师给分低于自己期望，肯定会想不通的，在“难以忍受”的心理状态下给老师发信理性地询问情况，这也很正常！而我作为老师，收到你这样讨分数的信第一反应也是很不好、很反感，冷静下来一想，也能理解和谅解你，同情你的心理感受。彼此沟通，互动提高，教学相长嘛！

老师真诚祝愿你学业进步！将来事业有成、人生快乐！

李宝元

2008-01-16

老师：恕学生说句不客气的话。我现在才知道为什么你永远只能当老师了，在这个社会上任何一门科目的学习都要转为实用，你转为什么实用了？我上你的这门课程绝对问心无愧，我的作业是经过认真思考与写作的，记得你的点评吗？你写了那么多，竟然只是回答我的问题，连我写的作业的一点一丝评价都没。你说你认真看过？我的作业属于不及格？我的作业是最差档？我写的案例选得很差？写的很差？不客气地说，你连一丝评价能力都没有。我是学生，很尊重老师你，但是身为人师，你总是自以为是，丝毫不尊重学生，你这样的老师还认为自己当得很好？唉，正所谓得饶人处且饶人，你这样做是一个明事理的老师之所为？谢谢老师的一番教诲，以后学生长大成才，一定再回来向老师请教我的态度问题。还有，你的课的确讲得比较糟糕，所以我才说你的课是我上的第一堂大学的课程，以为其余的老师讲得与高中一样精彩。祝老师一帆风顺！

2008-01-17

孩子：你好自为之吧，祝你一路走好！

2008-01-18

上述内容主要是想引起大家对我们身在其中的应试教育陷阱有足够的警惕，以免我们不自觉深陷其中而不能自拔。更应该由此思考一个严肃的问题：**作为一个当代青年人，我们应该慢慢学会反躬自问，是一味哀叹这个社会对我们不公，还是也应该同时自觉内省我们自己，自己将该做的都做到位了吗？在“诚心正意”和“待人处世”方面是不是还存在有待修炼和提高的问题？**

回瞻自己数十年来所接受的应试教育经历，怎么从来就没有像现在年轻人那么“多愁善感”呢？每次考试，如果成绩不好、不及格或不过关，都是觉得自己努力不够，下次应该继续努力，在心里从来就没有犯过什么嘀咕：是制度规则不公平，还是哪个老师跟我过不去？更不要说与老师软硬兼施、讨价还价要分数，甚至打到老师家里“文质彬彬”地吵闹——这实在有些匪夷所思！或许这就是所谓的“代沟”？我觉得代际之间如果有所差别，那也绝对不应该是这个啊！

理性分析，**中国应试制度的症结，其实根子上不是技术问题而是体制问题，不在于“考试”本身，而在于“大一统”的体制和文化**。在这种体制模式下，横向多元流动渠道严重堵塞，加之科举式的高考制度强化，民众才不得不“千军万马挤过独木桥”。改革开放后，虽然市场化的横向多元流动渠道逐渐疏通，但人们的传统思维定势和习惯势力有着很大的黏着惯性，加上“学而优则仕”、“要树立竞争意识”、“要让孩子赢在起跑线上”等一系列似是而非的意识形态和思想方法的误导，自然使广大民众陷于一种莫名其妙的“集体非理性”。

结果，在争先恐后的零和博弈中，家长们千辛万苦、不惜花血本想让孩子接受什么“优质教育”，到头来，没有考上大学的觉得“不公平”，付不起学费的“愤愤不平”，而考上大学的毕业即失业，也觉得心里极度“不平衡”。这样，社会上下一片怨声载道之声，社会民众从心理到行为都陷于一种极度“不和谐”的骚动状态。

如果“辩证地”看问题，我们说，目前面临的应试教育危机局面可能是一个好事，“大学生就业难”也不是一个坏事。试想如果上大学得不偿失，“赔了夫人又折兵”，而不上大学去走其他社会横向多元流动通道的，反而能够快速致富、飞黄腾达，大家不是就不去“应试”了吗？这不是好事是什么！因此，我认为，**走出应试制度困境的根本出路，就是开通非应试的多元化社会流动通道，在这个方面不应该机械地套用所谓“公平”云云来误导民众**。

在现实中，我们千百万青年学生本应有生动活泼、生龙活虎、朝气蓬勃、锐意创新的个性，却被工业化的考试机器和标准化的考试技术所吞噬、所扼杀。过去，“工农兵大学生”闹出“1/2＋1/2＝2/4”这样的笑话，现在这种笑话在高考拉动的应试教育下有了新的翻版：“一条船上有75头牛，32头羊，问船长几岁?”对此问题，有90％中国小学和初中学生给出答案：75－32＝43岁，甚至在某重点中学的高三学生中，仍有得出这样答案的。

如今，我们成千上万青少年被套进高考所设置的“有我没你”式的零和博弈死局中不能自拔，其心理扭曲到何等地步，大家都可以亲眼目睹！当年参加高考的一位老三届考生曾回忆说，当他进入人头攒动的考场时，看每一个人都像自己的竞争敌手，他相信其他人也是这么看自己的。今日，一些学习不好的中学生家长，每次去开家长会都有一种恐惧心理，更何况我们没有成年、尚未成人的“独生子女”们呢？

知书不达理，遇挫不反思，自杀要挟死无益

> 一个青年人成熟的基本标志，就是自主自立自强，遇到挫折不怨天尤人，而是主动向内反思找原因，从我做起寻对策。

在心理学上，有一条“归因”原理，即人们在遇到好事时往往归因于内，遇到麻烦时则倾向归因于外。尤其是从小在贫困落后、被边缘化、受歧视的环境中长大的农村孩子，如果不注意心理素质训练和调适，很容易陷于“自怨自艾、怨天尤人”的不良心态，一来二去，往往将自己的不幸遭遇归因于外，习惯于向外找原因，遭遇挫折时不善于内省反思，而是迁就于环境、仇视甚至报复社会，迁怒于他人甚至走上自杀要挟和杀人犯罪的不归路。在我们日常生活中，由于这种不正常、恶劣乃至扭曲的心理状态而引发的极端恶性事件，也时有发生，甚至还相当普遍、日益严重，也无比可怕。

近年来，伴随着社会转型进入制度规则大变革、利益关系大调整、群体矛盾大冲突的关键时期，加上金融危机等外部社会环境恶化给人们生活和心理上施加的压力，千奇百怪、形形色色的“自杀要挟”事件似乎越来越多，而且愈来愈高端化，从弱势群体到中高层青年知识精英群体传递，大有像流感般快速传染成风之势。

在我们的现实生活中，举凡“不要命者”，往往都是环境所迫，是强势者欺人太甚，逼迫弱势者不得不“拼命”。应该承认，在各种“自杀要

挟”事件中，有相当多的情况，都是社会弱势群体或个体，如有冤无法诉、有理无处讲的农民或农民工们，在不公正、不公平、不合理的正式规则或潜规则“逼迫”下，为了争取起码的生存空间、维护自身应有权益的万般无奈之举。这些当事者是万分令人同情的，这些事件也是值得规则制定者或当权者深刻反思的：我们当下社会的游戏规则究竟在根子上出了什么问题？

但话又说回来，任何社会制度规则的公正性、公平性、合理性都是相对的，而且作为一种公共品，它对具体个人的利益影响也往往是有差别、不对称、不可比的，而且也是不可随便消除的。因此，**就社会成员个体及其应操守的基准性、普适性价值观而言，“自主、自立、自强”是最基本的人格素质要求，不怨天尤人、积极努力改变自己的境遇是最起码的公民道德**。没有这种基准性的人格素质和普适性的公民价值观作基础，整个社会的和谐稳定就无从谈起。

政府及社会各界关注民生问题，以稳定社会大局为重，出台一系列针对特殊困难群体(包括一些贫困学生)的救助措施，这本来是天大的好事。但是，在特殊乃至变形的行政运作机制影响下，政府、学校、社会及家长包办式的“无微不至”关爱，加上一系列偏执、过火的舆论宣传煽惑，这种特殊救助的政策举措和氛围，给本来正在步入社会、最需要独立自强的青年大学生们，反而传递或施加了一些极其负面的、消极的心理暗示和行为导向：你们是可怜的、倒霉的，而且这不是你们自己的错，是家长、学校、社会和政府的错！因此，家长、学校、社会和政府有责任、有义务帮助你们，毕不了业、找不到工作主要问题不在自己，你可以理所当然地要求他们帮助你，若不能如愿以偿，那就像孩子一样(其实早已不是孩子而是成年人)撒泼哭喊，甚至可以要死要活地以自杀相要挟。

就具体情景而言，一旦发生“自杀要挟”的突发事件，由于“人命关天”，但又迫于时间、信息局限，一时半会也搞不明白事情真相。在这种情况下，对于闹事者的要挟条件，有关政府或管理当局只能先应承下来，并急切主动、就事论事、特事特办地予以“例外”处理；即使在事情真相一目了然，明显是当事人无理取闹的情况下，为了“稳定大局”或“不出事”，或纯粹是怕出事后承担责任或造成不好影响，当局者往往“无可奈何”，也会选择得过且过、妥协退让，被迫许诺或兑现当事人“没道理”的要求。

应该说，这种“妥协”是应对危机而采取的必要策略，但事后紧跟着必须有后续的“亡羊补牢”举措，在一些基本制度规则及长效机制建设方面切实拿出治本之策。否则，一旦这样就事论事、特事特办的“例外处理”成了一种常态或惯例，必然给后来者带来传染性很强的逆向示范效应，从而引发一个接一个、没完没了的“跳楼秀”、“跳桥秀”等自杀要挟事件。到最后，必然会逐渐吸食和瓦解所有正常的制度规则或社会秩序，导致极度不和谐、极端不稳定的社会性后果。

最为可怕的恶果还在于，这种“自杀要挟”心理和行为具有很强的代际传承机制和放大效应，它会传递给正处在或已经“成人”的新生代这样一种强烈的“不负责任”信号：你可以不努力，可以不负责任，可以不守规矩，就怕你不会闹；不闹不解决，一闹什么问题都解决。

一些偶尔“自杀要挟”的无奈举动，发生在那些求告无门、“讨不到说法”的农妇村姑身上，人们抱以万分同情；发生在讨不到工钱、走投无路的民工身上，大家也可以接受和理解；但是，对于一个受过数十年正规教育、早已到了成年自立年龄的博士生或硕士生来说，发生这样的“要死要活”要挟闹剧，就有些让人同情不起来了。

虽然你可一时得逞，以某种令人担忧、害怕的特殊情绪宣泄或精神状态，将那些把守规则门户的人“吓怕”并如愿以偿地达到欲求的目的，但令人堪忧的是：你在家里，爸妈可以将你当孩子惯养着你；你在学校，老师可以将你看作是“学生”，虽然是早已应该自立自强的成年学生，让着你哄着你；但走上社会了，谁敢保证永远有人“怕”你？一个年轻人，今后的路还很长，如果“吃惯嘴头”了，一直按照这样的惯性心理、思维和行为走下去，动不动就泼妇无赖般要死要活来吓唬人，这样的人生和职业生涯路你能星光灿烂地走到头吗？

去年11月25日，上海海事大学刚入学不久的女研究生，因为校方拒绝其携母住宿上学，在卫生间用两根毛巾相系，将自己吊死在水龙头上。消息一出，自然引来社会各界议论纷纷，很多人谴责校方当事人的冷漠、同情死者所遭遇的贫困窘境，以及社会的黑暗和弱者的无奈。

对类似频发在校园中的见怪不怪的或自杀或要挟事件，我曾在此前的六月份就身边职业生涯事(一女研究生自杀要挟闹事)发过一番感触，当时因为攸关当事人直接利害，故只写过一个泛泛而谈的评论《谨防自杀要挟流感》，发表于《改革内参》。本来觉得自己将该说的话都说了，对杨元元这个新闻个案也“懒得”再说三道四了，但一天凌晨突然醒来，想想日前发生的莫名其妙自杀事件，还涉及“学经济学”、“女研究生”、“母亲”和“知识改变命运”等这些关键词，老是在脑子里将它们串来联去的，辗转反侧不能入眠，似乎不说点什么就会憋死似的，于是翻身起床，权且将数月前这件自杀要挟事件中当事女生与我的通信发在博客中，以此作为对死者的悼念，对生者的警言和祝愿，也借此解救自己漫漫长夜的失眠之苦。现再转录于此，供青年朋友、青年学生特别是青年大学生们审读思考。

尊敬的李宝元老师：

您好！

我是一名应该在今年6月份毕业，走向社会，为国家为家庭为自己承担责任、实现价值的普通研究生×××。但是，经过了2009年6月3号下午的那场毕业论文答辩，我的人生完了。

2009年6月3号下午进行了经济学专业的硕士毕业论文答辩，答辩组老师判定我的论文不合格，对此我实在不能理解，也无法理解，更无法承受这样的结果，在没有任何信息的情况下，我的一切都完了。

我认认真真地在这所大学读了七年的书，毕业论文在导师的悉心指导下，反复修改，在论文通过了内外审之后，居然得到的是这样一个结果！

既然在我发邮件征求各位老师意见的时候回答说：好的，祝一切顺利！况且提前几天我就已经把论文投到答辩老师的信箱，为什么答辩的时候又对论文的价值否定的一干二净，之前为什么不哪怕加以一点点的指点？

为什么要在别的组答辩结果出来之后，以自己被毙学生的论文为参照，再毙另一个老师的学生？

我承认我的能力水平有限，论文存在不足，但是一下子全被否定，我真的无法接受，也无法面对自己。我也是凭借自己的本事考上大学的，接受了七年教育，毕业论文我认认真真地对待，能做的努力我都做了，现在我却不知道该如何来看待自己的努力和自己的失败，更不知道该如何来接受和承受这样的结果。

我的父母都是普通农民，本科和研究生阶段我一直通过助学贷款坚持自己的学业。现在要出去工作了，又赶上就业形势艰难，好容易有个单位要了，拼死干活累吐血都愿意，即使没有户口，只要能挣点钱养家糊口，早日孝敬父母，那生活就是有希望的。但是现在，我还能做些什么呢？单位7月份就要见到学位证才签约，没有学位证，我的一切都没了，我的希望都被扼杀了，几个人几十分钟的讨论和参照就把一个学生的前途打入深渊，这就是学为人师，行为世范吗？这就是我曾经像对待家长一样尊敬的老师们吗？

生活原本已经够让我绝望、痛苦的了。如果说连学校都不给我活路，扼杀我生活中仅存的最后一点希望，那我还有什么活着的理由，反正早已受够了生活艰辛带来的煎熬，活着还能干什么，判决结果出来那晚我可以姑且一夜游荡，活着一夜，那今后我有什么条件去面对。活着的理由很多，但死的理由，只要一个就够了。

只求老师们能对我宽容一些，把你们的爱心稍稍施舍给我一点。对你们来说很简单的事，却能让我的生命找到一点意义，让我能看到一点希望，让我对这个世界还存在一点幻想和留恋，我的灵魂也会永远感激你们的。

×××拜上

×××同学：你好！

很高兴你信任我，来信对我倾诉心声！虽然我们彼此不认识，但与学生谈心说话是我们做老师的职业责任，尤其是有同学遇到困惑和麻烦，找老师谈心，那是太令人感动的事儿了，也是一个老师体现职业操守的难得机会。

首先，我充分理解你目前的境遇和难受心情！作为关注"人本发展与管理"问题的职业学者和老师，对你的遭遇，我完全能够"设身处地"地表示一百二十分的遗憾、同情、怜惜和关爱！但是，作为旁观者，作为你的老师(虽然不认识)，作为"否定"你论文老师的同事，作为一个当年也遇到比你这样的挫折大无数倍的迷途青年最后终于从漫漫长夜般黑暗中走上正途的过来人，以及作为有"人本"理念、长期关注大学生人生意义和职业发展的专业老师，我对于在来信中反映出来的"过激"情绪反应，自觉还是很能看得"一清二楚"的。

(1)说实在话，你"言重"了！本来，通过答辩来检验学生学业是否合格，这属于再"正常"不过的教学环节，对于不合格情形的处理，也不是如你所言，就简单地"一毙了之"，至少有三种不同等级的修改补救机会，你面临的情况顶多是"最轻微"的一种，即建议修改推迟一段时间再答辩，说什么"判决"云云显然是你的情绪化反应。即使一纸学位证书如你说的那么重要，它将造成你的目标单位不与你签约的"恶果"，但如果你三年学业真如你自己所说那么努力、那么上进、那么够格，这种"恶果"对你的影响就不会如你感觉的那样"致命"，而且，那样仅凭一纸证书就将一个"优秀青年"拒之门外的用人单位，我看未必是一个对你未来职业发展那么重要的"理想单位"。所以，情况并没有你感觉得那么糟，你千万别情绪化冲动，先将事情放下来、心情放松下来，冷静下来；再说了，世上的事情就这么奇妙，往往坏事就是好事的兆头，遇到麻烦常常是重整旗鼓、重新开始创造成功的开端！你可能太年轻，在此时此刻听这些话，很可能以为是老师在"安慰"你，其实如果你到了我这个年龄，你就会知道我是完全在"实话实说"罢了！

(2)你不是学经济学的吗？你说你学业很好，那我就"考考"你(也开个玩笑，轻松点)：经济学所传达的基本思想方法或精髓思想是什么？这答案其实就正是你目前面临问题的“杠杆解”！我们常说，人生而平等，但生来不同，每个人都是世上独一无二的生灵；每个人被“随机地”抛到这个世界上，由于被“抛掷”位置的不确定性差异，注定“天赋”条件是不一样的，但对于每个人来说，后天外部环境的差异却是可以通过自身努力逐渐“磨平”的。经济学认为，每个人都是“在既定稀缺资源约束环境下追求自身利益最大化”的个体，由于每个人在时间和空间上的局限，外部资源对于满足他个人利益来说其实都是“稀缺的”、“有限的”，你享受了这个好资源，就注定没有“机会”利用其他好东西了；你在这方面遭遇“否定”或缺失，也就意味着你在其他方面有了“好”机会！犹太人的经商才能恰恰是被西方社会禁止他们从事农业生产的反动文化环境给“歧视”出来的。这种辩证的人生哲理其实充满了经济学的宏大殿堂，只是因为种种原因，你还没有真正领悟学习到它(从你来信中表达的情况可以判断出来)，就凭这一点，就说明你三年研究生的学业努力还“不到位”(这个判断可能武断了点)，学位论文没做好是不是与此有关？呵呵……

(3)作为从教二十多年的老师，我觉得自己还是特别注意向你们这些80后、90后的年轻人学习的，自以为对你们有些了解。由于外部社会环境、教育体制、心理机制以及个人生活经验等“无可奈何”的复杂原因，一些年轻人遇到事情往往向外看的多、向内反思的少。比如，你将论文被否的主要责任归结为老师没有仁慈心、不负责任和简单化的工作态度，甚至是老师间“钩心斗角”般的政治陷害等，对此我却不以为然。你说的这种情况不能说没有，在有些地方和场合确实还可能是普遍存在的现象，但就你这件事情来说，我觉得很可能是你言过其实的偏激判断。因为这是在我目所能及的范围内(这与同事包庇没有关系)，你说某老师可能对你有偏见，故意跟你过意不去，我可能有一点点相信；但整个答辩委员会都一致投了否决票(每个委员绝对自主，且要求无记名投票，因为采取的“一票否决制”，对于不通过的论文很少是“一票否决”的，实际上绝大多数情况是“全票否决”的)，这我敢肯定地说，是你自己的“误判”，你的情况99%的问题是在你这边，你应该更多地从自己方面多做反思才是，而不可遇到事情一味地怨天尤人。当然这话在旁观者说来很轻松，在当事者做来却是很难很难的事！但要咬牙挺过去，要知道这世上谁都不容易，谁都会倒霉的，你只是其中一个最小的倒霉者，而且很可能主要原因还是自己主观不努力而造成的。

回到眼前，你目前最需要做的事是开放心态，调适心理状态，找同学老师谈心；至于说到生活希望破灭之类的话，但愿你是一时的情绪反应，是想通过这些话来发泄自己的不满情绪，可千万不要被这样的不好情绪所淹没，做出对谁都不好的极端行为！要紧的话还有很多，由于时间关系先说这么些。如果想与我当面谈心，我随时欢迎你（可以随时打电话到我家里××××××××）。

祝你好运！

李宝元

此事后来以该生要挟成功而学校当局妥协退让的非悲剧结局收场，既然如此，这位青年也就没有必要再理睬我苦口婆心的唠叨，更不用给我打电话跟我谈什么心，但作为一个教育工作者我必须把话说到位！如果她足够"知书达理"，将我的话听进去了一些，得手一次以后就"洗手不干"了，今后改弦易辙、下不为例，那我将看好她的未来；如果她不太明智，将我所说的话当耳旁风，而且得手一次自以为这招很好使，得寸进尺，一遇到什么麻烦挫折，还沿着老套路使出撒手锏，一次又一次地故伎重演，这将非常危险，很有可能不知什么时候弄假成真而从此走上不归路……

说实话，回想过去"苦难不堪"的成长经历，我自己同样也曾经不止一次地遭受过这种不良心态的困扰或煎熬。尤其是在遭受莫名委屈、无谓打击和外人歧视性欺侮时，往往愤愤不平或怒火中烧，内心萌生各种"恶劣"乃至"恶毒"的想法，事后想来往往自己把自己吓一跳。

特别是遇到与自己人生抉择相关联、直接危及到正常职业生涯发展的重大事件，很容易萌生"不想活了"或"我死给你们看看"的心理状态，甚至在脑子里想象出自杀后别人会同情议论等各种戏剧性场面，就觉得十分"解气解恨"。之所以没有真的出现极端恶性事件，可能是由于自己有一些反思自悟的能力吧，还可以找到并借助"写作说话"这样的渠道和方式来排解不良情绪，上节所述学生讨分博文及其相关情形，就是其中一例。

其实，**在这个熙熙攘攘、喧哗吵闹的世界上，一个人的生命可以说是伟大而又渺小、珍贵而又无比脆弱的。一个青年人要珍爱生命，不仅要尊重他人的生命，也要珍爱自己的生命**。因为你的生命并不是你自己的，而是父母给的，你动不动自杀要挟、要死要活，说得严重点，这是一种"反动"行为，是反自然、反人类的犯罪行为。

再说了，就算你的生命是伟大而高贵的，你的死会震惊全国人民、震撼全世界人民，那又怎么样？对此，我们一些大师级的文化名人如启功先生，往往看得很通透。他老人家生前给自己拟写墓志铭说，再了不起的人死后都是"身与名，一起臭"。更何况，你这种不体面地剥夺自己生命的恶劣行为，除了给养你育你的亲人直接造成“惨绝人寰”的伤痛而外，没有谁会真正同情你的，不出三天你及你无谓的死，就不会有人再谈论了。

上学未必有出路，不上大学有理由

> 上大学，跳农门，是老皇历了。时代不同了，上不上大学早已不是什么“要命”的分界线了。

如果你要问一个极端落后、贫困地区农村家庭的孩子：“你为什么要上学？”如果是个老实的男孩，他很可能瞪着眼睛说：“废话！我就是要能够走出去。”如果是个实在的女孩，她可能会很伤感地抹眼泪，喃喃地说：“我就是不想再受穷……”这不是我瞎编的，而是有现实生活素材作底料的。

是的，**跳出农门、摆脱贫困，是我们千百万农家弟子千方百计求学的最直接、最实在的目的**。想当年，我为什么与下面三个“不成器”的弟弟不一样，能够老老实实上学，并不是因为我智商高、善学习，而是因为我是长子，不得不早早承担起家里繁重的田野劳作，与坐在屋里读书有个直接明朗的苦乐比较。

记得那时在“生产队”劳动，一年到头从没有农闲的时候，五黄六月头顶着烈日在山里面割蒿草，寒冬腊月雪花飘飘打着红旗修“大寨田”，但因为这种所谓的生产劳动，其实都是破坏生态环境、违拗农作物生长规律的瞎折腾运动，从年头忙乎到年尾累死累活还饿肚子，实在不堪忍受。在童年的记忆里，最大的幸福，可能就是，干活累得快爬不起来的时候就吃饱饭趴到那里睡一觉，或者饿得要死的时候吃上一口“好馍”（就是现在我们常吃的麦面馒头，至于“吃肉”那还是不太敢想的奢侈念头），再就是因为要“上学”而逃避掉繁重不堪的农耕野作劳动。如果再“高雅”一点，那时最大的幸福感就是设想有一天，能够活着见到伟大领袖毛主席。

这就是当时我自己能够想象到的最大的理想和幸福感！可惜后来的三个弟弟由于没有这种理想和幸福感，而没有坚持上学，结果至今仍在农村过日子，虽然这日子与过去比起来，也早已不是难以忍受的“苦日子”。

但是，那么苦的日子，现在看来并不是完全“不堪回首”的。相反，现在时常向晚辈和学生念叨，似乎是一种无比荣光的经历，可以在人前炫耀的资本。不像现在我遇到的农村苦孩子，一说起来都那么无比幽怨似的。

日前研究生面试，遇到一位来自山东临沂的女孩子，她自我介绍，说自己毕业于中央民族大学，后来回到家乡中学教书，一年时间怎么边工作边复习，如何辛苦不容易。当老师问到将来的职业走向时，她说打算继续往上读，读到博士。老师问读完博士假如可能只有一条出路，就是继续教书做学问，那你打算怎么办？结果不知这怎么触到了她的痛处，马上泪流满面、泣不成声，喃喃地说"我就是不想再回老家教书……"老师们都面面相觑，就不敢再问下去。临走时，我过意不去，向她说道："孩子，我就告诉你一句话——**这世上谁都不容易，谁都有苦，关键是你怎么对待困难！上学本身不是目的，上学一个重要目的就是要学会怎么面对苦难，包括过去的、现在的和未来的。**"

若干年前我到青海讲学，遇到一个省直机关的局长。言谈中跟我提及，儿子已经在中国地质大学读三年级，只因一次去做家教受了刺激：有位家长问他是哪个学校的，他说是地大的，这家长表示只考虑北大的。就因这个细节，这位大三学生立马申请退学，老师、同学和家里亲戚朋友谁的劝说都不听，立志重新参加高考，不考上北大誓不罢休！我不知道后来结果究竟怎样，想来无非三种可能：(1)如愿考取北大，如果按此思路一直走下去，这位青年的未来前途又能怎样？(2)不要说他不会再报地大，就是想再进地大都考不进去了，最后考取一个"更差劲"的学校，这位学生该怎么办？(3)万一连大学都再也考不上了，那将会有一种什么样的不堪后果呢？当然凭借这位孩子的应考胆略，这个可能性很小，但高考的事谁又能够说得清楚呢？

就说北大这个名牌大学的毕业生，出来以后也不是个个都是好样的。我曾认识一个来自甘肃农村的北大博士，你如果要与他说话，你这里言来他那里无法语去，基本的沟通能力都没有；后来经人介绍，与一个来北京打工的农村女孩子谈对象，最后老发生矛盾和冲突，人家女孩子不愿意了，他就蹲到人家工作单位门口不走，唧唧歪歪说不清楚，闹腾得无法收拾。最后，因长期无法从不正常的情绪中走出来，科研工作老不在状态，也被单位辞退了，至今三十多岁了仍然孤身一人飘在北京街头。

这里，再给读者朋友说一个"出国留学才子"的故事。

这位青年之所以说他是"才子"，是因为他从小学到大学一路顺风，已经考取了北京某名牌大学的博士生，并在读两年，差一年就拿到博士学位了，肯定智商不低。但是在他看来，出国就是成功，没有比出国留洋更重要的事情了。为了圆自己的"出国梦"，他没有耐心再等一年拿这个博士学位，于是就到加拿大一所大学去读研究生了。

结果，梦寐以求的“出国梦”倒是圆了，但若干年下来，不知道是什么原因，据他说是因为“学外语把脑子学坏了”，博士学位拿不到，拿了个“鼓励参与奖”性质的硕士学位回来了，在北京某企业混了几年混不下去了，最后发现，自己还是适合混迹在校园，于是到一所民办高校就业。

令人尴尬的是，要如此这般在高校生物圈里混生活，没有一个博士头衔似乎不行，无奈间又重新报考和攻读自己十年前不屑一顾的土博士学位。你看，十年一个轮回，当年的同学都已经成为教授、博导、院长之类的“著名人物”，自己转了一圈又回到了原点。这人与人求学路在轨迹上的差别，怎么会有如此大的差异？你说这是为什么？

这样的孩子、这样的情景、这样孜孜以求的“知识青年”，我遇到的不在少数。我相信你们在每天的媒体上，也会看到各种各样、五花八门的奇人逸事，他们的不幸往往都是因为陷于莫名的应试教育怪圈不能自拔，其基本路线鬼魅而单一：为上重点高中而上重点高中；为上名牌大学而上名牌大学；为上研究生而上研究生；为上博士而上博士；为留学而留学……这样一路走下来，学上完了，到了最后，却找不到目标和方向了，不知道自己究竟是谁、为了什么、要往哪里去？这是我们青年求学路上一个普遍而悲惨的现象。

多少年来，每临考季，媒体“聚焦高考”，各界整装待发临应“千军万马过桥大战”，已经成为中国社会一种“惯性反应”和“独特风景线”。每临高考，不要说当事者考生及家长个个神情紧张甚至有些“神经兮兮”，就是政府及各界群众也都自觉地“一切为高考让路”，至于专事“新闻聚焦”事宜的媒体就更不用说了。就在去年考季一个会上，有位教育界泰斗也因高考话题要接受中央电视台采访而不得不“早退”。先甭说教育大师名流了，就连我这样平日胡写了一点相关文字的无名小卒，也往往会在这样骚动不安的日子被媒体“惊动”，由此足见今日愈演愈烈的应试教育情势。

在这样“激动人心”的氛围下，每当考季来临，我这个一直关注此事态的人自然也会一如既往且莫名其妙地“骚动”，感到应该在这时候写点什么，于是在去年 6 月 7 日操笔写了一篇题为“看淡高考的七大理由”的博文在新浪网发布，其用意主要是基于这样的考虑：**在我们时下的社会氛围中，关于高考、上大学的重要性大家似乎都心知肚明，不用多说；但关于高考、上大学的“不重要性”，大家似乎看得少、想得少、说得少，更不用说“高度重视”了**。所以，写这篇文章，只是想为大家提提醒。

看淡高考的七大理由

理由一：六成概率，上大学与上中学一样容易！

据官方统计，今年全国普通高校招生报名人数约1020万名，较去年减少3.8%；而计划招生人数629万名，比去年增长4%。这样，平均录取率接近62%，较去年提高近5个百分点。就凭借这个正式的官方数字，仅从"平均几率"或"容易程度"来说，上大学与上中学似乎没什么两样！

理由二：今非昔比，上大学早已不是上"天堂"！

现在考生的父母，估计在年龄上都像我这个岁数上下。对于我们这一代大多数人来说，想当年"铁的生活事实"告诉我们：上大学就是上"天堂"，做"人上人"；上不了大学似乎就等于下"地狱"，一辈子受煎熬。这种具有严重"时代局限性"的情感、情绪和思想意识形态，在"可怜天下父母心"的宏大责任感，以及大自然随机赋予的浩然霸权驱使下，往往自觉不自觉地"耳濡目染、身体力行"地迁移到下一代身上。可悲的是，在高等教育已经大众化、社会职业通道已经高度多元化的现今，这种强权驱使下造成的盲目性冲动，往往与今昔不能同日而语的现实情景形成强烈反差、碰撞和冲突，结果残酷地击碎了多少家长"望子成龙、望女成凤"的傻梦，破坏了多少美好的人间亲情，糟践了多少青春人生！

理由三：开放社会，千万不要以为大学就一定是什么神圣的殿堂！

想当年，我身背书包上大学，就是抱着这种神秘、神圣、神奇甚至忐忑的心情踏进大学校门的，不曾想一进门映入眼帘的是，一群像我一样土得掉渣的土学生蹲在黄土飞扬的土操场吃饭的情景，当时觉得立马从头顶凉到脚底。从那以后，我一直努力说服自己，要自信不要自卑，要克服盲目崇拜心理，但是由于内心的"历史"积淀太厚，无论"道理"上多么明白，这种"拜物教条"心理至今仍无法彻底克服。这些年我冷眼旁观，感到这种心理不是我一个人有，说不定是一种国人普遍存在的社会群体性心理。不是吗？自己身在大学三十年，可能由于"太熟悉"的缘故而有些对大学不再"盲目崇拜"甚至有些"瞧不起"，但是，对于很多置身大学之外的考生和家长来说，好像不是这么回事儿……这种"高度重视"甚至有些"疯狂"的群体性事件或举动，有着异常复杂的原因，但在开放社会情景下扭曲存在的"拜物教条"社会意识形态，是不是一个值得反思的深层次原因呢？

理由四：走近现实，大学校园确实不是一块完全的"净土"。

不去深究"内幕"，请你随便到各大学校园及其周边地区走走，可能马上会感到与你日常身处其间的生活环境并没有什么两样：车水马龙，各色人等，匆匆忙忙，熙熙攘攘，和集贸市场差不了多少；宣传栏各种应试培训生意广告，行人天桥赫然办证手机号歪歪扭扭到处都是，复印店论文加工机声隆隆，规模化、标准化教学环节程序走着过场，这与当今各大医院、办事机关和超市商场乃至各行各业看到的情景又有什么两样？遗憾的是，在社会意识形态里，却树立着一块牌坊，上面写着："大学是神圣崇高的殿堂！"其实，不完全是！这种"盲目心理"实在可怕，不仅无形中诱导着外部未进入者采取盲目冲动行为，甚至误导影响着已经走出校园者无法正常地往前走、积极融入社会。

理由五："普通高校"，能够给你的十分有限！

"普通高校"这个词着实名副其实，大学真的很"普通"，像你一样"普通"，你不要把它当回事儿，绝不能对它期望值太高，甚至不能对它期望什么，它能给你的实在是有限！

在所有上大学的功利性动机中，获得未来就业"敲门砖"恐怕是大多数考生及家长内心深处最大最直接的利益驱动机制。按照教育及劳动经济学中一个很流行的理论，在信息不对称、不完全的情况下，文凭的功能之一主要是为用人单位提供一个筛选信号，大学文凭就是这样一种筛选信号。但是，随着信息显示技术和机制的不断改善，随着大众化的高等教育"大规模制造"出来的大学生越来越多，特别是越来越良莠不分、真假难辨的大学文凭满天飞，这种信号功能会越来越淡化，为了这种功利性目标而读大学者将会越来越"走投无路"！

其实，大学能够提供给求学者最实在的好处，就是为你提供一个"准社会界域"或"人际交往圈"。上大学与不上大学、上"著名"大学还是"普通"大学、上"好"大学还是"赖"大学，其最大的差异与其说是什么"教师水平"高低或"教学质量"好坏，倒不如说是它招收的学生水平高低、质量好坏，由此决定着你将进入一个什么样的"准社会界域"或"人际交往圈"，这个圈域才是决定你人生命运和职业生涯发展的关键因素！但即使这样一种实在的功能，随着社会不断开放和转型，也会越来越弱化。现如今，即使上不了大学，你在大学校园里当名保安员，也会通过各种方式进入正式大学生的人际交往圈；而且，如果你是一个真正有心、有能耐的人，你甚至也会通过各种途径如出书、演讲等在学术圈里与那些正式成员进行PK，很痛快地与他们玩一把、过一把瘾！这已经不是我自己的瞎想，而是今天大学校园里已经发生的事实！

理由六：人生是你自己的，大学决定不了你的命运！

根据三十年来我对大学的亲身体验和了解，我觉得大学确实是一个重要的人生通道，但你千万不要无限上纲上线，将它提升到什么"决定人生命运"的宏大层面去看待！人生太丰富了、太奇妙了、太具有复杂多样性了，大学仅仅是其中一个通道或平台，它能提供给你的东西相当有限，根本决定不了你的前途命运！否则，自己没有自主定位，老是觉得将自己交给大学就万事大吉了，这与你到医院看病觉得将你的身体交给医生就万无一失了，是一样盲目而愚蠢的！不听劝，到时候就不了业找不到工作了，无限的期望与残酷的现实严重碰撞，倒霉的不是大学、不是大学老师，而是盲目求学者你们自己！

理由七："机会均等"，上不上大学"实质"是一样的！

关于"机会"其实有两层含义：一是从"天赋人权"层面来看，因为都是"人"，因此"应该"有作为人最基本的、不能被剥夺的权利，但无论是就先天条件还是后天情况来看，绝对"均等"的机会实际上是不存在的，每个人一生下来就是"独一无二"的，我们没有办法做绝对意义上的"横向比较"，因而在人际间的机会也无所谓均等不均等；二是从"社会文化"层面来看，对于每个"独一无二"的人来说，他们都是"在既定稀缺资源约束环境下追求自身利益最大化"的个体，由于每个人都"平等"地面对着时间和空间上的局限，而外部资源环境对于满足个人利益来说其实都是一样"稀缺的"和"有限的"，你享受了这个好资源就注定没有"机会"利用其他好东西了，你在这方面失去机会了也就意味着你在其他方面有了更"好"的机会！在这个意义上，大自然造物主对于人类来说，确实是仁慈的、一视同仁的和平等自由的。

当然，在同样的心智模式下，外在环境条件的差异性，对于个体实际"命运"确实有着决定性的影响。但是，一味强求外部环境公平、追逐外在趋同利益目标，实际上是一种最不明智、最懒惰、最笨的行为取向；而最明智、最积极、最容易成功的人生选择策略恰恰相反，应该是：接受和适应外部环境，找到自我，做好自己"独一无二"的目标定位，进而积极改变自我，最终活出自己真正独特的人生意义和价值来！如果你将这样的世界观、价值观摆正了，你就会很自然、很淡定地看待各种身外之物、外在之事，包括大家都认为"上大学"很好、"高考"很重要这样的事情。因此，即便你认为上大学有一万个好处，但由于种种原因没有了上大学的机会，如果你愿意寻找而且有足够内驱力去寻找，也一定会找到比上大学一个也不少甚至更多的好处，并整合起来比上大学者更成功、更幸福！更何况，现在上大学远不是"一本万利"的事情，既然如此，我们为什么不"看淡"高考、"看扁"大学呢？

要学知识千千万，须从明晰到隐含

> 工作有成就，生活要幸福，不仅需具备必要的明晰知识，而且更为重要的是要有隐含知识。青年人不仅要上学求知，更要直面现实，向生活学习，在干中学。

上学求知，天经地义。

在国人的日常习语中，“学”与“知识”往往是一回事：学者，称作“知识分子”；学校，比作“知识的殿堂”；学界，也叫“知识界”。人们推崇学者，看重上学，关注学界声音，在文化传统、心理意识和思想认识上，起因就是觉得“知识就是力量”，“知识能够改变命运”。

你问青年学子：“为什么要上学?”十有八九脱口而出回答，“是为了学知识!”但如果进一步追问，“你要学什么知识?”往往得到的回应，立刻成了支支吾吾的“盲音”。很少有人去深究这“知识”究竟指的是什么。

中国古人上学，只有“小学”和“大学”，没有什么“中学”。古人八岁入“小学”，学习“洒扫应对进退、礼乐射御书数”等日常生活待人接物的学问；十五岁入“大学”，研习“穷理正心，修己治世”的学问。

在古代私塾教育体系中，“大学”一词除了一般“博学”之意而外，它主要是指相对于“小学”而言的“大人之学”或曰“成人之学”。也就是说，**中国传统教育的主要功能是让孩子学会生活，上学除了“识字”可以“舞文弄墨”之外，主要研习做人的道理，作为一个成人应有的待人处世之道。**

但是，自 20 世纪初“废科举，兴学堂”之后，西洋文化教育理念、现代科学技术知识体系和正规学校教育体制，逐渐引入到中国。**经过百余年的渗透、磨合与演变，中国传统“育人成人”的教育功能逐渐淡化，最后慢慢异化为一种主要以“育才选才”为目标的竞争淘汰机制。**

其实，关于“知识”的含义，人们的理解有很大的差异，特别是对于东西方不同文化背景下的人来说，往往大相径庭。这里，我给大家提到一个叫野中郁次郎(Ikujiro Nonaka)的日本人。他 1935 年出生于东京，1958 年毕业于早稻田大学电机系，曾就职于富士电机制造公司，后留学美国，分别于 1968 年和 1972 年获加州大学伯克利分校哈斯商学院工商管理硕士学位和企业管理博士学位，留校任教 5 年后又回到日本。我之所以要提到他，是因为他在“东西互动”的跨文化研究中，对于“知识”的本质和意义，曾站在一个超越的高层次上给出了一个“融会贯通”的解说，很有启迪意义。

在野中看来，**所谓“知识”，与一般人们所说的“信息”有所不同，**它

不仅是发现、祖露和解释客观事物的“新观点”，而且是“经过证明的真实信念”，是关于人的信念、承诺、行为等具有价值意义的特殊信息，需要“依靠扎根于信息持有人的信念和承诺的信息流而得以创造出来”。

他的说法有些晦涩难懂，将它翻译成通俗语言来说，**“知识”可以广义地理解为一个社会、民族、组织或个人赖以生存和发展的一切精神文化要素**。可以分为两大系列：一类是**“明晰知识”**，这类知识往往与具体生活情景脱离开来，有明确的科学原理和操作规程，可以借助媒介加以编码和传播；另一类是**“隐含知识”**，这类知识往往与具体生活情景连带在一起，只可意会、不可言传，难以借助媒介进行编码和传播，需要在“干中学”才能获得。

例如，在北京学开车，要通过科目一、科目二和科目三三门考试。科目一考试的内容主要属于明晰知识，即交通法规和基本操作原理，而科目二和科目三主要是需要“干中学”的隐含知识。如果没有后者，一个人学一辈子有关交通和汽车原理的明晰知识，可能还是不会开车。

在现实中，两类知识彼此依存、相互转化。**明晰知识，是把隐含知识外在化了的知识，是可以用语言逻辑证明、教授和传播的知识；而隐含知识，则是将明晰知识内在化，凝结于人体或组织实体之上，往往是“只可意会、不可言传”的知识，是来源于个人高度主观感悟和亲身体验或组织团队精神及行动经验、具有高度专有性而难以传播和共享的知识**。只有将两类知识融会贯通、浑然一体凝结于你的身上，你才可以成为真正有“学问”的人。

中国人尊重知识、热爱学习是有“悠久历史传统”的，但真要较起真儿来，很难说有多少人真正彻悟知识底蕴，并善于通过“真实学习”来创造实实在在的经济价值。就此方面而论，我们恐怕需要深刻反省，应该谦虚谨慎地向曾是自己“学生”的日本人好好学习学习。

日本人的知识创造和学习能力，特别是凭借这种能力应对生存竞争压力、创造国民财富和提升经济实力，并由此获得巨大成就和成功，可以说是全世界都有目共睹的。

或许是由于孤岛地理环境下酿造的“作坊文化”传统，或许是出于“菊花与军刀”的大和民族特性，以及军国主义下扭曲了的武士道精神影响，日本20世纪前半叶曾两度向外侵略扩张招致惨败后，经过数十年，很快又在国际竞争格局中再度崛起，日本公司于20世纪六七十年代势如破竹般地打入欧美市场，曾在战场失败的日本人很快在市场上高歌猛进获得成功，跻身于世界一流经济强国行列。

20世纪八九十年代，随着全球化竞争浪潮滚滚而来，特别是面对日本人如此强劲的学习能力，以及日本企业举世瞩目的“组织学习”成就，

1.96 和 1.71，即平均计算，每个高级工程师要面对 2.08 个岗位，高级技师 1.96 个。另据统计，当前全国获得国家职业资格证书及具有相当水平的技能劳动者仅占所有城镇从业人员的 33%，包括高级技师、技师、高级技工在内的高技能人才则仅占技能劳动者的 21%；而发达国家的这两个比例分别是 50%以上和 30%。与此同时，高技能人才老龄化趋势已经显现，不少老企业的核心技术掌握在 40 岁以上的工人手中，更有甚者必须返聘退休职工才能完成订单，技能人才严重“青黄不接”。在制造、加工、建筑、能源等传统产业和电子计算机、航空航天等高新技术产业领域，“技工荒”愈演愈烈。在供求不平衡的情势下，高学历者“廉价求购”，而低学历技工“待价而沽”。2006 年，深圳的高级技师平均月收入达 6234 元，比硕士以上学历者还高出 1766 元，比正高级专业技术职称者也高出 695 元。甚至在一些民工劳务市场，大学生求职窗口十分火爆，大学生和民工一起找工作，有的工作薪酬还没有民工高。

前些年，在不少人眼中，“行行出状元”不敌“唯有读书高”。每年的高考，仍是一派千军万马过“独木桥”景象，而工厂的招工现场却门可罗雀。年轻人不愿当技工，可以说是造成“技工荒”的主要原因。

当前，我国不少企业已经完成或正在进行技术改造，工人不再是靠体力和简单技术吃饭了。车工必须具有熟练操作大型数控车床的能力；铣工为操作进口铣床要具备一定的英语水平；维修电工不再仰仗钳子、扳手，而是需要用软件检测、用电脑编程解决技术问题……工人工作的技术含量提高了，工资待遇也有了普遍改善。在一些地方，锻工、铣工、钻头工等稀缺工种的工资增幅达 40%以上。

令人欣喜的是，在同样严峻的就业压力下，近年来有越来越多的大学生毕业生“幡然醒悟”，积极转换“精英意识”，放下“才子佳人”架子，以平实的态度作出了“当一名普通劳动者”的务实选择。

据新华社报道，2006 年 12 月份，浙江省台州市有近 5000 名原籍大中专毕业生放弃城市紧张、压抑的“漂泊”生活，办结了“非转农”手续，跳回有实惠生活保障的“农门”，其中不乏浙江大学、上海交大等名牌大学的毕业生。

还有名牌大学毕业生去卖猪肉，舞蹈高才生甘当修鞋匠，等等，不胜枚举。这些就业新动向，表面上看是就业压力下的“无奈之举”，但实质上是在高等教育大众化时代背景下大学生就业观念、职业意识转换以及职业生涯发展的“现实选择”和“必然趋势”。

此外，当本科生“回炉”技校补充技能已不是新闻时，一些硕士生纷纷“回炉”成考，又投入几年的时间“重新开始”大学旅程。据上海媒体报道，2007年全国成人高校招生统一考试，其中有15名硕士生“回炉”参加成人高考。**当传统国民应试教育的路越走越窄时，中等职业技能教育和横向职业路径却越来越多、越来越宽广**。一些有识志士，已经开始采取实际行动，通过进行自主民间办学，来积极应对这一变化了。

2005年11月23日，有媒体报道：安徽休宁县有位聂造先生，针对农村孩子进行职业技能训练，举办德胜鲁班木工学校，并授予39位毕业生“匠士”学位。我看到这则新闻，觉得眼前一亮，心头涌起很多感慨，曾在《新京报》撰文，忍不住想为聂造先生喝彩，为他独具匠心的“匠士”学位创意喝彩，为他难能可贵的创新精神和行为而大声喝彩。我在那篇短文中写道：

中国作为发展中大国，正处于工业化初期阶段，实际上最需要的不是懂得多少明晰性“科学技术知识”的这“学士”那“硕士”。中国最需要什么人才呢？最需要的就是像安徽休宁县德胜鲁班木工学校培养的这种“匠士”，是经过“在干中学”这样严格职业修炼、具有“圣哲君子”般仁爱之心和敬业精神的木匠、瓦匠、工匠、铁匠、车匠等中高级操作技工。从教育需求方面来看，这种职业培训也是我们成千上万的“农民工”最需要接受的教育，正像在德胜鲁班木工学校上学的这些山区农家子弟一样，中国广大贫困人口也急迫需要走上这条“教育扶贫”之路。

但我们的教育系统恰恰适得其反：只注重明晰性科学文化知识的传播和灌输，而大大忽视和贬斥隐含性的职业技能训练以及“待人处世”方面的人文修养——这正是中国教育系统在目标引导和内容设计上的最大弊端，也是“教育过度”、“大学生就业难”等一系列现实矛盾之所以日趋严重的根本原因之一，更是青少年普遍心理疾患、品德水准趋下和社会交往行为变异等社会问题的病灶根由所在。因此，我认为，安徽休宁县德胜鲁班木工学校授予39位毕业生“匠士”学位，此举在中国职业教育史上具有标识性变革意义：它以很微观、很实在、很具体的创新实践向单条腿走路的应试教育体制发起挑战，敢于以自己认证的“匠士”学位与具有政府权威的“学士”分庭抗礼，希望能以此扭转积重难返的传统教育走向。这太难能可贵了！

不仅如此，我认为，如果有关教育决策当局能够因势利导、积极促动推广，那么这种“匠士学校”很可能蕴涵着中国整个教育体制转型和制度创新的一个重要契机，甚至将来会载入中国教育史册“永垂不朽”，这也并非不可能之事。所以我要为他们喝彩！呼唤更多的“匠士学校”破土而出！

目前，国家有关部门正在加紧进行教育改革与发展中长期规划，提出政府要切实履行发展职业教育的职责，大力发展职业教育，特别是加快发展面向农村的职业教育，把提高质量作为重点，增强职业教育吸引力。

规划纲要草案明确提出：职业教育要面向人人、面向社会，着力培养学生的职业道德、职业技能和就业创业能力；把职业教育纳入经济社会发展和产业发展规划，促使职业教育规模、专业设置与经济社会发展需求相适应；实行工学结合、校企合作、顶岗实习的人才培养模式，坚持学校教育与职业培训并举，全日制与非全日制并重，加强“双师型”教师队伍和实训基地建设，提升职业教育基础能力。

纲要草案还特别针对农村青年，强调提出：把加强职业教育作为服务新农村建设的重要内容；加强基础教育、职业教育和成人教育统筹，促进农科教结合；强化省、市(地)级政府统筹职业教育发展的责任，健全县域职业教育培训网络，根据需要办好县级职教中心；强化职业教育资源的统筹协调和综合利用，推进城乡、区域合作，增强服务“三农”能力；加强涉农专业建设，加大培养适应农业和农村发展需要的专业人才力度；支持各级各类学校积极参与新型农民、进城务工人员和农村劳动力转移培训。

国家将逐步实行中等职业教育免费制度，进一步完善家庭经济困难学生资助政策，出台相关政策鼓励毕业生在职继续学习，完善职业学校毕业生直接升学制度，拓宽毕业生继续学习通道，并大力提高技能型人才的社会地位和待遇。预计到2020年，我国将“形成适应发展方式转变和经济结构调整要求、体现终身教育理念、中等和高等职业教育协调发展的现代职业教育体系”。显然，对于即将跨上或正在求学路上艰难跋涉的广大农村青年来说，这是一个值得密切关注的重要政策动向。

好好学习路，天天向上走

> 在这个唯一不变的就是变化的世界上，我们青年人唯有不断进取，时时处处留心学习，才能走向成功人生的巅峰。

毛主席教导我们说：“好好学习，天天向上。”他老人家还一再强调：“以学为主，兼学别样”，“教育必须与生产劳动相结合”。这些都是现在西方人津津乐道的最前沿的教育理念。**未来是学习型社会，学什**

么不重要，学会学习很重要；终身学习，学到老才能活到老，要活到老必须学到老；学习就是人生，人生就是学习，人生路上要时时处处学习，“好好学习，天天向上”构成人生路上常态风景线。这是当代青年人务必清楚认知的。

回看起来，我这个农村出来的孩子，没有什么特殊背景，不仅没有一点过人之处，而且属于脑子不灵光的一类，在自己数十年来走过的人生路程上，相当长时间里处于无比迷茫的状态，一路跌跌撞撞、坎坎坷坷、窝窝囊囊，有说不尽的委屈、尴尬、无奈、荒唐和辛酸遭遇，但竟然能够历尽千辛万苦而“非失败”地走过来，我自己都有点不可思议。事后分析原因，我觉得最关键的一条，也许就是能够老老实实听毛主席的话，几十年如一日“好好学习，天天向上”。**说来说去，老实勤奋、善于学习，确实是人生路上攀爬者必备的首要素质、必要条件和基本技能**。

农村孩子要学习，当然要将上学当一回事儿，善于利用国家基础义务教育系统提供的现实条件，高高兴兴“背上书包上学堂”，为自己将来更进一步学习打下坚实基础。但是上什么学、到哪里上学，一定要量力而行，不可盲目攀比，为了所谓“好学校”而上学，狭隘地为考试分数斤斤计较、为考上考不上重点而患得患失，却忘了“为了生活而把学上好”这个根本要旨。

一个青年人的成长，更为重要的是向生活学习，直面生活而学习，在广阔天地、大风大浪中锻炼成长。这一点，我们农村孩子相对于城市福里生福里长的孩子，有比较优势。俗话说，“穷人孩子早当家，富家弟子多傻瓜”，虽然不能一概而论，但从小吃苦的孩子在艰难跋涉的人生路上苦中有乐、苦尽甜来，而从小享福的孩子走上社会后才知道人间冷暖、窘迫适应的情况，确实是很普遍的现象。更重要的是，**在艰难岁月磨砺下，从小吃苦的孩子往往具有较强的意志力，肯吃苦耐劳，多踏实好学，不断积极进取，而这恰是人生和事业成功的最重要、最根本的要件**。

当然，现在城乡差别逐步缩小，特别是南方沿海地区，都已经城乡一体，往往城中有乡、乡中有城，农民市民不分彼此。现在时代不同了，农村孩子未必吃苦，城市孩子未必不苦。日前面试一位研究生，他介绍说在大学期间曾到美国某州一家公司实习过半年。问他半年实习最大的感触是什么，他说最大的感触是平生第一次知道“苦”是什么。我就说，如果是这样，那还用到美国去实习，你应该到我们中国农村去体验体验生活。那孩子回答说，我就是农村出来的，但从小没有吃过苦，爸爸妈妈照顾得很好，一路读书考学，没有条件和机会感受生活，到美国公司实习才第一次感受到人生。你说这是喜还是悲？是我们当代农村青年的幸福荣光，还是人家美国公司的“非人性”？

总之，**时代不同了，城乡慢慢都一样。关键不在于你是农村孩子还是城市孩子，要紧的是你有没有直面生活“好好学习，天天向上”的能动意识、坚强意志和进取创新能力**。在求学路上，往往风云变幻，重要的是能否脚踏实地、循序渐进地往上走；同时，也要顺其自然，如果尽了自己最大努力了，能走哪里算哪里，车到山前必有路，千万不要为了盲目攀爬万人拥挤的独木桥，而将自己无谓地吊死在风雨缥缈的悬崖绝壁上。关键是，心态要平和，眼界要开放。只要你自己有目标，心中有希望，生活就会更美好。

3

踏上进城路　融入新时代

世上无可怕的人和事，只怕你不了解和认识。农村青年之所以在踏上进城路前畏首畏尾、踌躇不决，关键在于不知道外面的世界多精彩、城里的人事多奇妙。一旦走出村，以开放平和的心态，直面城市社会各类同路人、各种不平事，自主自立自强去求生存、谋发展，幸福生活就会近在眼前。

从"上山下乡"到"进城入市"

> "人往高处走"是人口和劳动力区域流动的普遍规律。农村青年到城里去，寻找更多发展机会，是大势所趋、时代召唤。

当年，伟大领袖毛主席号召"知识青年"到农村去接受"贫下中农"再教育，并且告诉他们"农村广阔天地"，在那里会"大有作为"。结果，千万城市还没有什么知识的青年敲锣打鼓上山下乡奔赴全国各地农村，结果到了那里一看，理想马上被照进现实，并在严酷的现实面前被照耀得支离破碎。现在，反过来，号召农村青年到城里去，在大风大浪中锻炼成长，真的也会"大有作为"吗？我不敢肯定。

但我敢肯定的是：**"人往高处走"，是人口和劳动力区域流动的基本规律，无论从世界工业现代化时代背景下的国际人口流动状况来看，还是就中国改革开放以来劳动力流动的基本特点来说，都可以清晰地看出这个基本态势来**。换句话说，人口和劳动力一般倾向于流往那些经济发达、文化自由和社会进步的国度或地区，流向那些具有更自主、更自由、更充分地发挥精神创造力的行业或组织，在这些具有较"高"平台的国家、地区、行业或组织中，流入者可以获得更大的货币性和非货币性收益。当然，这里的微观选择行为与特定的宏观环境条件约束，始终是非线性地、复杂耦合性地联系在一起的。

就迁移流动者的行为动机来说，**任何流动决策都是由当事人综合考虑流动价值（经济或非经济的利益）、流动条件（法律限制性、心理适应性和经济可行性）、流动预期（不确定性风险判断）和流动诱因（特殊时间地点的偶然性契机因素）四个基本要素后做出的，其具体流动的行为动机受工资福利差别、居住满意程度、社会地位变动、生活方式偏好、家庭生命周期和社会关系网络等复杂因素耦合影响**。但无论具体影响因素多么复杂，都可以在理论上加以抽象，并建立一定的成本—收益分析模型，来观察和描述特定迁移流动选择行为的动机、类型和方式。

为什么我们农村青年应该走出村、走进城？一般来说，因为相对于偏僻落后的农村，城市在如下几个方面比较"高"：（1）城市经济发达，为青年人提供更多机遇、就业机会和更好的发展平台。（2）城市有较高的规模和聚集效应，发达的专业化分工和市场网络，使得同样的劳动或付出具有更大的乘数效应，单位劳动可以获得更大边际收益、经济价值和职业成就。（3）城市基础设施完善，交通通信便利，人际交往范围广，各种信息灵通，交易成本比较低，为青年人成长和发展提供了更为有利的社会环境和条件。(4)城市文化教育发展水平高，有各种各样的学习设施和条件，便于青年人提升文化修养、教育水平和精神境界。因此，**青年人要往高处走，勇敢走出村、踏上进城路，是再自然不过的事情**。

但是，在计划经济时期，由于严格的户籍制度控制，城乡居民之间被二元地分割开来，农村人想走进城市也没有机会。

那时候，农村青年想“农转非”，只有两种途径：一是参加人民解放军；二是考学或国家计划招工。例如 1958 年在“大跃进”时期，国家招收大量农村民工，进城兴办工厂、大炼钢铁。但这种乡—城流动往往是临时的随机的，当国家工业建设需要时，由政府计划安排招进城，在经济困难或调整时，再复员或被遣散回乡，可谓“招之即来，挥之则去”。

而且，为了缓解城镇就业压力，或为了“备战备荒”、发动大规模政治运动，当时也经常发生城—乡逆向迁移和流动。例如，伴随着“三线建设”实施的东部沿海向西部内陆山区的大规模人口迁移，以及“文化大革命”期间，为了让广大城市机关事业单位干部、知识青年“接受贫下中农再教育”，而在全国范围内发动的“上山下乡”运动，就是典例。

1978 年以来，随着市场化改革的推进，传统户籍制度逐渐松动，人口和劳动力流动自主性不断增强，并带有明显的制度转型特征。市场化改革为人口迁移和劳动力流动提供了外部制度条件，地区间、部门间、行业间的劳动生产率、经济效益差异和经济发展水平不平衡，以及由此形成的收入差距和比较利益驱动，为人口迁移和劳动力流动提供了直接驱动力。其基本态势是：

——农村青年人向城市流动，多是由经济动因驱动的，并随着时间的推移，自主选择性的市场化流动成分不断扩大，目前 90%以上的流动都是没有政府或其他正式机构参与的自发行为；

——流动趋向由从农村到城镇的单向流动模式演变为双向或多向流动模式，近年来农村剩余劳动力大量进城务工经商的同时，城镇高素质、专业化技术人才上山下乡奔实业、农民工回乡再创业的现象令人瞩目，流动到乡村和乡镇企业就业的城镇劳动力逐年增多；

——在宏观区域动向，不仅出现了全国范围、跨省区的大规模“民工潮”，而且大量“高、精、尖”人才也纷纷“雁南飞”、“一江春水向东流”，同时也出现了不少原来流向沿海省市区的“回流”现象；

——近年来劳动力流动表现出明显的跨行业、产业部门倾向，先是从农业向工业部门的流动，进而以非农产业部门之间的流动，以及产业部门内部不同行业的流动为主，在产业间流动的基本趋势是由第一产业流向第二、第三产业，从生产率低、效益低的行业向生产率高、效益好的行业流动；

——从劳动力流动的素质构成情况来看，低素质、无技能民工流动过度，高素质、专业化人才正常流动因种种原因受阻而非正常流动比较频繁，但移民性流动群素质普遍高于非移民流动群；

——此外，随着对外开放力度的不断加大，国内外人口和劳动力流动的规模也不断扩大，外出及来华者的流向和构成也发生巨大变化。

我以为，**农村青年，应该顺应时代潮流，听从内心召唤，先让自己流动起来，走出村、跨入城，看看外面的世界多精彩、外面世界是不是真奇妙，至于具体通过什么途径、采取什么形式，那可以在流动中“走走看看”，在“过河”的过程中自然而然会“摸着石头”的。**

世上的事就是这么简单而又复杂。“水往低处流，人往高处走”，这是再简单不过的自然和社会规律。但是，水流到的低处，可能是波澜壮阔的大海，也可能是臭气熏天的泥潭；同样，走到高处的人，可以欣赏高处的无限风光，当然也会有“不胜寒”的感觉。

同是从农村出来的，来到熙熙攘攘、车水马龙的城市，不少青年如鱼得水，很快找到职业平台，并在茫茫人海中寻到知己，成家立业，获得“跳跃式发展”；可是也有一些年轻人，一进城就“眼花缭乱”，有些找不到北，在失衡的心理状态下走上歧路，不自觉地迷失在浮华的喧嚣中。

“刘姥姥进大观园”，淳朴自然，不亢不卑不忐忑

> 奔向希望，随心飞翔。勇敢地走出村，豪迈地跨进城，以开阔坦荡的胸怀，去拥抱无限广阔、精彩奇妙的大千世界。

农村孩子进城，不免有一种“刘姥姥进大观园”的新奇感、震撼感或自卑感。

回想当年，自己进城，可没有人家刘姥姥参观大观园的自如潇洒，在忐忑不安的胆怯中，闹了许多尴尬荒唐、让人至今想起来都脸红不已的笑话。

记得在上小学的时候，由于老师认为这孩子对美术有“特长”，学校就让我跟着一位老师去县城里某个地方学剪纸。那是我第一次进城，走在县城的街道上，那感觉真是有些“莫名”又“奇妙”，但最大的难处就是，内急了找不到厕所在哪里。有几次都化险为夷，但终于有一次肚子里的压力来得太突然猛烈，但是出口问别人厕所在哪里，在那“幼小的

心灵”中觉得是很丢人的一件事，虽然急得东奔西跑、上蹿下跳，可是仍然找不到厕所在何方，结果可想而知……我真不知道自己当时是怎么装得若无其事回到家的。

这是初次进城就闹出的最丢人的一件事，也是第一次知道“丢人现眼”、“死要面子，活受罪”究竟是什么含义。现在回想起来都有些无地自容。后来看到《红楼梦》中描写的情景，看到人家刘姥姥进大观园时，是那么潇洒自如又不失体面地裤子一撩，在优美的花园中涓涓流水，就更是自惭形秽了。前些年连在心里想都不敢想这一件丢人的往事，现在说着说着给我们的读者朋友“掏心窝”了，一股脑地一不做二不休，将自己这段不堪回首的“丢人事”公之于世，让我们现在的青年人看看，我这在城里混了数十年的老辈农村人，是在什么样的起点上艰难地踏上进城路的，由此让他们看到，这么一个“倒霉蛋”都能在城里混个几十年，那还有谁不敢进来呢？如果达此目的，那我这“丢人现眼”的自曝其丑，看来也是值得的。

在我青少年时代，能够跟着大人们进县城是一件极为奢侈的事情。多数时候，是与小我两岁的弟弟跟着父母下县城拉煤灰。那时候家里穷，烧不起煤炭，于是很多老乡就到县城三门峡“二印”（会星第二纺织印染厂），以极为低廉的价格买一车刚从池子里捞出来的未燃尽煤灰，拉回家里当作燃煤烧饭用。

家乡陕县，古称陕源县，据说周朝就有了县的建制，现在的陕西省就是因我们家乡而得名，取自“陕源县以西”之意。原来的县城就是三门峡，后来改为地级市后，县城才搬到三门峡西客站地区。三门峡地处黄河滩的峡谷中，如果坐火车沿着陇海线路过那里，你会看到南面有地势很高的丘陵，我们老家张村就在那高处的“塬”上，当地习惯用“上张村塬上”和“下三门峡”来表达这种地势关系。如果站在塬上看，三门峡就处在一条东西向的河沟底，要下来上去需要跋涉几十里长的陡坡，而且那时没有柏油路，是坑坑洼洼的土路，一遇到雨天，不管是人还是车都会上不去下不来，交通十分不便。

在这种情况下，三四个人要拉一架子车刚从水里捞出来的煤灰上去，显然是一件“牛马不如”的活计。不过，这对于干惯了繁重体力活的我们兄弟来说，这样充当拉车的牛马，其实“苦”不到哪里去。那么，在我们的心目中，能够盖过如此劳苦而觉得无比甜蜜的事情是什么呢？最要紧的有两件：一是进城这件事情本身；二是可以吃一顿可口的早餐。

每次下三门峡，由于路程遥远（来回路程有七八十里）都要起早贪黑，鸡叫两遍就要起身，拂晓时分走到临近县城的沟沿上，居高临下地看去，头顶是繁星点点的蓝天，下方是灯火通明、映红了半个天际的城市，那景色无比诱人，那感觉有说不清的奇妙！等走到印染厂大门口，正好人家开门营业，办手续装车完毕，将车拉到一处繁华街区，大概也就八九点钟的工夫，正好赶上早餐时间，我们就可以在那里的食堂里，喝一碗甜甜的大米稀粥、吃几根香香的油条——要知道，我们兄弟俩之所以甘愿经受此后十几小时的牛马劳累，相当大程度上就是冲着这一顿早餐来的。

这就是我青少年时代关于进城的最深刻记忆。不过一说到进城，还有更为幸福而又痛苦的一件事情值得一说。

我们这一代是唱着《东方红》、《国际歌》、《大海航行靠舵手》和《我爱北京天安门》等革命歌曲长大的。上初中的时候，学校举办了一个叫“象征性赛跑”的体育活动，就是让同学们每天坚持体育锻炼，将跑步的历程记录下来，看谁先累计到从家乡到首都北京的历程，谁就是优胜者。

一天与几个同学下狠劲，一口气向县城方向跑了十几里，一个来回就是将近 30 里的路程。到家后还与几个同学玩了一会，根本没有什么特别感觉。但谁知，第二天早上一醒来，发现自己下肢痛得不能动弹，紧接着便在踝关节、膝关节、大腿处游走性肿胀疼痛，急性发作，要死要活。

但那时家里穷，像这样眼看不会很快死掉的“关节炎”毛病，好像家里家外所有人从来就没有要到医院去给孩子看看病的念头。后来，才知道这根本不是一般的关节炎，而是极为严重的风湿病。急性发作后病情转缓，但还是不能下地，后来听三姑说她村里有个聋哑郎中，当年毛主席派医疗队下乡时留给他一个偏方，能治这种病。于是就吃了人家自制的黑药丸子，慢慢稀里糊涂能够走路了。自打能够走路以后，从来没有吃过一粒药，虽然一到八九月份都要大规模发作一次，但是下地干活、上学高考一件事情也没耽搁，直到“光荣”地考上大学成为一名城里人，有了公费医疗资助才开始吃药打针。

到太原上大学，是我第一次真正自主踏上进城路。此前从没有离开家人出走到这么遥远的地方，但当拿着地图离开小县城，路经陕西孟源坐了一天一夜的火车来到太原市，当我走出火车看到眼前一条宽敞无比、一望无际的大街（后来听说这条刚建不久的街道叫“迎泽街”，仅次于北京的长安街，因为两边的树木还未长起来，所以显得无比开阔），立刻就被震撼了：“我的妈呀！这就是大城市啊！”在太原的四年大学生活，虽然是在享受公费医疗保障的病痛折磨中煎熬，是在“农转非”极端不适应的身份焦虑中度日，但这毕竟是我平生第一次作为其中一员生活于其间，直接近距离感受的城市生活。这段日子，是典型的“刘姥姥进大观园”的进城状态，所以值得记述一番。

那时候进城上大学，对于农村孩子来说，相当于由地狱走入天堂，那种身份转换的反差是异常巨大的。首先可以享受公费医疗，这对我来说是一种“生死攸关”的身份转换；其次可以吃上饱饭，一个月有15块5毛钱的助学金，一天可以吃上六个窝窝头，这在家乡是不可奢望的。

但是，相对于其他城里的孩子来说，还是比较寒酸的，而且是无地自容的自卑和窘迫。1979年春节，为了节省路费，平生第一次在外过年。一个年轻老师要与夫人一起回家探亲，由于他们住的是平房，怕不安全，让我住到里面给他们看家。此差事本来是无比荣幸的，但谁知结果很惨：由于与同学不住在一起，自己又没有手表，奇怪那时老师家里竟然连个钟表也没有，假期学校食堂上下午只开两顿饭，我没有钟表不知道时间，往往错过开饭时间，一饿就大半天甚至一整天，这第一个城市年过得是狼狈不堪！

到了暑假，当时中国社会科学院数量经济学家张守一先生在太原主持“山西以煤炭为中心的综合平衡”研究课题，说要招集大学生志愿者参加课题资料收集工作，而且安排坐飞机到首都北京数日，包吃包住包路费，这条件太诱人了：要知道在天上坐飞机、上首都北京，那都是儿时不太敢做的美梦啊！

但是因为想家，竟然能够狠心放弃这么梦寐以求都求不来的好事，可见当时对那贫穷落后的家乡思念之切！回到家乡一看又让我傻眼了：家里人不像我想象的那样仍然生活在“水深火热”之中，吃不上玉米黄面馍，竟然个个喜气洋洋，娃娃们个个手里拿的是“好馍”在不屑一顾地吃！在我感觉这恍若隔世，这联产承包制的改革怎么会有如此大的神奇效果！

记得我在太原过着“城市生活”的时候，每天啃着黄黄甜甜的窝窝头，心里还美滋滋的，自说这上大学就是不一样，能吃上窝窝头，他们没上大学的孩子就是可怜，这样的好东西他们是吃不上的。

那时一天的生活费也就三五毛钱，节省一点三毛钱就够了：早上五分钱咸菜，中晚饭一毛钱或一毛五的白菜豆腐就可以。一个月还可以到几里外的军营里，在面汤一般的浴池里洗一次澡，时不时地还可以去钟楼街那样的繁华地段走上一走。

一次上街，因为道路不熟搭错了车，又因为买了五分钱的票，人家售票员不给退，十分心痛。再换车时，觉得自己刚买了票，就蒙混过关一次吧，结果被售票员抓住，到站不让下车，像游街示众似的拉到终点站，被严厉教育了一番，写了书面检讨才被放回来。当时那个“丢人”的感觉就甭提了！如果有个地缝肯定早钻进去了。自打那以后我对自己发誓：**穷也穷得有尊严，即便是饿死也不能干任何不诚信或投机取巧的事情了！**这也是一段刻骨铭心、永生难忘的城市经历。

随着时光流逝、时代变迁，现在的青年人不会像我那时候那么无知愚蠢，但是从“小地方”来的农村孩子进入城市繁华“大世界”的那种晕眩感，可能还是会有的。

这里所说的大小，不仅是地理空间含义上的。前几年我曾到北疆阿勒泰去讲学，才平生第一次知道什么叫“广阔天地”，什么是“心旷神怡”，但由于交通不便、信息闭塞，那里的人们并不觉得自己所处的地方很“大”，反而感到自己是“小地方”的人。相反，与大西北阿勒泰对应的小东南香港，在地理空间上不过就是一个靠海的小山窝，但是那里地处海陆交通要道，是向全世界开放的，天南海北的人从四面八方汇集于此，使整个“小山窝”变成了“大地方”。城乡的小与大不过如此而已。**只要我们农村孩子眼界开阔，见多识广，勤奋好学，进到城里来，完全没有必要自惭形秽，老是有种“小”的自卑感觉，可以由“小”而“大”，坦坦荡荡**。

其实，任何人到了一个陌生的环境里，都可能会有一种紧张感，不仅我们农村孩子，就是城市孩子也是如此。

例如，大名鼎鼎的职业经理人吴士宏女士，她是从小在首都北京长大的，可谓见多识广。在其自传《逆风飞扬》中，吴女士曾生动地记述了1985年她被北京外国企业服务公司派往IBM设在北京饭店的“代表处”工作，第一天上班时的忐忑、自卑感。她这样写道：

第一天上班可千万不敢迟到，前一天是星期天，我专门走了一遍踩准了到长城饭店的路线、时间。我到的最早，办公室门没开，走廊上是空的。我站在四楼天井栏杆旁往下看，是咖啡厅，从一层到顶通天彻地几十米，咖啡厅里还有个小亭子，有花有草有漂亮服务小姐，绿叶植物很茂盛，很高，我好想从四楼探下去摸摸那些肥厚的绿叶梢，空气中有悠悠的音乐和香味，我第一次知道“优雅”和“豪华”是可以放在一起形容同一件事物的。当时一点儿没敢想有一天也会坐在里边喝咖啡。看看左右没人，我试着跳了跳，没声儿！地毯把声音都吸走了。真是奇妙。

可见，这种“刘姥姥进大观园”的感觉，是没见过“世面”的人谁都会有的，不只我们农村孩子。想当年，从城市上山下乡的知识青年，见到绿油油的麦田，兴高采烈地惊叹：“这么大片的韭菜!”我们还“笑话”他们呢：什么“知识青年”，是“没知识的青年”吧？

若干年前，我到东北鞍山讲学，接待我的是一位城市长大的女孩子，一次吃饭时服务员端上米饭，我随口问了一句："你们东北的大米就是好吃，这是为什么?"那孩子告诉我："是因为我们这里的水稻不用水。"这个回答可把我这个从小没有见过稻田的农村孩子给镇住了，就像当年大科学家在报纸上写了一篇关于亩产可以达四万斤的科学论文把从小在农村长大的伟大领袖都给镇住了一样，我真不知道还有不用水浇的水稻。后来跟他们老主任说起，他甩出了一句："现在的孩子，四肢不勤、无谷不分，哪有这事!"说得我这个"有知识的农民教授"也无地自容!

所以，**我们农村孩子，只要进到城里来了，慢慢熟悉了，接触的人多了，遇到的稀奇古怪的事多了，眼界开阔了，就不会有什么好紧张的**。反而我们会感到，那些住在大都市里的人，未必就什么都懂。

记得1991年暑期，我与一位来自延安的老同学，一起趁着研究生毕业实习调研的机会，奔赴我们从小无限向往的首都北京。凌晨两三点钟下的火车，住店花钱觉得不值得，我们商量干脆就从火车站走到天安门广场先一饱眼福，要知道我们小时候唱着那首《我爱北京天安门》的革命歌曲，心目中那个"天安门"是梦寐以求而不得的，现在终于来到了伟大的首都北京，伟大的天安门自然是要先睹为快的！在往梦想行进的时候，我们就问正在地铁口施工的民工师傅："天安门方向怎么走?""你问'天安门'，哦……哈哈，'天安门'嘛，你这么这么走，就到'天安门'了……"那种嘻嘻哈哈的口气，就像我们当年笑话知识青年没知识一样，他们可能心说：这两个乡巴佬，竟然连北京的天安门广场都不知道怎么走！读者朋友，你们要知道我们那时也已经是好赖在城里摸爬滚打十几年的城市人了。

可见，**无论城乡，见过世面的就是比没见过世面的有种优越感，没见过世面的往往比见过世面的有种自卑感，如此而已**。我们从农村小地方来，没见过世面，心中忐忑；现在我们进到城里来，见了大世面，我们"小中有大"，如果放松放平心态，我们还想让他们城市人开开眼界呢！不是吗?

近年来越来越火爆的笑星赵本山师徒，他们不是土生土长在我们东北农村的农民艺术家吗？他们还不是把这些泥浆乡土气息浓郁的二人转文化豪迈地带到洋气十足的北京城里来，而让那些城市粉丝也大呼小叫地大开了眼界！所以时代在发展，人也在变化，谁土谁洋、谁大谁小、谁高谁低还真说不清楚，也就先甭说什么"东风吹，谁怕谁"的话了。

好出门不如赖在家，城里人交往与咱有反差

从乡土宗法伦理习俗到城市市场法治秩序，是进城农村青年必须直面的价值观念变革、行为规范转换和身份角色蜕变。

“好出门不如赖在家”，这是我们传统乡土文化和宗亲社区生态的真实写照。

在农村，大家乡里乡亲，彼此知根知底，邻里谁谁家某某大是小非，没有什么秘密可言。大家觉得很自然、很温暖。但是一到城市，这种情形和感觉就大不一样了。虽然街上行人熙熙攘攘，但都来自四面八方，彼此之间虽然摩肩碰背的，但相互又都不知底细。这种“熟悉而陌生”的孤独感，是我们从农村来到城市最不堪忍受的心理压力。

但是，应该看到，我们“内外有别”的传统乡土文化，其实是有很大封闭性和局限性的。人们交往只局限于亲朋好友熟人之间，在日常中，所谓的“友好态度”也只限于自己周遭的小圈子，而对自己不认识的人不仅谈不上“友好”，很多时候可以说是一种“横眉冷对”了。越是封闭的小地方，这种“内外有别”的人际关系，表现得就越明显。

例如，你到西北内陆地区，即便是在城市，饭店服务员对于陌生客人的态度也往往是“冷”的；而在东南沿海地区，这种态度你可能很少遇到。一次，我到甘肃东北部一个地方去讲学，对方安排我从西安拼出租车到目的地，正好遇上两位当地人从西安回乡，五黄六月大热天，三个人肉粘肉地坐了十几个小时的车，到那里以后臂膀上都出了红红的一片痱子。就这样一路上，我曾几次试图与两位同路人搭话，人家就是不冷不热甚至很敌对地敷衍我，后来我也只好沉默不语，在憋闷的气氛中如坐针毡地熬过那苦难的漫长旅程。

然而，你如果到开放的、市场经济发达的大都市，这种“对熟人像春天般温暖、对生人像寒冬般冷酷”的反差，可能就没有那么大。当然，现在我们中国的所谓城市人，其实或直接或间接，都是来自传统“内外有别”文化中的农民，因此骨子里都脱不掉这个根深蒂固的“乡土”气息。只是这种乡土气息，在城与市的特殊文化氛围中发生了某种“变异”，可能演化为一种“市侩”或“小市民”文化，他们城里人也会自觉不自觉地持有一种居高临下的“排外”心理。

更一般地说，这种“内外有别”的社会文化心理状态，是全世界都有的一种普遍现象，也不是我们中国人身上才有，只是在我们国人，特别是在封闭情况下长期生活的同胞身上，表现得更为明显或猛烈些而已。

话再说回来，正如孙中山先生当年所说“世界大潮，浩浩荡荡，顺之者昌，逆之者亡”，**市场经济作为人类自然拓展的一般秩序和基本趋势，迟早会碾平世界的每个角角落落，所有人都应该自觉地适应和融入这个潮流，自觉改造、自觉革命**；特别重要的是，在思想观念上要搞清楚哪些是现代的、文明的应该学习，而哪些是落后的、愚昧的应该逐渐扬弃甚至立刻抛掉。

一视同仁，规则面前人人平等，无论熟人生人，都应该按照法律契约规范，平等交往和公平竞争，不能老“区别对待”或“看人下菜碟”——这是我们农村青年进城后，应该立刻认真学习模仿的新理念、新规范。

为了排除这种反差巨大的孤独感，以及出门在外举目无亲的无奈和恐惧，我们可以托亲靠友，借助一些可以利用的“社会关系”获得信息、争取机会，这都是必要和重要的，没有什么可指责的。但是要懂得，**“人情”是人情（乡土人情），“世故”是世故（城市规则），不可将二者长期混淆、混用**；否则，好似很懂很会“人情世故”，不知道做人要“外圆而内方”对于一个人成功的重大意义，到头来很可能把自己变得过于“圆滑”，而不小心走上歧路。

一个农村青年进城，有没有必要或特殊的“社会关系”，往往显得很重要。同样的农村青年，有些人就是因为有特殊的机遇，抓住了机会，从而走上成功路；有些人可能就是没有什么门路，而丢掉很多机会，往往人生路就无比坎坷而艰难。但是，这些都是就一时一事来看而显现出来的差异，如果把时距和视界一拉长，这些外在差异性会越来越淡，直至微乎其微。

例如，经亲戚朋友到城市来做保姆、保安或服务员，这是目前每个农村青年想做都可以有机会做的事情，由此踏上进城路的青年千千万，但结果的差异却万万千，为什么？决定因素不是外在的条件，根本在内因，在青年个人自己。对此，我深有生活体验和感触。

例如，家乡有位叫小卒的女孩子，这孩子很能吃苦，人也很善良、平和，做事能力也很强。经介绍，让她在一所大学留学生公寓当服务员，由于适应环境能力很强，日常工作勤快又能干，很快得到领导、同事和服务对象的一致好评。后来，当问到还需要介绍什么样的人时，她的主管领导顺口就说“像小卒那样的孩子就行！”这孩子一边上班，一边抽出业余时间借助大学有利的条件认真学习，后来还上了夜大学专科班，拿到学历文凭，接着自己走出校园到外边闯荡，应聘到酒店当大堂经理。经过八九年的艰辛努力，去年与一位来自天津的小伙子结婚，在北京成家立业过着幸福的生活。

但是与此形成典型对照的一位女孩子，从老家坐火车好不容易来到北京，但一下火车就哭哭啼啼，当天就要夫人把她送回家，送到火车上还愣不让下来，结果火车开动，她只好坐到石家庄才搭乘长途汽车逃回京。你说这都是农村孩子，怎么就差这么远？

我们一些青年朋友，也许是因为从小在“请客送礼拉关系”的环境中长大，长期潜移默化习惯成自然，往往遇到事情不去内省，不知道自己做努力，一味地靠爸妈、靠亲戚朋友帮助，一来二去养成了“等、靠、要”的习惯，失去了最基本的自主意识和生存能力。这是极为可怕的。

特别是现在，即便是农村也不全都是“少吃没穿”的，很多地方的农村孩子，过的都是“有吃有喝、无忧无虑”的小康生活了。每次回到家乡，看到很多农村青年无所事事，宁可在家里懒散着，也不愿出去闯生活。

某年春节，一位本家兄弟听说我回来，找到我说：“大哥，能不能帮我在北京找个工作？”我说：“可以哦，可你现在都是有孩子的人了，怎么拖家带口出去呀？”他回答说：“不是有你呢吗？你在北京给我找好工作，帮我安排好住处，让我媳妇也过去，孩子也带上，最好在那里上学，听说北京的教育条件好，都给外地农民工提供帮助……”我打断他说：“我的好兄弟噢，你以为你大哥在北京当市长呢？即便是市长，也不能这样把你的事情全包办下来呀！”

一旦不守规矩成为生活常态，一旦投机取巧成为行为恶习，对于一个青年的人生和成功来说，其恶劣后果可以说是“致命”的！因此，一个青年，特别是一个农村青年，要在现代城市生活中立足，要取得人生成功，就要提升自己的文明素质、诚信责任和精神修养，而这必须从自己日常生活的小言谈举止、点滴小事做起！

总之，**我们农村青年进城后，应该以自己身上自然淳朴的浓浓乡情，去打动和感染城市冷冷漠漠的无情世故；同时，又能够很快熟悉现代都市的游戏规则，学会守纪律、懂规矩的好习惯**。这样，在自主自强自立的前提下，外圆内方地待人处世，必然坚持、坚守、坚强，一路走下去，定会在不远的将来，在城市这个广阔的天地里，找到属于自己的那片蓝天！

> 农村青年在城市求生存谋发展，无论遇到什么状况，都应该持有开放达观的生活态度，直面现实去寻找和实现人生梦想。

在城市熙熙攘攘的人群中，怀揣“儒雅”青春梦想的农村青年不在少数。

特别是那些孜孜以求想走传统“学而优，则成功”单向度路径，而因种种原因没能圆梦，最后不得已流落在城市街道上的“乡村文青”，他们往往不能、不敢、不愿或不屑直面眼前残酷的现实生活，长期过着灵肉分离的日子，虽然人在阴暗潮湿的地下室、蟑螂满地的蜗居、机声隆隆的工厂车间或挥汗如雨的建筑工地，但理想和灵魂却不时飘飞在城市上空的蓝天白云间。

这样“活在理想中”的北漂南漂青年，也有成千上万。

相对于那些死心塌地就想在城市赚点钱回家娶媳妇过日子的打工仔来说，这种“乡村文青”族群的日子是最难熬的，其变数也是最大的，结果要么如愿以偿“实现成功理想，过上幸福生活”，要么长期处于身心分离、精神分裂状态不能自拔，走上令人唏嘘悲叹的不归路。

近年来，“北京当保安，圆你大学梦”，已经成为北京很多大学后勤管理部门对外招聘保安的常用广告语。据报道，已陆续有数百名来自全国各地农村的青年，曾在北大、清华、人大、北师大等著名大学内做保安、保洁员、厨师等勤杂服务工作期间，积极进取，有效利用优越便利的学习资源和条件，将自己档案中的文化程度从原先的小学、初中，通过自学方式改写为大专、本科或研究生，并在此基础上，经过艰苦卓绝的努力，成为公司主管、培训机构教师、IT精英、企业家和职业经理人等各行各业的成功人士。

下面是《中国青年报》等媒体记者采访报道的几则有关清华保安学习成长的典型事例，现摘录于此，希望年轻的读者朋友能认真品读和感悟。

有时间看书就是幸福

见到高志新时，他正坐在新闻与传播学院保安值班室里听着MP3，嘴里念念有词，全然不理会窗外明媚的阳光。他在自学英语，没有上学习班，没有老师教，甚至也没有学习搭档一起进行英语对话，“全是凭自己的兴趣吧，能自己学到东西就好”，高志新腼腆地说。但他志气不小，他将来想当同声传译，还想出国，哪怕出国打工也行。

这位河北小伙子，戴着眼镜，很内向。他是2009年3月12日来清华的，“终于有个安静的地方看书了”。对他来说，有时间看书，有自己的空间，就是一种“幸福”。小高兴趣很广，喜欢看哲学类、人物传记的书，喜欢音乐，也会几招武术的拳脚。同学老师经过值班室时，总看见他埋着头看书，话也不多。过往的人中有很多外国留学生，高志新也有跟他们练练口语的冲动，但生性腼腆的他始终没有开过口。

高志新高中毕业就开始打工了，餐馆服务员、汽车修理工，干过很多行业，上学时学的英语几乎忘光了。去年8月他重拾了以往喜欢的英语。学习资料从网上下载后打印出来，听力材料下载到MP3里随身携带，单词拼写和英语写作就在废旧报纸上进行。他的口语练习方式就是自言自语。

这个25岁的小伙子对于自己做的事，坚持并肯定。“只要想到了，顺着自己的方向，就一定会有回报的。”“失败的次数越多，成功的概率就越大。”“既然不能改变环境，那就改变自己。”这些都是他信守的人生哲言。对别人的看法不怎么在意，只要能在自己的世界里获得快乐，比如看到了自己英语的进步，他就满足了。“人家会说，你一个保安学英语，不可能，这对我不会有影响，我自己学好了就行。”问及为什么不报个英语学习班，他低头沉默了一会，眼睛瞟向别处说：“工资也不多……”家里催他成家的事，他报之以淡淡的一笑：“这个……以后再说吧。”

学习让我懂得管理艺术

这几天，清华大学保安队大队长边红宅很忙：和各个院系协调值班时间，给刚报到的保安上思想政治课，参加公司培训……每天能挤出两小时学习就不错了。尽管时间少，边红宅还是制订了详细的学习计划，报名参加自考，看书，买资料，记笔记，请教老师。“我当保安时认识了很多老师。有个老师义务为我讲课。他以前总说我不念书太可惜，现在看到我认真学习，他比谁都开心。”2001年，边红宅的学历从初中变成大专。

边红宅的女儿今年上一年级。家里常出现的场景是，父女俩在同一个书桌上看书。在家里，女儿常说：“爸爸那么大了还学习，真逗。”到同学面前，她却自豪地说：“我爸爸可厉害了，每天跟我一块学习呢。”边红宅解释说：“懂的知识多了，女儿问我问题，也能派上用场。否则一问三不知，我这个爸爸就丢脸啦。”边红宅不仅自学，还鼓励妻子学习。他的妻子原先是超市的营业员，在他的鼓励下，考到了物业管理职业资格证书。

通过学习，边红宅发现，自己的管理水平提高了。“以前带队伍，只知道粗暴地命令他们做什么，不做什么，很少考虑队员的感受。”而现在，边红宅学会了人性化管理，知道怎么调动保安的积极性。他鼓励保安在工作之余好好学习，并给爱学习的保安提供许多方便。比如，有的保安晚上要上课，他尽可能给他们安排早班。如果有保安提出，想去听一堂讲座，他也会尽量换班满足。许多保安不叫他队长，叫他“边大哥”。

当了15年保安，别人觉得枯燥，他觉得有劲。其间也有一些公司来“挖”他，都被他拒绝了。在边红宅的办公室书柜里，有十多本保安管理方面的书，他还在《中国保安》杂志上发表过论文。“国家出台了保安员职业标准，保安都要持证上岗，还分5个等级呢。如果不加强学习，提高自身素质，就可能被淘汰。”今年，边红宅将拿到公共管理专业的本科文凭，他希望自己能成为一名高级保安师。

经老乡介绍来自考个高等文凭

走进清华保安孙志丹的寝室，感觉与大学生的寝室没有任何区别，两个双层高架床共住4人，床头挂着没有拉上的布隔帘，床尾小木架子上堆积着各种书籍。唯一的区别恐怕就是床上的被子叠得比学生们整齐。“这台电脑是去年7月份用1300元从一个刚毕业的学生那儿收购的。”孙志丹打开寝室内唯一的电脑说，为了买到价格便宜的二手电脑他等了9个月。

孙志丹来自河南许昌，当年由于成绩不好，家里又盖了新楼，高二后就辍学了，“我告诉家人，我这样的成绩肯定是考不上大学，既然考不上大学，读下去也没意思，还不如早点出来学点技术。”2003年，孙志丹在许昌一家广告公司找了份工作，想学技术的他虽然被安排做复印工作，但还是偷学到了一些电脑基本操作。2004年，辞去复印工作后，孙志丹在郑州一家饭馆当了一名服务员，没干多久，他觉得这离学技术的目标越来越远。

“2005年9月，一个在清华做保安的老乡回老家时和我聊天，说清华的保安好多都是一边学习一边自学考高等文凭。”此时，打工两年的小孙又怀念起了读书，2005年10月他成为了清华保安，刚来做保安的第二天就报了北大法律专业自考大专，目前还有10余门没过。他向记者透露，准备用两年时间考完剩下的课程，获得本科文凭后，他想在北京找个更好的工作。

当然，这些“学有所成”的青年保安，还是少数，其中也有不少人，纯粹是为“圆学历应试梦”而来，没有走出狭隘的“学而优，则成功”的传统思维怪圈，其梦圆之后的路究竟是趋近成功还是背离成功，还很难说。此外，还有更多的打工青年，则根本没有这种“近校楼台先得学”的机会、幸运和心力。

例如，去年有媒体报道：一个叫罗炼的 24 岁青年，5 年前从湖南老家带着“梦想”南下广东打工，先后辗转于珠江三角洲，做过保安、油漆工，跑过太阳能和房地产生意。2008 年 9 月 14 日中秋节，这个“喜欢读庄子”的小伙子，在月饼盒里留下一纸手写字条后，悄然出走，不知所终。他为什么离开？去了哪里？是生是死？谁也不知道。他在字条里，用晦涩难懂的文言文写道：“终生役役而不见成功，苶然疲役而不知所向，讳穷不免，求通不得，无以树业，无以养亲，不亦悲乎！人谓之不死，奚益！”相信，还有成千上万与他境况相似的农村打工仔，在喧嚣的大都市中感到迷茫、孤独，感到与周围的世界有些格格不入，以致如此极端地选择逃离，走出尘世飘然而去。

成千上万像罗炼一样的农村青年，他们带着“梦想”来到南方城市打工，希望经济独立，渴望职业成功，企望得到亲情。但现实往往是残酷的，每日被禁锢在机声隆隆的流水生产线上，默默无闻中遭受“宏愿难圆”的煎熬。此情此景，确实令人唏嘘悲叹！

但是另一方面，如果从个人自身找原因，他的离群出走也是必然的。据媒体报道说，身高 1 米 73 左右的罗炼，略显单薄，他“不爱说话，有点清高”、“不合群”的性格，不屑或不适合干油漆工这种“耗时间也要体力”的工种，干着脏累的体力活还“很爱干净”，成天“文质彬彬”地研读《庄子》、《品三国》。这种离群索居、自视很高的性格特点，显然是酿成悲剧一个不容忽视的重要原因。

有关媒体是这么报道罗炼失踪事件的：

工友放工了也学着上网，一帮老乡在 QQ 上互加为好友，找 MM 聊天或斗地主。罗炼有时也上网，但他的 QQ 半年没上线，号码也没有老乡知道，“要么看电影，要么在网上看小说”。虽然罗炼有一帮老乡工友，还有个住得离工厂不远的姐姐、姐夫隔三差五地操心问候，但“没人真正了解他”。

这个 19 岁就出来打工的小伙子，五年来先后到过深圳、珠海、中山、佛山，进过电子厂、制衣厂、印刷厂、咖啡厅，做过保安、油漆工，还跑过太阳能和房地产生意，在做房地产接单时，还曾想象着自创企业上市。

罗炼有三个姐姐，大姐和二姐在湖南老家，三姐和三姐夫在佛山高明做生意。姐姐们说，她们都不了解这个最小的弟弟，只怀疑母亲2006年的死对他打击很大。罗炼失踪后，宿舍中留下一本日记，其中撕得仅剩一篇，三个姐姐从这篇日记猜测，弟弟的失踪可能与母亲之死有关。

2002年，罗炼高三未参加高考，辍学读职中。次年经学校推荐，到深圳一家电子厂打工。因工作辛苦，在家人帮助下，后到珠海一家制衣厂负责发材料，再后来，又转到印刷厂打过工、推销过太阳能，进过咖啡厅做侍应。2005年，还做过1年小区保安，2007年年底跑过地产推销，接着还在中山帮二姐看店不到半年，直到2008年被三姐夫推荐去做油漆工。

"他心很高"，二姐罗娟说，弟弟去年跑地产时甚至还写过一份计划，想象着几年后自己开几家分店，甚至未来自己的公司怎样上市，"很理想化的一个人，但真正做起来很难"。

罗炼母亲死于2006年，"在老家煤气中毒，到现在也不知道是意外还是自杀"，三姐罗蕊说，弟弟平日很少打电话回家。那段时间，却几乎每天给在老家的父亲打电话，"只问吃饭了没之类，一直打了半个多月，我知道他很孝顺，是用这种方式来安慰父亲"。大姐罗雅称父亲当时表示，老伴走了，为了儿子也要活下去。

"(家里)没人真正了解他"，罗娟说，或许是母亲过世带来的阴影，或许是家中独子的心理压力，或许是家人对其期望太大，三个姐姐心目中的弟弟已经长大成人，虽还没有结婚，也不知道是否谈过恋爱，"我们从物质上可以帮到他，他的想法方面并没怎么关心。有时也不敢说他，或者不能说得太重"。

罗炼失踪后，他的家人、工友找遍了工厂附近的超市、网吧，报警并在网上发寻人启事，至今一无所获。工厂宿舍床位悄然易主，他的被褥、书籍被清理后不知所终。在罗炼失踪12天后，厂方贴出通知，称他长时间旷工，因而工厂单方面解除合同。

关于罗炼的悲剧，媒体有各种各样的解读。

仅就这个事件本身而论，可以大致作出的判断是，这个"有着一颗敏感而脆弱心灵"的小伙子，肯定有自己内在性格方面的缺陷或局限，加上遭受紧迫不堪的打工生活环境挤压、遽然袭来的丧母噩耗打击，以及书呆子般的"文青"心理变异性煎熬等复杂原因相互偶合，由此造成令人唏嘘不已的人生悲剧。当然，**任何极端事件，都是偶然中有必然，偶然的我们无法预料，要交给"命运"，但一些必然的规律和教训，我们总是可以人为好好总结和记取的。**

我，一个曾经异常“愤青”，现在依然有些“老愤青”，但在岁月上已经不年轻的过来人，想给现在正处于“文青”状态、往往“越有梦越痛苦”的“罗炼”们说几句知心话：

——青年人当然要有梦想，要有自己的追求和坚守，但必须慢慢学会直面生活，先生存后发展，懂得“将理想照进现实”，既要有“最优”目标又要有“次优”备案；

——青年人要有开放豁达的心态，与他人多交往，在交往中通过他人眼睛看自己，不断认识自我、超越自我；

——无论外部环境是熟悉还是陌生，面前是平坦大道还是崎岖小路，现实是世俗还是高雅，你自己一定要采取包容、多元和相对的世界观和价值观，去对待你生活中遇到的每个人和每件事。

唯有如此，我们青年人才能在现实生活和工作中，不走极端、不认死理、不钻牛角尖，才能在社会中找到自己的定位，扮演好适合自己的独特角色，脚踏实地、循序渐进，逐渐趋近自己理想人生的光辉顶点。

城市求生发展有血泪，自主自立自强最要紧

> 在城市打工，求生存，谋发展，可能遭遇很多不平和不幸，需持有平和心态，有自主追求、自立能力和自强毅力。

随着时间的推移，现在城市街头来来往往的老代民工越来越少，越来越多的新生代打工仔打工妹成为主流。

他们与父辈们不同，不是仅仅想出来挣点活命钱，而是更多地因为“对农活没兴趣”、“不甘忍受传统而封闭的农村生活”、“习惯外出生活”、“羡慕城市现代生活”或“能够享受现代生活”而来到城市；遇到不公平的身份歧视，他们不再茫然、木讷、忍气吞声，而是拨打手机、借住网络，勇敢利用法律武器，积极维护自己的合法权益，当然也有一些采取比较激烈的行为，以各种途径和方式来表达他们的情绪、情感、看法和意见。

这是时代所趋的大势、符合社会进步的取向。

我们农村青年怀抱着对美好生活的向往，跋山涉水走出乡村来到繁华的城市，遇到很多不熟悉的好人、好事，也会遇到陌生无情的坏人、坏事，更多的是莫名遭受白眼、委屈、周折和磨难。特别是与城里人走在一起、站在一起，工作和生活在一起时，由于户籍、学历、身份等制度性原因而额外遭受很多不公正待遇，一些有身份没素质的城里人，还

时不时自觉不自觉地在你面前流露出令人难以忍受的优越自得神态来，这个时候我们实在有些气不打一处来，那不平、不服气和愤懑情绪在年轻的胸膛里熊熊燃烧，如果平时不注意心理调适和情绪控制，往往会发生极端恶性事件。

——我们辛辛苦苦、累死累活，按工期和要求干完活，老板和工头却将我们本来就低得不能再低的血汗钱，经过七扣八罚，最后拿到手里没剩下几个子儿，甚至眼看要春节回家过年了，还是没有期限地拖欠、拖欠、再拖欠，这公道吗？

——我们常年离家在外打工，为了挣点钱糊口，白天顶着炎炎烈日、寒风雨雪在工地干活，晚上回到工棚睡着寂寞孤单的冷被窝，而那些城里人却在亮堂的空调办公室悠悠自在挣大钱，这凭什么？

——我们在黑洞洞的矿坑或机器轰鸣的流水线上干活，恶劣的工作条件没有基本的安全感，一不小心就会丧命，动不动发生事故就会缺胳膊少指头，狠心的老板还不给上保险，出了事把你踢出门一推了之，这是什么世道？

——我们乘坐公交车，看到一位怀抱小孩的城市妇女上来，我们赶快起身让座，人家连眼皮子都不抬一下，不屑一顾、心安理得地豪迈入座，你说这是她就是这样还是见到我们农村人才摆出这副德性？

——我们的孩子，由于没有本地户口，寄送在打工子弟学校上学，但因为种种原因很有可能享受不到正常的义务教育，丢在家乡又没人管教成为辍学漂流的“留守儿童”，这两头作难的事儿你说咋办？

——我们走在城市的大街上，感到那高楼大厦不属于自己，那通明透亮的灯火在咂吧着眼睛笑话自己，那横冲直撞的高级小轿车在欺侮自己，这一切的一切都那么陌生、冷漠甚至有些狰狞，你说这城市我还怎么待得下去？

……

这种种无奈我都曾感同身受。但这里的关键问题是，在不能改变环境的情况下，我们怎样改变和调适自己？对此，有两种截然不同的态度和应对策略：一种是采取积极理性的态度，凡事首先认真了解来龙去脉、前因后果，做到未雨绸缪，理性地对待和处理各种大事小情；另一种是采取消极非理性的态度，遇到不平事“说出手时就出手”，凡事不筹划、不安排完全凭着感觉走，风风火火东撞西冲，最后陷入一个险滩接着又是一个陷阱，在生活和工作中不是僵局就是困境，弄得焦头烂额的，结果一不留神走上绝路甚至不归路。

同样是经历坎坷不幸，同样是遭遇血泪辛酸，各人的选择是很不相同的。这里引述一则“女孩遭劫，英雄救美”的新闻报道，很能折射出农

村青年进城后的价值走向和人生路径的分化现象。

广东东莞市人民医院。18岁的华怀德安静地躺在病床上，黝黑的脸上略显疲惫，带着憨厚的微笑，19岁的曾红燕站在旁边，白净单纯的面庞，目光充满关切。9月1日晚8时，一次突发事件，让两个素不相识的打工仔打工妹的命运在异乡连接。当时，曾红燕与工友在商场购物后回厂，一歹徒突然夺走她的手机，曾红燕拼命追，不久遇上与朋友散步的华怀德。小华知情后也紧追不舍，将歹徒逼进一间厕所，随后扭送出来，让其交出手机。歹徒佯装掏出手机，不料却掏出一把匕首，刺向华怀德左腹，随后撒腿就跑，小华继续追，没几步觉得剧痛，发现腹间鲜血直流，肠子已经漏出……

在这件并不罕见的刑事案件中，行凶歹徒是外来的农村打工青年，受害者同样是外来的农村打工青年，而见义勇为者也是外来的农村打工青年。同样的城市环境，同样是外来的农村打工青年，在其间所表现的价值取向却大相径庭，在事件中所扮演的社会角色竟有如此大的差异，可见向内修炼何等重要。

遇到艰难困苦，青年人要学会调适自己心态，不要觉得这世上就自己命苦，就你可怜。要知道千千万万的人与你一样，谁都不容易。特别是我们正处于转型期，各种摩擦、矛盾、纠纷和冲突在所难免，遇到不平事要学会坐下来协商解决的好习惯，不能动不动就大呼小叫、要死要活的，甚至走上自绝于世界、反人类和反社会的自杀或杀人歧路。

据统计，目前全国每年自杀近30万人，每10万人中就有22.2人自杀，每2分钟就有1人自杀死亡、8人自杀未遂。在15岁至35岁年龄段死亡者中，自杀成首因。特别是深圳这样的年轻城市和外来移民城市，工作、生活压力大，人际关系较为疏离、冷漠，精神、情绪上出问题的很普遍。据深圳市民情感护理中心的徐景安先生提供的情况：深圳每年自杀2000人，十年间精神障碍得病率超过100倍，严重精神病患者超过18万人。

一些进城民工遇到困难和压力，情绪失控选择自杀或杀人。例如，前几年在哈尔滨市曾接连发生两起恶性事件：一位湖北农民工胡兴英向工头任某讨要4000元工钱未果，愤而将油漆泼向自己与工头后点燃，结果胡兴英经抢救无效死亡，工头任某被严重烧伤；就在胡兴英不幸死亡的第三天，来自沈阳的农民工曹庆也因为自己与工友的工钱要不回来，一气之下把一瓶汽油倒在自己身上点燃自焚。这种极端事件发生的诱因很复杂，肯定有社会客观环境方面的制度性问题，同时也应该看到，当事人心理调适不到位的问题也很重要。

同样经历坎坷不幸、有血有泪很辛酸，一个叫做周述恒的进城青年选择很文雅理性的方式而“获得重生”。

31岁的周述恒，来自四川达州万源黄钟乡，只有初中文化程度，但“与一般民工不一样”，他善思考、有思想，13年的打工经历为他提供了丰富感人的素材。2008年开始，尽管没有任何写作经验，但他竟然利用金融风暴下处于半失业状态的一年多时间，在福州一处出租屋内，在妻子与五个月大儿子的陪伴下，模仿《中国式离婚》的结构样式依样画葫芦，分99个章节写就一部45万字的长篇小说《中国式民工》，80%的内容是他身边朋友身上发生的故事，其中60%的内容源于他自己的亲身经历，主人公周小凡就是以他自己为原型，将农民工在城里打工的艰辛栩栩如生地描述出来。

小周进城打工的人生经历，可以说是当代农村青年进城路的一个缩影。

母亲不幸去世后，我初中没毕业便辍学在家做农活，放牛、插秧、收水稻，像每一个农村孩子一样。1996年我18岁了，告别父亲，跟老乡来到福州打工，因为姐姐也在这里打工。

我的第一份工作是在塑料厂做工人，每天工作12个小时，月工资只有120元。第一个月不仅没拿到工钱，还欠了工厂80元，后来越干越觉得憋屈，就辞职了，开始拉三轮车、摆地摊，维持了五年，体会到一个农村人进入城市想立足的酸甜苦辣。

1998年的时候，我开始在福州大学摆地摊，卖一些日常生活用品给我羡慕的大学生，期间学会了如何躲避城管，被抓后把货物给他们，只要不反抗就不会挨打。

2000年夏天是我最艰难的时刻，半年没有找到工作，住在七八个工友合租的十几平方米的房间，做饭用的炉子是在铁桶里倒入煤油、插上灯芯制作的。炎热的六月里，我骑着40元买的二八式自行车，走遍福州的大街小巷，胳膊上的皮都被火辣的太阳晒脱，身上一分钱都没有。饿了一天一夜后，我撑不下去了，给堂哥打电话，后来堂哥帮忙借钱才解燃眉之急，那时没人会借钱给你，一来大家都穷，二来别人害怕你还不起。

打工13年，换的工作数不清，就是在反复的进厂出厂中生存，有的工厂拖欠工资，不拖欠工资的又赚不到钱。后来，在一位好心人的帮助下，我到一家建材涂料公司做业务员，才慢慢过上比较稳定的生活，学会了使用计算机。2007年，父亲也来打工了。

经过艰辛奋斗，农民工周述恒结识了一位同样来自农村的姑娘，好事多磨，有情人终成眷属，现在一家三口在福州过着艰辛而幸福的城市生活。

入城随市，融入新生活

> 进城有自己诉求点，安置好老人孩子是条件；依法维护自身合法权益，求生存着眼于谋发展；人穷志不短，不贪财不好色，农村人一定要活出城市人的尊严。

其实，农村青年以自己各自不同的诉求点，到城市里去寻找自己的梦想，这不是当今中国社会人口和劳动力流动才有的新现象，而是近一个世纪以来中国社会现代化变迁历史大背景下始终如一的主旋律。

例如，当年，我们的伟大领袖毛主席，就是从湖南山村农家走出，进到城里读书，并趁着在北京城“打工”的机会寻找真理，最后走上波澜壮阔的革命道路的。他在北京城胡同里，与几个湖南青年挤在一个通铺上“贫寒”度日，在北京图书馆“打工”寻求革命真理的精神，很值得我们当今进城寻找生活的农村青年借鉴学习。

毛泽东在北京“打工”

1918 年 8 月，毛泽东从湖南来到北京，一来是为组织新民学会会员赴法勤工俭学，二来是为了寻求真理，探索中国革命道路。初来乍到、举目无亲，先是寄住在老师杨昌济家里，后为解决生计，经杨老师介绍，到李大钊负责的北京大学图书馆当了一名助理员，用今天的话说就是“打工”。

图书馆助理员工作平凡琐碎，主要是登记新到的报刊和阅览者的姓名，管理十五种中外报纸，月薪八元。当时，北京大学校长蔡元培，月薪六百元；文科学长陈独秀，月薪四百元；教授，月薪起码二百元。但对于来自外乡农村的“农民工”毛泽东来说，月薪八元已是很满足了。毛泽东正是利用了这样难得的学习环境和便利条件，通过阅读进步书刊，结识很多新文化运动知名人物，开始接触了后来指导中国革命“从胜利走向胜利”的马克思主义。

当然，在这样的环境中“打工”，毛泽东也有自卑感。1936 年，他曾对斯诺回忆道：“当时，我的职位低微，大家都不理我。我的工作中有一项是登记来图书馆读报的人的姓名，可是对他们大多数人来说，我这个人是不存在的。在那些阅览的人当中，我认出了一些有名的新文化运动头面人物的名字，如傅斯年、罗家伦等，我对他们极有兴趣。我打算和他们攀谈政治和文化问题，可是他们都是些大忙人，没有时间听一个图书馆助理员说南方话。”

对此，毛泽东解释说：“但我并不灰心。我参加了哲学会和新闻学会，为的是能够在北大旁听。在新闻学会里，我遇到了别的学生……也是在这里，我遇见而且爱上了杨开慧。她是我以前的伦理学教员杨昌济的女儿。在我的青年时代杨昌济对我有很深的影响，后来在北京成了我的一位知心朋友。”总之，正是在当图书馆助理员的时候，“我对政治的兴趣继续增长，我的思想越来越激进……”“就迅速地朝着马克思主义的方向发展”。

当时，毛泽东与同学们的生活清苦而拮据。8个青年人挤住在民房小屋里一铺通炕上，人多炕窄，只能像一排沙丁鱼骈足而卧，被子摊不开只好合着盖。大冬天没钱买煤烧炕，8个人合买一件大衣轮流着穿，以抵御严寒。毛泽东后来回忆说：“我自己在北京的生活条件很可怜，可是另一方面，故都的美对于我是一种丰富多彩、生动有趣的补偿。我住在一个叫做三眼井的地方，同另外7个人住在一间小屋子里。我们大家都睡到炕上的时候，挤得几乎透不过气来。每逢我要翻身，得同两旁的人打招呼。”严寒清苦的生活不但没有影响他积极向上的理想追求，他一面打工学习，一面辛苦奔波，为大家筹措经费，赢得众人的赞扬。

可是，当留法预备班学习期满准备启程出国时，毛泽东却选择留下来。“我觉得我对我自己的国家了解得还不够，把我的时间花在中国会更有益处。”毛泽东后来解释说。1919年春，五四运动前夕，毛泽东离开北京，途经上海回湖南，从此踏上了他漫漫职业革命生涯路。

在传统社会，人们知道“入乡随俗”；在现代社会，青年人也要懂得“入城随市”的道理。那么，怎么在城市融入新生活呢？在此，我向即将进城或已经进城但还处于迷茫状态的青年朋友，提出几点方向性的建议。

其一，进城前或在进城路上，要多方了解情况，掌握城市就业和生活信息，积极把握，不可在没有充分准备的情况下盲目外流。可以借助新闻媒体，包括广播、电视和互联网，了解各地用工需求信息。也可以通过已经在外打工的同乡、同学和亲朋好友等各种社会关系，多方打听了解城市生活和工作情况。在做好充分准备和安排的情况下，明确自己进城的诉求点，是短期进城打工挣钱还是要在城市长期打拼生活下去，是通过求学还是直接求职获得进城机会，然后有目的有计划地踏上进城路。

其二，在进城前，一定要将妻儿老小先妥善安置好。最现实可行的选择是，先自己一个人单独出外闯荡，等有一定条件后再把妻儿接过来一起生活。如果有条件，可以夫妇两个一起出去，但要把孩子的事情安排好，千万不要让孩子成为无人管教的“留守儿童”；也要将老人的生活安顿好，不要使“留守老人”无依无靠地艰难度日。如果带着妻儿一起进城，那一定要有充分的思想和物质准备，以防在外出现难以应付的生活困境。

其三，在进城的过程中，要多方了解国家相关法规政策。特别要注意了解各地城乡户籍制度改革进程，哪些城市出台了什么相关规定，以及劳动法、劳动合同法和社会保险方面的有关法律规定，以便在遇到无端被欺负的情景时，我们能够有理有节地维护自身的合法权益。

其四，进城要生存，打工赚钱很重要，建立长期职业发展平台更重要。青年朋友千万不要仅仅在赚钱与吃饭之间打转转，仅靠年轻有力气吃“青春饭”，不是长久之计。“求生存”要着眼于“谋发展”，趁年轻多学本事多长进，通过各种途径和方式谋得自己今后长期可持续发展的人力资本，是最重要的人生选择。

其五，我们虽是外来农村人，进得城来人穷志不短。该自己得的我们理直气壮要争取，不该自己拿的，再好的东西咱也不要；不贪财不好色，时时刻刻走正道，以自主自立自强的态度，活出自己作为堂堂正正之人应有的尊严来。当然，我们也要以开放、和合的态度，积极参与各项城市社区活动，别人把我们当外人，咱们自己不把自己当外人，自觉地以主人翁的姿态，将自己慢慢融入城市新生活。

4

步入求职路　打开新天地

人生周期有三重，职业生涯为主导。劳动外在谋饭吃，工作内在有价值。从艰苦的农村劳动，到艰辛的城市工作，是农村青年人生路径和职业发展的重大转折点。按照“三环”模式，坚守核心价值观，做好人生定位，确认职业目标，制订有战略弹性的生涯规划，定会如愿开拓成功人生新天地。

> 中国社会正经历着从传统农业社会到工业社会的现代化转型，广大农村青年也在打工生涯中艰难地进行着从农村劳动者到城市工作者的角色转换。

任何语言都有特定的语境，而且对不同的人，由于人生阅历和生活体验的差异性，同一词语各人理解的含义也有很大不同。

用一句比较"文气"的话来说就是：语言文字是特定历史阶段人们社会交往活动的工具，因此任何词语其实都具有强烈的"时代"印迹。就拿"工作"一词来说吧，如果"历史地"看，它可以说是传统"劳动"的一种现代表达。

在传统社会话语体系中，人们说到"劳动"，很多时候更多地强调身体或精神的煎熬，尤其是指农奴时代的"苦役"，它可以说是前工业社会广大民众现实劳作状态的"词语写真"；而"工作"则与工业化时代的"做工"直接相关，在现代社会，特别是走向"后工业化"的当今社会，人们一般不说自己"去劳动"，习惯而流行的说法是"去工作"。这种关于"劳动"与"工作"语境含义的理解，也许没有普遍性，但至少与我个人的人生体验和生活经验是相吻合的。

在人类历史上，原始社会人的劳动还处于"蒙昧初开"的低下水平，往往与生物界捕食性活动"自然一体化"，难分彼此。在前工业化社会，劳动与生活往往是融为一体的。其情景，正如《西游记》里美猴王访贤问道时，遇到那个樵夫所唱山歌描述的。樵夫一生命苦，每天为了茶饭忙碌，还要供养年迈老母，无暇休闲修行。为帮他解闷，神仙编歌一首，歌中唱道：

> 观棋柯烂，伐木丁丁，云边谷口徐行，卖薪沽酒，狂笑自陶情。
> 苍径秋高，对月枕松根，一觉天明。
> 认旧林，登崖过岭，持斧断枯藤。
> 收来成一担，行歌市上，易米三升。
> 更无些子争竞，时价平平，不会计谋巧算，没荣辱，恬淡延生。
> 相逢处，非仙即道，静坐讲黄庭。

看来，樵夫过的是一种不是神仙、胜似神仙的"劳动生活"。不过，要知道这都是你作为置身于局外人、旁观者的"艺术感受"，而不是"惨无人道"的奴隶或封建制度剥削压迫下劳苦大众当事人的真实感受。

如果你现在已经进入“后工业化”时代，开着高级小轿车，放着轻松欢快的流行音乐，“回归大自然”，当你遇到那个樵夫，你可能会对他“不是神仙、胜似神仙”的劳动生活状态，犹如欣赏自然风景画一样赞美一番。但是，对于被你欣赏、仍然处于去“前工业化”时代的樵夫本人来说，其实际感受未必就是这么回事！他实实在在感受到的，可能多是贫困、苦难和无奈。

记得小时候，在“忆苦思甜”大会上，贫农老大爷控诉“万恶旧社会”的苦难时，经常用“吃的是猪狗食，干的是牛马活”的流行语来描述，说那时候我们穷人“过的是牛马不如的生活”。在这种情况下，关于“劳动”的语义，在很大程度上就与“牛马干的事情”联系在了一起。回想当年在乡下，一说到劳动，大家口头上都承认是“劳动人民伟大”，“劳动无上光荣”，等等，但在内心深处，人们可能还是打心眼里看轻劳动，甚至鄙视“劳动”和“劳动人民”。

那时强调“教育必须与生产劳动相结合”，因此，我们在上中小学的时候，从来都没有与农村人民公社生产队的“劳动”脱离过。每日放学一回到家，母亲几乎唯一呵斥的话就是“去干活！”完全不像现在的父母高度重视“教育与生产劳动相脱离”，常对着刚放学回家、沉重的书包还没来得及放下的孩子，高声喊“赶快做作业！”

这样，在我的感觉系统中，“劳动”往往与苦难的、牛马般的劳作是一个意思。小的时候，为了逃避这种“生产劳动”，往往宁愿在学校多待会儿，坐在教室里多做会儿现在中小学生们都十分讨厌的作业，梦想有一天能够像城里人一样“上班工作”，也不愿早回家而被母亲呵斥着“劳动”。

直到现在，在我们的某些话语体系中，“普通劳动者”也不一定是一个褒义词，甚或在大多数人的心目中，依然是个贬义词，要不也就不会有前几年关于“大学生是不是普通劳动者”这样热议的话题了。2006 年 5 月 23 日，我曾在《新京报》发表过一篇关于大学生作为“普通劳动者”何以就成了问题的评论，这个话题很能折射出关于“劳动”和“劳动者”在我们社会意识形态上的新旧时代含义，现将原稿内容转载于此以供读者朋友参照思考。

大学生作为“普通劳动者”何以就成了问题

5 月 22 日，教育部高校学生司有关负责人在接受《中国青年报》记者的采访时谈道：大众化时代的大学生不能再自诩为社会的精英，要怀着一个普通劳动者的心态和定位去参与就业选择和就业竞争；广大高校毕业生，尤其是家长要更新就业观念，调整就业期望，在正确判断形势的前提下适当选择就业岗位，以多种方式努力实现广泛就业。

我以为，这个观点表达得很“中肯到位”，也确实“切中时弊”，但亦为“通理常谈”，应该是每一个从小受“社会主义思想”教育的大学生们都能“理解”的常识性观点(作为成人的家长、老师就更不用说了)，并没有什么特别值得称道或批评的。而没想到的是，此并非“警世危言”的谈话，一经报道竟引起轩然大波，关于“大学生是否应定位普通劳动者”竟成了一个社会关注的焦点问题，一时间争议连连、议论纷纷。于是，这个“不是问题反成问题”的事情本身反而很有点意思了，似乎值得我们深究其因。

本来，无论从哪个角度来看，人都是被“劳动”定义的。按照恩格斯的说法，劳动“是整个人类生活的第一个基本条件，并且是重要到如此地步，以致我们在某种意义上应该说：劳动创造了人本身”。也就是说，人需要通过劳动成为真正意义上的人，要成为“劳动者”然后才能成为“人”。

说到大学生，作为一个“成人”而就业，其所面临的并非是否应该“定位”为劳动者的问题，而是要成为人必须被劳动者“定义”的问题。至于是“普通”还是“非凡”劳动者，不能由你是大学生的身份来判断，而应该由你在社会中能干什么事、能作出什么“劳动贡献”来决定。由此看来，说大学生应怀着一个“普通劳动者”的心态和定位去参与就业选择，难道还是一个有什么需要争论的“问题”吗?

但是，它确实成了一个争议问题。这就不能从理论上“讲道理”，而应该从我们的现实生活中找原因。人们之所以觉得将“大学生”与“普通劳动者”联系在一起是个问题，我想直观原因无外乎有三：

其一，在我国，高等“精英”教育既是传统理念也是历史现实，大学生是“天之骄子”不是“普通劳动者”已经成为全社会的“共识”。

其二，“劳心者治人，劳力者治于人”是中国儒家文化遗留下来的“坚硬”的意识形态，在人们的心目中，所谓“普通劳动者”就是工农大众这样地位低下的“体力劳动者”，大学生是“念书人”怎么能将他们说成是普通劳动者呢?

其三，广大的家长们“望子成龙”，将毕生血本都投资在孩子身上了，学校老师们也“呕心沥血”地提高学生升学率，这样好不容易上了大学、毕业了，却“沦落”为普通劳动者，这实在让人“接受”不了！联系这样的现实情况，人们对此聚焦关注、议论纷纷看来也是“很正常”的。

目前，我国大学生就业难的问题，其耦合因素比较复杂。

表层原因似乎是因为“扩招”引致供给过剩造成的，以及高校专业结构与社会需求脱节、劳动力市场信息服务体系不健全，还有这里所说的大学生及其家长就业观念调整等，这样一些问题莫名其妙地纠缠在了一起。

但如果深究起来，这样一系列矛盾和问题又是因何缘由而产生的？我们就会发现根子都在体制层面："扩招"其实是一种典型的政府指令性计划行为，高校专业结构与社会需求脱节是因为高校缺乏自主权和积极进行适应调整的动力，劳动力市场的制度性分割是信息服务体系建设的最大障碍，而大学生，特别是家长之所以不甘于"普通劳动者"定位和岗位，根本原因在于他们是在既有体制利益格局中投资(让孩子)上的大学，怎么就甘心如此这般"屈就"而放弃原来的投资预期呢？所以，不在体制层面有所突破，大学生就业难问题将永远在"救火"状态中顾此失彼、煎熬徘徊。

由此看来，如果就此要提什么对策的话，回答很简单：短期，就事论事地从以上几个方面找法子，如采取弹性学制、调整学历教育层次结构、为大学生开展职业生涯规划培训等；长期，根本出路就是"要毫不动摇地坚持改革方向"，"不失时机地"在教育这样关系"民生"的重点领域有"新突破"，特别是加快高考等已经成为矛盾焦点的核心体制改革力度，按照"行政的归行政，教学的归教学"的基本思路，尽快形成"政府宏观调控，高校自主办学，社会力量协同"的新体制框架。

唯有如此，才能将我们广大的学生、家长和老师们从应试教育的"苦海"中真正解救出来，大学生就业问题也会最终在社会主义市场经济的体制框架下"自然而然"地得到彻底解决。

这个引述可能将话题给扯远了。但是，要从我们农村青年感应的"劳动"情景，说到进城以后将在各种"非农化"的产业或事业领域作为职业从事的"工作"，包括我们大多数农村青年作为"民工"从事的"打工"生涯，我们就不能不把这两个相关词语在不同社会语境和时代背景下的含义抠抠清楚。

当然，即使同样进到城里、进入工业化社会的生活场景，人们所从事的工作在性质上还是有很大差异的。数百年前，处于"工业革命"时代的英国，由于纺织业的利益拉动，农业资本家的羊将很多农民家园中的土地"吃"掉，而使他们不得不到城里打工，最后变成除了劳力外一无所有的无产者。数百年后的今天，处于改革开放新时代的中国，无数内地农村青年扛上背包走向沿海城市，在大大小小的工厂流水线上，以自己苦难的劳作真实经历着卓别林当年在无声电影《摩登时代》中演绎的"工作"情景。在这些广大"城市劳工"身上，留下的劳动印记仍然是外在而苦难的。

如果不是“残酷的现实”就是如此，传统经济学，特别是劳动经济学也不会作出那样的理论假定，即劳动对人来说意味着一种“外在的苦难”，并将劳动假定为一种给人带来“负效用”的东西，是人们“谋生的手段”。其基本理论基础就是：劳动是为了挣钱吃饭，工作就是为了谋生。吃饭、谋生是目的，劳动、工作是手段，人们都是为了“挣钱”、“吃饭”而不得不劳动或工作。

在当今中国沿海城市，在黑黑的矿井下，在机声隆隆的工厂车间里，从农村外来的打工仔、打工妹，每日没黑没白地干的，还是一种外在的、被迫的、不自由和不人道的粗活，甚至是“苦难深重”的苦力活。

但是，进城的民工们干的，毕竟是与机器打交道的“工作”，而不是面朝黄土、背朝天的“农活”，虽说都是劳作苦难，但这种工作，比我们农村青年干的“农活”，技术含量高、附加价值比较大，挣的钱也多，所以我们才有到城里“打工”的欲求和动力。

那么，抹去从“农村劳动”到“城市工作”的历史特殊性和跨时代差异性，工作对于人来讲究竟有没有一般性的内在意义？从未来后工业化社会发展的大趋势来看，现代城市工作究竟应该是一种怎样的人性化前景呢？这是需要我们进一步分析清楚的一个关键问题。

工作事大，连带生命，关乎人权

> 劳动是人的第一需要，不仅是在手段意义上的生存需要，更是与人生意义内在连带着的发展需要。

无论叫“劳动”也好，称“工作”也罢，这里要提出一个最“形而上”，也是一个最为重要宏大的人生哲学问题，那就是：劳动或工作对于人之所以为“人”的重要意义究竟何在？

换句话说，无论苦难的劳动，还是体面的工作，对我们作为同类的“人”来说，它究竟意味着什么？是一种纯粹“外在性”的苦难，还是具有一定“内在性”的生命意义或人生价值？

再说得通俗明白些，就是：劳动纯粹是一个“谋饭吃”的问题，还是意味着一个人“如果不劳动就不是人”或“不工作就没法做人”了？

我提出这样的问题，很多到城里打工的青年民工可能觉得很无聊，以为这老家伙又在搞说教、说大话、讲空话。什么“内在”、“外在”？什么“生命价值”、“人生意义”？全是些不着边际的废话！“我们到城里打工，直接目的就是赚钱谋生。”

也许，除了一些有“鸿鹄”大志者，对于大多数打工仔、打工妹来说，之所以背井离乡到城里来，辛辛苦苦劳动，其实原因非常简单，就是为了赚点钱，回家盖所房子，娶了媳妇或嫁个人生孩子，平平凡凡过日子。

但在实际中，就是这点小小心愿，也往往成为难以实现的奢望。青年民工常年出门在外，不能过正常的家庭生活，得不到基本的生理呵护、心理关怀，而且工作环境和条件往往十分恶劣，缺乏基本的劳动保护，经常超时超负荷劳作，由此引发各种职业病、工伤和矿难都难以得到应有救治，而且老板还常以各种借口拖欠工钱。

据媒体报道，1998 年 11 月，深圳一家毛绒布织造公司挡车工刘涛，平均每天加班 4 个多小时，18 天连续加班 78 小时，20 日那天，她终因劳累过度而晕倒，结果被飞快转动的机器吞掉了双臂。这是珠江三角洲众多外来打工者悲惨案例中一个典型个案。

对于一个“人”来说，像刘涛这样的打工妹、打工仔所遭遇的，确实是一种“劳动异化”或“工作变态”。但是，这毕竟不属于城市化、工业化和现代化的“本质”意义，也不代表现代社会文明进步的“正义”指向。

正如一位人本主义学者所说：**“烦人的苦工是工作意义的结果，而不是工作本身带来的结果。技术永远不能消除苦工，但正确的社会关系却能办到。”**人类历史应该是超脱于自然的“真正人的社会史”。我们不能对这种非本质、非人性、非正义、非正常的假象“信以为真”，去误解“人”、误导人的“劳动价值”和本来的“工作意义”。**从本质、人性、正义和正常的“真相”来看，劳动或工作的苦与乐、苦难和非苦难，具有很强的主观相对性，而没有绝对意义上的客观分别。**

在任何社会中，虽然广大劳苦大众深受辛苦劳作的“煎熬”，就如同“虫”一般，一辈子都处于忙忙碌碌“闹饭吃”的状态；但难能可贵的是，他们明白“生活就是这么过”、“劳作就是生活”的道理，所以，作为“**闹世虫**”的社会底层民众，如北京胡同里的“贫嘴张大民”们，以及广大农村的农民群众，也都有自己的“幸福生活”！如果不明白这个道理，无论生存**手段**完备到什么程度，物质条件优越到什么程度，一些失去“劳动价值”和“工作意义”指引的人们，即使绫罗绸缎、花天酒地，那也是一种醉生梦死、金玉其外败絮其内的“非人”，他们其实过的是一种“猪猡”般、地狱般的非人生活。

放眼世界、纵观全球，我们可以看到的一个基本事实就是：**有没有工作，不是一个简单的“吃饭”问题，而是严重的“人权”问题**。在当今社会，一个人没有工作机会，即所谓“非自愿失业”，已经不是“没饭吃”那样简单的谋生问题，而是涉及一个根本性的“人权”问题，即一个公民天然的、绝对的、在任何情况下都不可被剥夺的关于“人之所以为人”的基本权利问题。正因为如此，现代世界各个国家，无论大小穷富，无不将“充分就业”作为政府首要宏观政策目标和施政任务来抓，从不敢稍有疏忽懈怠。

在现代西方发达国家，特别是英国、瑞典、挪威等北欧国家，社会保障制度已经完善到如此程度，以至于在号称“从摇篮到坟墓”的全面福利主义政策保护下，一个劳动者即使失业，不仅“吃饭”(维持生存)不成问题，而且可能还会吃得很好，甚至可能过上很“奢侈”的生活。2005年9月3日英国《太阳报》的一则新闻报道，虽“令人震惊”但很有代表性，在相当大程度上暴露了西方国家福利政策面临的无奈、尴尬和悲哀。

一个名叫约翰·沃克的47岁英国男子，常年失业在家，没有一分钱劳动收入。但令人惊讶的是，仅靠政府救济竟过得非常“逍遥自在”，他不仅同时养有4个老婆和4个情人，还与她们生养了11个孩子，可谓“三妻四妾”、“儿女成群”！据悉，沃克总共狂花了英国政府高达250万英镑救济金，被封为英国“头号寄生虫”。

沃克是英国南威尔士凯菲里人，年轻时就游手好闲，浑身刺满青色花纹，曾坐过数年大牢，从未干过一份正经工作。1980年，沃克和第一任妻子琳恩结婚，并生养了4个孩子。但结婚数年后，沃克就和妻子离婚，并从此像走马灯一样，不断寻找情人，结婚，生子，离婚……过去25年来，他先后找过4个老婆和4个情人，她们至少为他生下11个孩子(很可能多达17个)。令沃克头痛的是，这一大堆老婆、情人和孩子们全都靠他一个人养活。沃克称：“她们每月都会排着队来找我，要她们和孩子们的赡养费，令我不胜其烦。”

一开始，沃克还想方设法打工挣钱，但很快就发现了一条不花气力白拿钱的“致富捷径”——申请政府救济金。沃克称：“我曾干过建筑工和废品收购工作。但都赚不到多少钱。于是我申请得到政府补助。”令沃克惊喜的是，英国的救济制度“优越”到令人难以置信的地步：救济机构对他提出的要求总是“有求必应”，政府掏钱的时候绝不迟疑，无论他提出什么要求总能迅速得到满足。

据记者调查，这些年来，沃克一家20来口人总计狂花了政府高达250万英镑救济金！记者采访时发现，沃克住在政府为他提供的一套3层楼房中，周围还有一大片草坪供孩子们玩耍。沃克的邻居称：“沃克在我们这一带臭名远扬。他说他因为穷才申请救济，但他家的车道上却停着一辆价值两万英镑的高档吉普车。”沃克自己也坦称：“非常感激政府无微不至的关怀，我们一家人衣食住行都不缺。我的妻子们也相处得很融洽，比如我的二老婆特琳娜就特别喜欢和目前的四老婆卡伦一起玩赌博机。这就像是一个大家庭。”

沃克的事迹曝光后，立刻在全英激起轩然大波。许多民众愤怒地表示，英国政府竟把250万英镑救济金拱手送给一个身体健全却什么工作都不做的“超级懒汉”，真是笑话！而沃克竟振振有词地称，政府应当继续无偿为他提供救济：“既然政府可以用纳税人的钱来资助那些毒品瘾君子和酒鬼，为何就不该给我一些帮助呢?”

无独有偶，此前不久的媒体上，我也曾看过关于英国福利制度养懒人的一则相关报道，不过新闻的主人翁换成了女性，号称“世界上最懒的家庭”。她们一家三代从祖母到母亲直到女儿，从不工作，也从不结婚，仅靠生孩子申请政府救济补助金为生，结果不仅养活了一大群孩子，而且各自养有一大群游手好闲的情人，据说她们的生活也是过得“有滋有味”。

可见，假如工作是劳苦无情、违反人性的，人的生命固然可能会因不堪重负而窒息夭亡；但如果没有工作，或者如沃克等那样有工作也不做，靠救济过“寄生”生活，尽管据物质条件判断他(她)们过得很“滋润舒服”，但这种生活能说是“人”的生活吗?!

一个有正常人生价值追求的人，必然把劳动工作看作是内在于自身人性要求和生命意义的必要内容。通过自身双手劳动谋取的，不仅是外在的物质条件和生存手段，而更重要的是“作为人”的生命价值和生活意义；同样，通过正当的社会工作来获得的，也不仅是外在的职业体面或社会地位，而更重要的是自我人生价值的具体体现及高度实现。

君不见，近年来中国企业改革过程中出现的“工人下岗”(即所谓“放长假”)现象，在相当大程度上与我们这里所说的“工作价值”及其“人生意义”有关。那些下岗工人的痛苦来自于两个方面：一是如上所说的“失去做人机会”意义上的痛苦；二是失去旧体制下“既得利益”而来的痛苦，包括物质福利待遇和职业优越感丧失，以及社会地位失落等原因造成的一系列焦虑、困惑、难受或难堪。此外，还有相当部分的城市下岗人员，其对待工作“不端正”的人生态度，也使他们迷失了生活目标和生命意义，从而造成极大的“心理扭曲性”痛苦。我说这话不是空穴来风，而是有感而发的。

1998年，我在中国人民大学求学期间，曾与一帮研究生和本科生到鞍山一个下岗工人集聚的贫民区搞社会调查。

我们居住在风景优美的千山脚下一个小山庄旁，所以有空闲和机会到村庄走走看看。在村里，我看到老乡们日子过得很是恬静滋润，四处弥漫着一种“踏踏实实劳动、宁宁静静生活、殷殷实实小康”的田园生活气息。

与此形成鲜明对照的是，我们在城里居民社区搞调查时所看到的情景：一天下午三四点钟，我们来到一个居民社区，看到花园凉亭上一群一帮地在打扑克，周围扔着横七竖八的空啤酒瓶子。一居民楼梯口坐着几位老者，我们就上前搭讪聊天，谈论间说到下岗的事，老人们怨声载道、愤愤不平，说现在很多家庭老爷子、老太太退休金发不下来，儿子女儿媳妇也都下岗没事干，简直活不下去了。

听见说话，一些三十来岁的男人女人纷纷揉着惺忪的眼睛，伸着懒腰打着呵欠出来了，跟着吵吵嚷嚷……

看到这样两种截然相反的生活情态，我感慨万千！于是，陷入深深的思考：论物质条件，城里的下岗工人肯定比乡下的农民优越得多，那么为什么他们看来比农民会更加痛苦呢？后来我省悟到：虽然具体因素很复杂，但最关键的还是对待劳动、工作的“生活态度”差异所致。自古以来，中国农民们从来没有“优越感”，他们喜欢纵向比较，“勤劳致富、知足常乐”一直是他们固守如一的生活态度；而城里的工人就不一样了，他们在旧体制下的“阶级地位”曾经是“领导一切”、“高人一等”的，有一种莫名其妙的身份优越感，现在这些突然被改革大潮冲洗得无影无踪，他们还未来得及调整心态去“正常地”对待其周遭的工作生活境遇，于是造成一种“苦不堪言”的偏态体验。

关于劳动或工作的内在价值和生命意义，完全是一个“态度”问题。这里有一个小段子似乎很能说明问题，现转述给大家分享。

一人死后，在去见阎罗王的路上，看见有座金碧辉煌的官殿。他上前叩门，问殿主说：“我在人世间工作忙碌了一辈子，现在很累，能否让我在这里住下来，歇息歇息。”

殿主说：“没问题。算你来对了，我们这里就是只许休息不准工作的地方，你可以在这里想吃就吃想睡就睡，但就是没有任何事情要你做。”他高兴地说“这太好了！”于是，就在官殿住了下来。

一开始，他感觉蛮舒服的。但时间一长就感到百无聊赖，空虚寂寞。他就去找殿主说：“我能不能干点什么？这样的日子太难过了！”殿主人说“对不起，这里没有任何工作可做。”

又过了一段日子，实在受不了了。他向殿主说：“你要是再不给我工作做，我宁愿下地狱也不在这里待下去了。”

殿主狞笑着说："你以为这是天堂啊？这里就是地狱！"

另外，关于工作价值及其人生意义，我们也可以从日常生活的方方面面、亲朋好友的言谈举止中，获得各种各样直接或间接的感受。

例如，同样遭遇"退休"，人与人差别很大。现在，生活条件好了，人们预期寿命延长，一些老人60岁退休时健健康康，精神头儿好好的。但是，没过多久，有些老人说不行就不行了，说没人就没人了；而有些老人，则像"小学生放学"终于获得解放，回归本我、走向人生新阶段，或积极参加社会工作、社区活动，或上老年大学、学练太极书法等，像返老还童似的，越活越精神。

前几年，在中央电视台《夕阳红》节目中，一个老太太做嘉宾，曾给我留下了深刻印象。老人家在退休的十余年中，一直坚持不懈地上老年大学，拿了一大堆这证书那奖章的，主持人问她"您这样下去什么时候才算毕业呢?"老人家斩钉截铁地说："我要与老年大学共存亡!"瞧！这就是一个人应有的工作价值观和生活态度。

说到这里，我想到远在河南乡下的父母以及故去的爷爷奶奶，在他们的人生历程中你找不到什么惊天动地的壮举伟业，但是，凝结在他们身上那种直面生活、质朴勤劳、滴水穿石的人生态度，你不能不感到源自灵魂深处的震撼力和强大的精神创造力。这里仅提及现已70多岁的母亲。

母亲像大多数旧时代中国农村妇女一样，从小孤苦伶仃，一辈子勤快劳作，永远都在省吃俭用。虽然她说不出什么大道理，但从她的生存状态你可以真切感受到，她是将劳动本身几乎视作自己生命的全部，在她的人生字典里只有"勤俭"二字。

数年前，她在县城里谋到一份扫大街的"工作"，这可能是她一生所受到的最大激励，也是她一生所从事的最体面、最高贵的"城市职业工作"。

早上4点起床，与十七八岁的年轻女孩子们一起扫街到天亮。因为害怕迟到，晚上睡觉时往往一会儿看一下钟表，如此这般时常几乎折腾得一宿不能合眼。每天早上，都比女孩子到的最早、干得最多。早先，这些孩子们干活时往往斤斤计较，吵闹着你少干了我吃亏了，工作时往往要奸偷懒。自从她去了以后，情况就改观了。每天早上，女孩子们一到现场，看见老人已扫了大半条街，而且认认真真、一丝不苟，她们也不好意思再吵闹了，跟在老人后面好好干活。

这样起早摸黑的工作，其体力劳动量很大，往往是年轻人才能吃得消，而且天天如此，没有休息日，十分辛苦！但她老人家，却发自内心地觉得十分快乐、万分荣幸！把工作干得精益求精，对周围人热心亲善、宽容关爱，异乎寻常地脚勤手快、帮事助人，连倒垃圾都要捎带把别人家门口的垃圾一块倒掉，因此得到她所在环卫单位的领导和同事交口称赞。后来，由于不可抗的因素影响，她不得不离开这个“光荣无比”的工作岗位，大家都舍不得她离开、洒泪送别。

回乡时，听到周围人叙说母亲这些“英雄事迹”，对我这做大学教授的儿子触动很大，既为有这么伟大的母亲而自豪，又为自己做人做事不到位、不能尽儿之孝道而惭愧、辛酸。

总之，工作事大，因为它关乎“人权”。**在一定意义上，“做事”就是“做人”，人是由“工作”来定义的。劳动创造了人本身，工作本身界定了人性价值和人生意义。**劳动权、工作机会本身对于一个人之所以为“人”具有决定性的内在意义。对于每个人来说，一个普适性的人生座右铭应该是：“生命不息，工作不止。”时刻铭记着它，你的生命就会鲜活、丰满而有光彩，你的人生就会充实、成功而富有意义。

人生周期有三重，职业生涯为主导

> 人生由生物—社会生命、婚姻—家庭生活和工作—职业生涯三种周期组成。当今社会，职业生涯发展路径是一个人命运的主旋律

人生不仅“苦短”，而且“苦长”，要活出意义实在不易。

一个人在其一生中要不断地面对各种各样的困境和问题，但归纳起来无外乎有三个基本层面：一是学习成长中遇到的问题和麻烦；二是婚姻家庭生活中的矛盾和难题；三是社会职业工作过程中的苦恼和困难。

基于此，美国职业管理专家施恩教授认为：**一个人的人生发展周期是生物—社会生命周期、婚姻—家庭生活周期和工作—职业生涯周期三种周期交互作用的结果，每个周期都有其可能一致协同也可能重叠或矛盾冲突的选择点、里程碑、阶段性目标及终点。**为方便起见，我们不妨简称为“人生三周期模型”（见图 4-1）。

生物—社会生命周期。显然，生物—社会生命周期首先与年龄相关，同时受法律政策和社会因素影响，具体个人生物因素及家庭背景因人而异。大致说来，30 岁、40 岁、50 岁及 60 岁可以看作是人生的关键

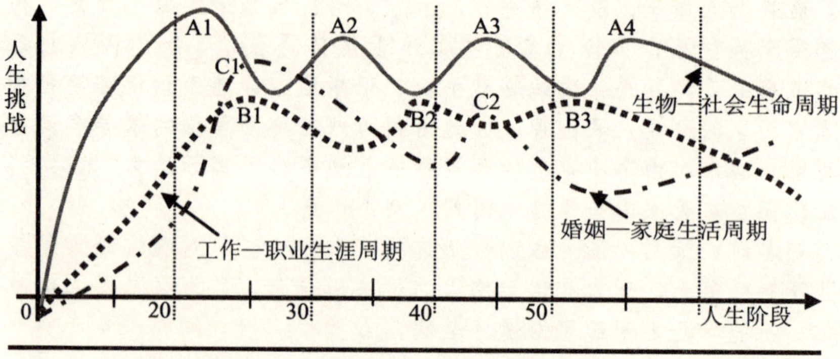

图例：A1——青春期危机　B1——进入职业组织　C1——结婚生子
A2——青年期危机　B2——获取重要职位　C2——子女抚育
A3——中年期危机　B3——面临退休压力
A4——老年期危机

图 4-1　人生三周期模型

资料来源：施恩，《职业的有效管理》，23 页，北京，生活·读书·新知三联书店，1992。原图表经引用者重新进行了加工。

转折点或重要里程碑，由此分为几大人生阶段。

——第一个人生阶段大约从少年开始至 30 岁前后，是一个人充满活力、热情奔放、理想主义和成家立业的时期。到 30 岁左右，便会慢慢“安下心来”，重新审视和调整人生坐标，变得富有责任感，人生机会与挑战达到最大。

——40 岁左右，多数人“上有老，下有小”，会面临巨大的生活和工作压力，遭遇程度不同的“中年危机”。他们要为自己和家庭独自承担更大的责任，开始在自己成年和未成年的孩子身上看到青春期冲突时的自我，逐渐从“梦想”进入“知命”的人生状态，从而能够在更大的自我认知、自我反省和开放心态下去应对并化解人生矛盾与冲突。

——至 50 岁左右，大多数人身体生理机能日见衰退，切身地感到究竟什么是“光阴荏苒，时光如梭”。这时，孩子自立后“空巢”的失落感油然而生，夫妻彼此相依为命；待人处世的态度和方式更加宽厚、圆熟，比以往更珍视老关系，讲求安定、安稳和知足常乐。但由于“老化”的后顾之忧，他们还须为退休、财务、社交或健康状况等方面的变故作些准备。

——60 岁后进入老年阶段，面临的最大挑战是退休及由此而来的种种不适应，他们往往为生活标准明显降低、养老保健困难、亲友或配偶逝世等一系列问题而伤神烦恼。

婚姻—家庭生活周期。家庭的一般社会学定义，是指基于婚姻、血缘和收养关系所组成的社会生活团体，其中血姻是家庭关系的基本纽带。正如俄国文学家托尔斯泰所说的："幸福的家庭都是相同的，而不幸的家庭各有各的不幸"，每个家庭可能有很不相同的结构和发展状态，如有独身的、离异的、丧偶的、丁克的、基于收养的，有新家、金婚银婚之家、小家庭、大家族等。但从一般人的情况来看，大都要经历青春期、单身成年，结婚成家，生儿育女抚养后代，照料年迈父母，乃至成为年迈祖父母等人生阶段。

目前，所谓"新人类"、"新新人类"代的人，其家庭婚姻关系和生活方式已发生他们的父辈、祖父辈"不可思议"的新变化，如未婚同居和所谓"无性同居"、不要孩子、幼儿由非父母照料、频繁的离异和再婚、同性恋等，会使婚姻家庭生活周期发生种种变异。但是，**应该注意到，婚姻家庭作为人类自然选择的结果，实际上是任何人类理性都不能任意扭曲或抗拒的。**

早在20世纪30年代西方学者关于"计划"问题的大讨论中，以哈耶克为首的自由主义学派否定计划可行性的一个主要理由，就是认为市场乃人类不断扩展合作的"自然秩序"，因而它具有包括计划在内的任何人为设计所无法替代的资源配置功能，也是任何"人类理性"所无法抗衡和改变的发展演进轨迹。其实，婚姻家庭何尝不是这样，它同样是人类经过成千上万年的自然选择被证明是最经济、最合理因而具有强大生命力的一种基本生活方式，这是包括"新人类"、"新新人类"代在内所有人类之"理性"所无法人为改变、否定和替代的自然历史选择。因此，可以预见，**无论人类"新"到何处，从整体来看婚姻家庭仍然是最基本、最重要、最普遍、最适当的一种社会组织形态和生活状态，人生基本生活内容将不会有什么大的改变。**

从婚姻—家庭生活周期来看，每个人在青春期的情感需求，青少年受家庭父母控制而引发的各种问题，以及自己成家后面临的子女教育问题，最后对子女和自己父母承担的长期义务，这些责任和义务对一个人所形成的压力往往远远超出一项工作或职业的压力，并对其职业选择和职业生涯产生重大影响。

工作—职业生涯周期。每个人的"人格性向"各不相同，例如有实际性向、技能性向、社会性向、艺术性向、商业性向及常规性向等，因而个人的职业选择和职业生涯路径也会各不相同，但都无外乎是在一定的生物—社会生命周期基础上和婚姻家庭生活周期的背景下形成的，因此有共同的阶段性发展特征。至于具体的阶段划分，古今中外学者各有不同的说法。

例如，按照我国古代大儒孔子的说法是："三十而立，四十而不惑，五十而知天命，六十而耳顺，七十而从心所欲，不逾矩。"美国"钢铁大王”卡耐基的人生断言是：变化的20，充实的30，成熟的40，秋暮的50。但一般地说，大都要经过成长探索、职业确立、维持及下降等几个阶段。

——成长探索阶段，大体上从一个人出生到14岁左右及15～24岁之间。在这一阶段前期，个人通过与家庭成员、亲戚朋友及老师同学的认同和交往，逐渐形成自我意识和自主能力，以及关于兴趣、爱好、志向和能力的某些初步看法，开始憧憬或现实地思考今后各种可能的职业前景。进入青年时期，进一步通过学校教育、课余活动和社会交往或业余工作等途径，开始对自己的职业性向、天赋能力和教育训练方向作出较切实的判断评价，从模糊宽泛性的思考探索逐渐到有针对性的职业生涯规划和设计，并做好开始社会工作的准备。

——职业确立阶段，大约发生在25～44岁期间。这是大多数人职业生涯的核心部分，30岁前是尝试阶段，选择并变换工作的机会和频率一般较大，30岁以后逐渐进入稳定阶段，大多数人已有自己明确坚持的职业发展导向，并形成较为明确的职业生涯计划。在这个阶段上，人们对自己需要接受哪些教育培训活动、职业目标是什么以及选择怎样的职业道路等大都已经心中有数，对于晋升潜力、工作调换必要性、可能面临的工作挑战或职业危机，以及职业工作在自己整个人生处于何种地位具有什么样的价值等，也都有了一个大致的预期和基本确定的自我把握。

——维持下降阶段，大致是45～65岁的年龄段。此时人们一般都已在其工作领域占据应有地位或一席之地，大多数人面临的主要挑战是如何保有自己的地位或职位。退休临近的时候，人们大都不得不面临和接受权力和责任减少、为年轻人让路的难堪局面，以及学习如何打发退休时光的新任务。

在人类进入21世纪的当今社会，工作在相当程度上已经不是外在于人们生活的配角，而成为具有重要内在价值的人生主题，成为贯穿于整个人生过程始终不可或缺的全息生命要素。**工作成功与否，工作是否有价值，工作是否契合自己的志向和兴趣并因此而感到“快乐”，从根本上决定着一个人整个人生价值的实现、人生成功和幸福的达成。**

概括地说，职业生涯就是这样一种个人生命周期现象或人生动态过程，即：人们基于各自的内在生命意义和价值目标驱动，面对市场经济大环境所带来的不确定性挑战，顺应自然、社会、经济和文化等外在条件及其变化，围绕自己从事的职业性工作序列这个核心主线，进行自主选择、自觉追求、理性感悟和适应性调整的人生历程。

在全球化开放和市场化发展的当今社会中，一个人的职业发展路径在相当大程度上支配和决定着其人生成败之命运，换句话说，职业生涯发展路径就成为一个人生命轨迹的主线或“趋势线”，职业生涯价值实现就是一个人生命意义或人生价值的主旋律。

职业生涯有阶段，循序渐进谋发展

> 人生设计在早年，成家立业在青年，安身立命在中年，敬业操守在晚年，如此构成现代人生职业生涯发展基本路线图。

所谓“职业生涯”，即一个人生命历程中与工作有关的经历。但是应该看到，职业生涯并不是一个抽象范畴，而是一个历史范畴。也就是说，职业意识的形成，以及有关职业生涯规划和管理问题的提出，并由此形成专门的管理学科和特定研究课题，这在前工业社会是不存在的，而只是工业化社会和市场经济发展在特殊历史条件下的产物。

职业生涯问题的提出，或者说，职业生涯对于个人、组织和社会之所以成为“问题”，其实是在市场经济特定历史背景下才正式被提出的。在市场经济中，被置于专业化分工和社会化大生产体系中的人们，其就业机会、工作职位和类别以及职业发展路径面临多样化的自主选择，并由此对其人生价值或生命意义带来一系列不确定性风险，其间充满了机遇、挑战、欣喜、苦难、成功或失败等各种各样丰富多彩的人生体验。在这种情况下，职业生涯规划和管理才演化成为对人人都具有普适性意义的主流问题。

一方面，人们职业意识的普遍形成，是由客观的社会分工体系中职业分化和职业分层所决定的；另一方面，丰富多彩、不断多元化的职业生涯，也是以社会化大生产为基础的市场经济发展之必然结果。随着市场秩序的不断扩展，以及经济大规模发展和产业结构高级化演进，职业类别和结构也在不断变化，传统职业不断萎缩和消亡而新兴职业则层出不穷。在这种情况下，现代社会中人们的职业生涯从传统固化的、组织依附性的、单调的状态逐渐走出，呈现出更加自主性、丰富多样性、灵活变异性和长期曲折性的特点及趋势。

从个人角度讲，职业生涯作为一种生命历程或人生经历，其实是主观选择和客观路径双重因素的辩证统一。一方面，它由一系列客观性的人生事件、工作状态或生活情境所组成，例如考学专业选择、初次求职就业、工作调动或地域迁徙、职务晋升等；另一方面，职业生涯也是一个人职业成长和发展的心路历程，由工作志向确立或就业期望形成、工作满意度与组织归属感增加、职业道德和敬业精神塑造、事业追求及成就感提高等一系列主观感悟或价值体验所组成。

基于一般人生命周期变化规律，结合中国传统文化和国人职业生活习惯，我们大致按照早年人生设计、青年成家立业、中年安身立命和晚年敬业操守四个生涯阶段，来总体把握和描述职业生涯发展路径的一般走势和阶段性特征，以供青年朋友参照。

人生设计在早年：职业生涯战略规划阶段。

这里所说的“早年”，涵盖一个人的童年、少年和青年早期(约 25 岁之前)，这基本上是现代人的“求学”阶段，也是主要进行“人生设计”的阶段，更是进行个人职业生涯战略规划的关键时期。职业生涯发展在这个阶段上面临的基本使命是：在家长督导以及学校老师协同帮助下，逐渐树立起健全的人生价值观和初步的职业意识，探索性地进行职业选择，做好工作前期准备，选择适当组织并尝试进入就业状态。

成家立业在青年：职业生涯初步确立阶段。

大约在 25～35 岁之间，扩大点说，是 20～40 岁这段时间，大致出于孔子所说的“而立”之年，其基本使命是“成家立业”，属于职业生涯初步确立的关键阶段。大致以 30 岁为界分为前后两个子阶段：之前为探索选择阶段，尝试适应不同社会角色，试探各种工作机会，试图定义、实现和追逐自己的职业“梦想”；之后为职业确立阶段，其主要使命就是在社会职业结构中找到适宜自己的位置，并在整个成人世界中担当起自己的社会角色，不断开创工作、生活新天地，这是大多数人获取职业成功的典型时期。在青年期，女性遇到的“立业”与“成家”之间的角色冲突明显高于男性。

安身立命在中年：职业生涯稳定发展阶段。

人到中年(40～55 岁)，基本进入一种“安身立命”的状态，职业生涯发展呈现一种“中期稳态”走势，同时也遇到一系列“中年危机”矛盾和问题，需要积极应对解决之。

孔子说“四十而不惑”。这里的“不惑”实际上就是安身立命的意思。如果分析起来，可能有如下几层意思：一来，人到 40 岁左右，青春不再、体能下降，意识到生命过半、来日不多，因此年轻时的“野心勃勃”、“激情澎湃”劲头锐减，在职业发展方面再继续进行长期投资的动力不足；二来，人到中年，正值“上有老、下有小”的双重煎熬，对老人、小孩的责任感加重使他们倾向于规避风险，为了自己也是为了他人的安危，选择一种“安稳”的生活方式和工作状态，对于他们来说是明智的；三来，中年人经历了年轻时的“奋斗”生涯，亲身体察了人间冷暖、世态炎凉，他们普遍的心态是，“该获得的已经得到，不该得到的再争取也不会有什么结果”，对失败要“认命”、对成功也不沾沾自喜，真正处于一种荣辱不惊的“成熟”状态；最后，承前启后、思前想后，一个人到了40岁突然明白，原来奋力追逐的东西(如金钱、名誉、地位等)并不是最重要的，而友谊、亲情、天伦之乐、事业成就等内在的价值才是最有意义的东西，因此他们对于来自外在的世俗刺激不再那么敏感，而转向追寻内在的生命意义。

进入中年期，一个人的职业生涯基本进入一种“常态稳定发展”的趋势。其基本特征是：属于职业成果的“秋收”季节，职业能力和职业威望达到顶峰，职业成就感(或失败感)最高，职业发展轨迹发生“高原”逆转，从而面临“中年危机”挑战。首先，在中年期，一个人的价值观和人生观成熟，生活阅历和工作经验都达到相当丰富的程度，职业技能获得稳步提高，人际交往能力和处事应对能力不断精通练达，大多数具有相当的工作责任心和敬业精神。其次，在中年期，一个人往往“事业有成”，很多人进入组织要害部门和岗位，作为业务骨干或中高层领导，发挥着“栋梁”作用。这个时候，中年职业者往往是“扬眉吐气”、“意气风发”、“得心应手”、“派头十足”的状态，他们在组织中常常属于最有权威和地位的人群，也是工作最卓有成效、不断为组织创造辉煌业绩的中坚力量。当然，在中年期，一个人的职业生涯达到“顶盛”(鼎盛)状态，同时也就意味着一个人职业生涯“由盛而衰”的转折期。

因此，在这个阶段上，大多数人的职业生涯发展轨迹都自然表现为一种典型“玻璃顶”状(或称“高原顶”、倒“U”形)走势，其具体态势是凸是平、或圆润或陡峭，因人而异。由于生理、心理等自然变化方面的原因，以及社会活动和家庭生活方面的拖累，人到中年，也有很多特殊的无奈和困惑。所谓“中年危机”，就是很多进入中期职业生涯的人都不得不面对的困境和挑战。

敬业操守在晚年：职业生涯后期保持阶段。

在中国，人们习惯上将55岁或60岁的退休年龄以后，看作是“老年期”。所以，我们这里不说“老年”，而是对应前面所说的“早年”，将50岁或55岁以后跨越“职业生涯后期”(退休前)和“后职业生涯期”(退休后)的这段时间称作“晚年”。50岁或55岁以后，直到退休，这段时间属于职业生涯后期保持阶段。职业生涯老年阶段，主要面临两件事情：一是保持晚节，提高职业操守，为年轻人树立榜样；二是准备退休，最好心理调适，安排好自己的“夕阳”生活，为年轻人的职业发展腾出位置、发挥“余热”。

◆ 做好人生"三环"定位，瞄准职业发展指向

> 人生要有目标，职业生涯发展要有方向。青年人可借助"三环"定位模式确立核心价值观，万变不离其宗地对自己人生和职业生涯进行动态目标管理。

人生要有目标，否则职业发展将无方向感。如果没有目标，人活得就没劲，日子过得就懒散，人生就不是"由此岸达到彼岸"的超度，而是一种"弯弯绕绕弯弯"的兜圈子。也就是说，**人生就如同由一个一个目标串起来的珍珠链子，职业生涯管理其实就是一种典型的目标管理**。

20世纪80年代初，两位哈佛心理学家曾做过一项调查研究，对象是一些自称是幸福的人。结果发现，这些自称"幸福的人"，其共同之处不是人们通常认为的那样，是金钱、成功、健康或爱情什么的，这些都不是。他们只有两点是共同的：他们明确地知道自己的生活目标；同时，他们也都感受到自己正在稳步地向目标前进。什么是"幸福"？**幸福不是结果，而是不断设定目标、追求目标的过程，按照自己的心愿自由地追逐自己的梦想，就是幸福；只有当生活有方向时，当你心无旁骛地奔向自己的目标时，也就是当你做着你所热爱的事情时，才会真正地感到生活是美好的，才会是个"幸福的人"**。

宇宙中每个生灵都是独特的，我们每个人都是独一无二的，每个人都有自己独特新颖地感受世界、参与生活的方式，而幸福、成功与否就是这种独特的内在感受，绝对不存在一个划一的、外在的、客观的标准。因此，要寻找生活目标不能眼睛向外，盯着某些外在的东西并将之作为自己的生活目标，而应该向内心去寻找，如果能够对自己切实负起责任来，实现一种精神层面上的自我肯定，那你就是成功的、幸福的。总之，人生是目标导向的，一个人要幸福、要成功，就得从内心的召唤出发确立自己的奋斗目标，并全力以赴为目标而奋斗，没有目标或目标不明确就没有幸福和成功的人生。

那么，究竟什么是目标？或者说，目标怎么来确定？根据管理大师德鲁克的看法，目标的内涵和要求有如下四个要点：

——目标源于一个人面临的使命，以及由此引发的基本战略任务；

——目标是工作、工作安排和工作成就的动力及衡量基准；

——目标必须使各种资源和努力能够集中起来；

——目标要涵盖有关"生存"的各个领域。

目标必须从"我是谁？我将会是谁？我应该是谁？"这样的问题中导

出来。一个人在青少年时期，心理上或多或少地都有“我是谁?”这样一个困惑期，老是搞不明白一个叫“我”的这个灵魂，与我这个可以感知的肉体究竟是怎么结合在一起的，越想越感到奇妙、困惑。随着年龄的增长，慢慢觉得自己是千千万万“我”中的一个，“我”与周围其他的“我”是相互依存的，在社会交往中逐渐明确自己对他人、对社会的责任和使命究竟是什么，由此引申出自己这辈子究竟应该干点什么，这就构成了一个人的人生目标。

目标不仅是一些懵懵懂懂的良好愿望，它必须基于社会分工需要具体化为职业工作。就拿我自己来说吧，我从小喜欢写字、画画，梦想将来当书画家。当时，一个从艺术学院下放到我们村的“右派”，每次政治运动一来，“工作队”干部就给他脖子上挂着侮辱性的招牌游街批斗，但平时村里所有的宣传标语都是他写的。在我的心目中，他是一个“太有才而十分可怜”的大人物，我就模仿他写的标语，学写字画画。后来，还真练就了一手大人见了都夸奖的好字，被学校老师和生产队干部请去办黑板报；按照自己想出来的“比例扩像法”画出来的人像，大家见了也都说“像、像、像，这孩子太有才了!”在这样的表扬和鼓励下，我就更来劲了，在心里暗发狠将来一定当个画家或书法家什么的……结果，严酷的现实将梦想碾得支离破碎，虽然没能当成书画家，但写字画图还真成了我毕生必须进行的主要活动，而且在具有责任要求和使命召唤的教育职业活动中，始终有着一个清晰、可衡量的导向性。

目标必须是有选择性的，而不是包罗万象的。我们面临的资源是稀缺的，时间、空间条件是有限的，目标的选择和确定，必须有利于充分利用各种稀缺资源和有限能力，要在各项活动中找出最核心的目的，以便把你所拥有的重要资源聚集起来发挥最大作用。你不会说普通话，不善于各种客套应酬，不喜欢迎来送往、拉拉扯扯的社交活动，没有过硬的天赋条件和社会背景，没有“说假话不脸红、说空话不心虚、说大话不难受”的本事，但你有童真般爱心、责任心，有画画写字的天赋和才能，有“老老实实做人、踏踏实实干事”的耐力，有“理理论论”的偏好、能力和乐趣，那你就不要管别人干什么，不要学着人家也往政府机关里钻，你从自身情况出发将自己人生和职业目标定位在“教书育人”这个领域，而你干这事还正好是社会什么时候都需要的，那就不会有什么太大的方向性错位。人生目标定位就是在各种各样的外在需要、资源条件和内在个性化追求之间不断地进行磨合平衡的动态过程。

人生目标是多元的，但又是可以简约的。就现实生活来说，在某个人生阶段上各个关键领域，诸如学习成长、社会交往、婚姻家庭、创新应变和财务收入等，都会有很多具体的、外在的子目标，如求学阶段的升学目标，职场的晋升目标、财务上的财富积累目标、婚姻家庭方面的求爱和家庭建设目标等，但所有这些子目标都是一种“阶段性子目标”，他们对于内在的精神层面的“最终目标”而言，都是一种手段意义上“准目标”，或者说用数学语言来说，都是构成总目标函数的子目标变量。在这个意义上，**所谓目标管理，其实就是一种在约束条件下对多元目标函数求解极值的过程；而以追求成功人生为目标的职业生涯管理，也就是在整个职业生涯发展中，不断根据约束条件的变化来求解这种多元目标函数的一种动态调适过程**。

在现实生活中，当我们探寻自己生活和工作目标的时候，往往有一种“无所适从”的困惑感：面对五彩缤纷的外部世界，我们不知道自己真正想要的是什么。何以有此困惑？个中原因追究起来，可能无外乎两个方面：一方面，我们有太多的外在诱惑，例如在现代社会中，每个青年人都有选择工作的各种机会、寻求职业的充分自由，不像我们年轻时所处的那个年代，面对的是一种“被分配”、“别无选择”的社会环境条件约束；另一方面，我们在主观上还没有做好准备，我们有自由但却没有自由选择的能力，从小到大我们很少或根本没有正式受过关于自主选择人生的教育训练，因此，面对多元的外在目标我们不知道自己的内在需求究竟是什么，这样，我们无法将多元的、外在的子目标变量简约为自己内心的总目标函数，因而才有茫然无助的感觉。

如何求解这个人生方程式？这是职业生涯目标管理的核心问题。一些励志专家和管理学家给我们提供的一些原则性的“思想方法”值得借鉴：**首先，要树立并固守核心价值观；其次，围绕核心价值观树立正确的人生态度，如积极主动、胸怀坦荡、自信勇敢等；再次，直面现实，将一切追求转化为实际行动**。这里，最重要、最困难的是关于“核心价值观”的确立和坚守。

人是社会的动物，一个人的价值体现在你对他人所承担的社会责任上。所谓“使命”，就是指一个人为他人、为社会、为经济发展和社会进步所应承担的责任。确认使命，就是要回答这样一个基本问题：“我为什么而活着?”为这一问题提供答案，是做人的首要职责。能否针对这一问题进行深思熟虑地思考并提供明确答案，也是人生成败的最关键、最重要的因素。从所承担的“社会责任”出发进行检核，就会发现一个人为什么而存在的真正原因和意义，从而提炼出指导其行为的永恒原则，即“核心价值观”。

一个人要对他人、对社会负责，在内心深处就要将诚信作为自己安身立命的根本。在社会中与他人交往时，就要坦诚待人、谨慎从善，待人处世不辜负他人信任和期望，时时处处三省吾身，什么时候也不以恶小而为之。当然，强调对他人、对社会的责任，并不是要放弃对自己的责任，无视自己的内心欲求和最渴望做的事情，一味迎合社会的外在压力和别人(包括亲友家人)要你做的事情；而是说，**一个人的“内心欲求”只有与其所承担的“社会责任”联系在一起时，才能在人生价值和生命意义上实现“自我肯定”，从而获得成功**。这样树立起来的价值观才是真实并能长期固守的核心价值观。

换句话说，**核心价值观本质上不是根据逻辑推理“论证”出来的正确结论，而是人们在实践中借助理性但更主要的是内省自悟出来的“主观信念”。它是一种关于人应承担“社会责任”的深刻认识，是一种关于一个人生命意义的敏锐判断和凝练概括，是长期指导和激发自己待人处世行为的永恒准则**。为了确认你所信奉的准则是否为“真”，有专家建议通过检核并试着回答以下几个问题，来判断和确立自己的核心价值观：

——如果它一时不能给你回报，你还会信奉它吗？

——如果你有了足够的钱安享余年，你还会坚持它吗？

——如果它一定时期不利于你短期生存目标的实现，你还不会抛弃它吗？

——如果你是一个身价数亿的大富豪，你还会固守它吗？

——100 年后，你会像今天一样遵循它吗？

——你会发自内心、不由自主、热情洋溢、津津乐道地宣扬它吗？

如果回答是肯定的，那么你所说的核心价值观很可能就是“真的”。否则，那它就是“假的”，也不可能被你长期固守。

根据核心价值观，进一步明确：现在和将来应该将永远固守并追求卓越的事业究竟是什么？并对之进行清晰陈述和说明，就形成人生核心目标和职业生涯目标。关于职业生涯目标定位，也可以借助《基业长青》作者柯林斯所说的“刺猬理念三环图”来进行检核(见图 4-2)。我体会，他所说的“三环”问题，实际上就是一个人职业成功所要具备的三个基本要素，即：

——职业志趣：我对什么充满激情？

——职业需求：是什么驱动我的经济引擎？

——职业能力：我在什么领域能成为最优秀的？

职业目标定位，首先要从自己心灵深处的召唤出发，“发自内心”地问问自己真正热爱的事业究竟是什么。我们每个人的心目中，其实都有一种“要成为”的职业理想，只是因为我们每个人都是在特定的社会环境中逐渐“成人”的，家庭、学校和各种社会文化传统已经潜移默化地融入我们的意识与潜意识之中，因此，这种“要成为”在我们的意识中往往含混不清：究竟是自己内心真的“想要”成为什么人，还是外在的社会环境

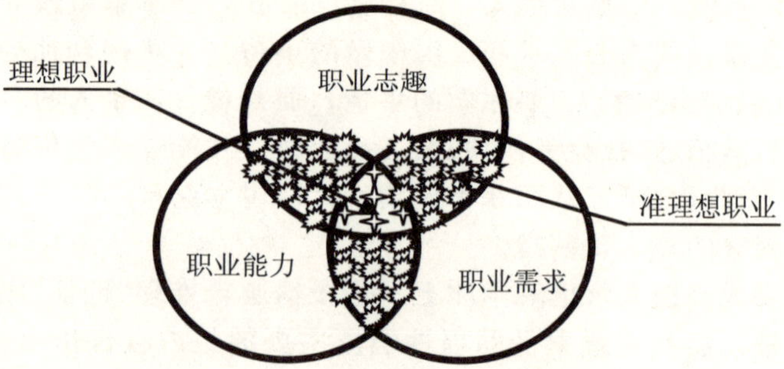

图 4-2　职业定位三环检核示意图

无形中灌输给我们的一种"意识形态"指向，是家人、亲友和社会"想要我成为"什么；或者说，到底是来自你心灵深处的"召唤"，还是外界施加的"指点"，对此我们往往难以分辨。

我们要确立自己的职业理想，就必须将二者分辨清楚，不能将家人亲友外在、不切实际的诚挚期望，误以为是自己发自内心的真实理想，虽然在实际中，二者也有不矛盾或者就是一回事的时候。**兴趣是点燃激情的火种，激情是成功的内燃机**。真正的兴趣是发自内心的，如果所从事的工作属于一个人真正发自内心热爱的"事业"，那么每天清晨一醒来他就会有一种迫不及待地想投入工作的感觉和激情。在将工作当"事业"去干的时候，一个人就会不知疲倦，甚至可以到达废寝忘食的忘我状态，自己会完全自觉自愿、充满热情地去做事，并能够享受到工作本身给自己带来的乐趣。

但是，要将它当作你的"正业"来干，还需要有一个现实条件，即你所从事的职业或工作能够为自己提供丰裕的生活条件，是自己幸福生活、终身依托和持续发展的最基本保障。这意味着你所从事的事业正是社会所需要的，因此在市场经济条件下就会具有广泛而重要的市场价值，可以获得高额薪酬或利润收益，因而可以"财源滚滚而来"，这样，职业就会变成驱动我们获得成功人生的经济引擎。

这就是说，职业生涯目标定位，要好好研究分析特定时期社会对各种职业的需求信息，在此基础上结合自己内在的志趣，以检核和确定自己职业发展的可能方向。一个社会在特定时期都会客观存在着一些需求量大、薪酬水平高、社会地位优越的热门职业。例如在美国，注册律师、医生护士和工商经理人就属于这样的职业类型。如果你所从事的职业恰巧属于这类职业，就很容易或有较多的机会获得成功。当然，这并不是说，要你放弃兴趣而盲目追求热门职业，职业的社会需求大小是相对的，如果需求量大但同时供给量也很大(所谓"热门"往往指的是这种情况），那么丢掉自己的志趣去赶潮流，很可能会被淹没在恶性竞争的旋涡中而永无出头之日；反之，即使是需求量较小的冷门职业，也有可能因为供给更加短缺而成为求职亮点，只要与你的志趣相投，并且能够孜孜以求，反而更有可能或更容易获得成功。

一个人所从事的职业，不仅要是自己感兴趣的"事业"，同时也要是可以托付终生、为社会所需要的"正业"，最好还是一种自己所擅长的"专业"，即对自己所从事的工作具有与生俱来的天赋条件，并且能够充分运用潜能达到最优秀的成就——"我觉得自己生来就是干这行的!"年轻人具有很大的可塑性，自己究竟适合或擅长干什么，或不适合、不擅长干什么，最好不要先武断地下结论，应该先行动起来、干起来，在干中试错式地进行检验。在职业生涯的早期，不要害怕失败，害怕失败就是拒绝成功；最聪明的做法就是先"随心所欲"地选择一个能干的工作，想做什么就做什么，然后再考虑在干中完善，如果实践反复证明自己不适合干这件事，那就放弃好了，再去尝试自己想干的事，直到找到"得心应手"的感觉，那可能就是你所擅长的工作。

三环重叠的核心就是你最理想的职业。也就是说，理想职业目标的确认是建立在对三个职业要素深刻理解的基础上，并将这种理解转化为简单明确的基本原则，信奉并坚定不移地遵循它，就能够保证一个人同时获得职业生涯发展的最高效率、最佳效益和最优效果，从而取得职业成功。

在实际中，职业目标定位往往难以"三全其美"，能够"两全其美"也是不错的，即可以围绕核心价值观同时兼顾其中两种职业要素，然后根据实际情况进行适当的策略性调整，最后确定一个或数个"准理想"或"次优"的选择方向和目标。

总之，要获得明确而独特的职业目标定位，首先须认识自我，从审视和检核自己的核心价值观着手，有必要的话可以借助一些有效的自我测评技术，按照"三环联套"模型一一检视自己的职业志趣、职业能力以及所处社会环境和职业需求，从而做好自己的角色和目标定位。

回顾我自己这数十年走过的教育职业生涯路，应该是基本符合这种"三环联套"模式的。也许是传统社会文化环境的影响，将来干"舞文弄墨"的事情，可以说是自己在孩童时期就立下的志愿，后来虽然在老师的指导下没有直接上师范学院"学中文"，但是财经学院毕业后还是在不自由的自主选择下做了老师，后来几十年如一日孜孜以求，时时刻刻把老师这个职业与自己的生命连带在一起，围绕"写书、教书、说书"这个基本方向一路走来。

虽然在某一阶段上也随情势变化而不断调整生涯重心，例如，娶媳妇、生孩子，敬父母、帮亲友，再求学、愁房子，等等，也因此在发展空间上去山西，回河南，下湖北，走山东，上北京，围绕中原地域转了一个小圆圈，在专业上由宏观到微观、由经济学到管理学，所教授的课程前后涉及二三十门，但万变不离其宗，始终没有离开学校、离开讲坛、离开书本，始终没有离开“人本发展与管理”这条学术主线。

这样，默默无闻，一抹黑走到今天，虽谈不上什么大成功，也不能说有什么大失败，至少就自己追求的人生目标而言，还是有一定“成就感”的。

职业目标具有二重性。一方面，它是一种主观的、抽象的、一般性的憧憬设想，如“我想当大学教授”就想象应该是一种什么样的职业形象和身份体验；同时它又是一种现实的、具体的工作状态描述，例如要考虑我究竟是要在哪个国家、什么大学教授什么专业，以及要获得什么样的教授职位。在实际中，要确定职业目标就必须将二者结合起来，这就需要具有马克思所说的“从具体到抽象、再从抽象回复到具体”的研究方法和能力。

说到这里，我们有必要提及美国广告营销专家屈特等提出的“定位”理论。1996 年，屈特在《新定位》一书中更加详尽地阐释了其有“通论”意义的定位思想，并认为定位理论完全可以运用到一个人的职业选择上。在他看来，一个人为自己和自己的职业定位，其基本要诀就是：给自己下定义，要能犯错误；并起一个合适的名字，避开无名陷阱，避开“产品延伸”陷阱；最后找匹马骑着，依托你所在的公司、你的上司、朋友、好点子和信心去取得成功。

这里将他的观点转述于此：

给你自己下定义。人的职业定位与产品营销定位都犯一样毛病：认为自己能为所有人干所有的事。定位工作中最难的一点是，选定某个具体的概念，把它与自己联系起来。你如果打破预期客户对你漠不关心的壁垒，就必须这么做。你是什么样的人？你在生活中的位置是什么？你能用一个概念来概括你自己的位置吗？要是能的话，你能通过自己的职业来确立这个位置并加以利用吗？大多数人没有信心为自己确立一个概念，他们犹豫不决，指望别人来给自己下定义。给自己下定义可不容易，但其回报却十分可观。

只有名正才能言顺。普通法赋予你起任何名字的权利，只要你不是为了诈骗或作假。所以，别给自己取名为麦当劳，然后去开一家汉堡包店。在西方，一些商界人士都深受首字母缩略之苦。你只有在人人都知道你的情况下，才可以叫 J. S. 施密斯，否则你就必然成为“无名之辈”；

你也不要在你的儿子名前加一个“小”字，否则你儿子就会陷入“产品延伸”陷阱不能自拔。

要不怕犯错误。如果是不值得做的事情，那就根本不该去做。反过来说，如果值得一做的事情，而你却等到你能做得尽善尽美以后才去做，因而迟迟不动手，你就可能永远都做不成了。因此，任何值得做的事情都值得其乱做一气。如果你试过多次并且偶尔取得成功，你的名声就会远播；如果你害怕失败因而只做有把握的事情，你永远是一个无所事事而平庸的人。一次成功者原先都是一个无数次失败者。

找匹马骑着上路。成功的秘诀是，一刻不停地拼命干，把工作做得比别人好。不过，更加努力地埋头苦干往往不如更聪明地干，实际上，通往成功的道路往往需要为你自己找匹马骑着，人生的成功更多是要靠别人为你做些什么，而不是你能为自己做些什么。如果你想更大限度地利用自己的职业为你提供机会，就得睁大眼睛找匹马骑着上路。如果你上了“泰坦尼克”号，那你再出色也无济于事，到头来最好的情况就是上救生艇，而且还得有幸露出水面。要找成长性好的、具有“软服务”功能的朝阳行业进入，要找最精明、出色和有能耐的人做上司，要找在自己特长方面很强而不是很弱的单位供职。以日常友谊换得商界朋友的诚心帮助，不要等到找工作需要帮忙时再想到请朋友吃饭。最难驾驭的马是你自己，获胜次数最多的未必是体重最轻、脑子最聪明或体重最棒的骑师，而通常是骑着最好的马的那位。

通向成功六步定位法。成功定位需要思考六个基本问题：其一要问“你处在什么位置上?”定位是一种逆向思维，它不是问自己怎么样，而是你在预期客户心目中处于什么位置；其二要问“你想拥有什么样的位置?”这里的关键词是“拥有”，一开始就宣称自己拥有而实际上别人早就占据了，这样的所谓定位太多太多；其三是问“谁是你必须要超过的?”只有树立你的“标杆”才能获得竞争基准，你在从自己角度审视形势要花多少时间，就必须也花多少时间从对手角度来判断形势；其四要问“你有足够资金吗?”在市场经济中企图做没有财务基础的事情是会破产的；其五要问“你能坚持下去吗?”在变化的环境中坚持基本定位不动摇是一件很难能可贵的事；其六要问“你与你自己的地位相称吗?”创新精神本身毫无价值可言，它只有在为定位目标服务时才能发挥其效应。

屈特的这些说法，可能不全面，有些还很偏激，但其中贯穿的一些关于商业社会“过度传播”环境中生存竞争的“精明”思想方法，很值得我们年轻人在职业目标定位时思考、借鉴和参照。

例如，关于“起名字”的问题，我们中国父母给孩子起名字，往往忘了名字的根本功用，丢掉“好叫、好记、不重名”的基本原则，在字典查找一些自己都不认识的生僻字、怪字、多音字，给孩子起名字，结果在日常生活中大多数人把孩子的名字叫不出来或叫错叫差叫乱套，这对孩子人生和职业发展造成什么样的“技术性伤害”，实在是很难估量的。

还有他提到的“标杆管理”问题，我也深有感触。

我小时候没有远大理想和眼光，只是将眼睛盯着我的一个小伙伴身上。这位从小一起光屁股长大的伙伴，属于那种“谁见谁爱”的好孩子，他竟然能够在方方面面都做得很优秀：在学校各门功课成绩优秀，写字写得好，乒乓球篮球都能打得很漂亮，扑克军棋没有他不精通的；在生产队干活，无论什么活都能干得很利落，砍柴割草拉车挑担样样都总比人强。总而言之，人家是无所不能无所不会，在我心目中他就是我的目标，在日常中，无论学习、干活什么的，我都标着他去做，虽然每次都不如人家优秀，只要接近或偶尔超越他一次，就会有很大成就感。

比如，我们这位伙伴平时说话低沉沙哑，但我觉得人家的声音也是好听的。一次，县文工团到我们那里招演员，本来我五音不全，没有任何音乐天赋和条件，但一听说他要报名我也报了名。结果，十几个孩子一组进到考场一嗓子没喊完，人家招考老师就连忙摆手让退了出去。

可以说，我上大学前的青少年时代，就是标着我们这位小伙伴这么一路走过来的。后来，从事管理学专业教学研究工作，才知道这就是所谓的“标杆管理法”。

读者朋友也可以根据屈特所说定位法，对照自己的生活情景，亲身体会感悟一下究竟应该怎样去定位自己的人生和职业生涯目标。

为自己制订一个有战略弹性的职业生涯规划

> 从小树立职业意识，趁早进行生涯规划，找准自己的职业方向和发展平台，是一个青年人生选择并走向成功的关键因素。

人生风云多变幻，人有旦夕祸与福。在这个意义上，人生能不能“设计”，确实还是个问题。但是，一个青年人，在长期战略瞻望的意义上，对于自己未来职业生涯发展作一个有弹性的、粗线条的、方向性的规划，看来还是没有太大问题的。

在设定职业生涯目标的基础上，要进一步为自己制订一个具有战略弹性的职业生涯规划，其操作要点大致是：在树立基本的职业意识基础上，进行自我评估和环境分析，最后形成一个明确但有弹性的“行动计划”。

要点一：青年人要早早树立职业意识，这对于我们中国青年，特别是农村青年来说，是一个具有挑战性的难题。

大家知道，中国自古以来在文化传统上，缺乏西方市场经济社会背景下基于专业化分工的所谓“职业意识”。也许在我们大多数老百姓的心目中，人一辈子追求的无外乎两件事，一个是“升官”，另一个是“发财”。对于很多农村孩子来说，从小父母叮嘱最多的一句话，就是“孩子，要好好读书哦！将来长大谋个‘公家’的饭碗，你一辈子不受罪。”要么，就是在学校被老师有些“不着边际”地教导：“同学们，一定要好好学习，将来当个大科学家、大文学家，成为国家的栋梁，为国争光!”

很少有家长或老师，从“成人”的基本需要出发，实实在在地培养孩子对他人需要的关心、对社会意义的好奇以及对职业价值的追寻探索，让他们逐渐了解工作的意义和社会职业的内在价值性，同时注意到自己的价值志向、能力和兴趣，并能兼顾社会和他人需要尝试性地思考自己的职业生涯取向。这样造成严重的后果就是，即使到了该“成人”的阶段，我们的青年人仍然茫然无知，没能建立起基本的职业意识，更不能清楚了解自己所面临的就业机会、社会需求和未来职业前景，至于要求依据自己初步的职业定位将职业生涯目标具体化，做好就业准备，那就更谈不上了。

对于许多中国父母来说，当初成家的时候就是稀里糊涂的，往往是“先结婚后恋爱”；而中国孩子成人的时候，也往往是“先上岗后爱岗”、“先有个事干再慢慢培养起职业意识”。

常言道，“可怜天下父母心”，中国父母的心是不是“天下最可怜的”不好说，但可以肯定的是，我们中国父母为孩子所操的心绝对是天下“最可怜的”。长期以来，“万般皆下品，唯有读书高”已经根深蒂固地渗透到老百姓的意识形态中，在许多家长看来，养孩子就是要让孩子上个好大学，似乎上了大学就万事大吉了，从业就职、成家立业就都不会存在什么问题了。

在十几年的基础教育阶段，几乎从来没有与孩子认真讨论过未来职业生涯方面的问题，甚至高考完了报志愿的时候也主要以“在不落榜的情况下能上最好大学”为基本准则，至于选什么专业往往很随意甚至随机地在几天时间内匆匆敲定，所学专业是否与孩子兴趣、志向和职业理想(如果有的话)吻合也都不太当回事。在这种情况下，在教育大众化到来之际，市场化改革和市场经济发展到今天这样的环境下，如果不出现“大学毕业生就业难”诸如此类的问题，那真才叫怪事呢!

如果放眼世界，在美国等西方发达国家，政府大都很重视对少年儿童的职业发展指导工作，家长、学校和社会对于孩子的职业发展指导不是等上大学，而是从小学阶段就开始了。相比之下，我们的父母、家长和老师为孩子所操的心实在有些“可怜”，我们的孩子“找不到工作”也情有可原甚至理所当然，因为他们从来没有做过这方面的准备嘛！我们的家长们都怕孩子输在起跑线上，以致把所谓“素质教育”（其实是货真价实的“应试教育”）都提前到娘胎里去了，但孩子们的职业意识直到大学毕业还没能真正树立起来！

这就如同没等吹哨就提前跑开，但跑到最后却不知道往哪里跑，以及按照什么样的比赛规则和要领跑，是同样荒唐可笑的作为。

在现代社会，对于大多数青年来说，18～25岁这个年龄段是试探性地寻找工作、进入组织、步入职业生涯的关键时期。就中国目前情况来看，除了一部分正在上大学外，相当多这个年龄段的青年人已经进入工作状态，很多农村青年根本没有时间和条件做什么职业生涯规划，就背着行李在城市劳动力市场上游荡多年，忙碌地奔走于各种劳动工厂之上。而那些仍然“幸福”地漫步在大学校园的“花前月下”，奔跑于教室、食堂与宿舍之间的青年学子们，相当多地仍然做着“时代骄子”的美梦，也缺乏起码的职业意识和职业素质训练，一临毕业时往往还没有任何心理思想准备，等到被“就业难”凉水一头浇下去之后，这才突然“惊慌失措”起来。

万事开头难。因为在任何事情的“开头”，都须做好这样一件难以做到的难事，那就是：在没有实践机会和经验的情况下，要作出不犯战略方向性错误的决策。这对大多数人来说都是非常困难的。尤其是对于“涉世未深”的青年人，现在要求你作出职业选择，作出有可能关系一生成败的职业生涯规划，这种“万事开头难”的尴尬情形就更是如此。

在此阶段进行职业生涯规划，一项最为核心、最为重要也是最困难的事情就是做好职业生涯定位：怎么确定一个初步的、似乎较为适当的职业领域？如何先找到一个入门工作并进行试探性选择？对于从未正式踏入过社会的青年人来说，这个过程可能是非常艰辛和曲折的，要有必要的心理准备和求职素质训练，要付出大量的时间、精力和情感，需要经历一系列“前所未有”的痛苦和磨难。

要点二：认识自我、超越自我，对自己作出客观的自我评估，问：“我是谁？我将会是什么人？我应该成为什么人？”这是一个具有较高技术性难度的事情。

要进行职业生涯规划，首要的问题是认识自我。一个人只有认清自我，才能摆脱过去、超越自我，确定将来要干些什么有“境界”、有“意义”的新鲜事情来。但是，自我认识和自我超越往往很难，因为这里天然存在一种“不识庐山真面目，只缘身在此山中”的技术性障碍。这就需要通过职业生涯规划，专门花工夫进行学习修炼，系统地、有组织地“摆脱过去”，明确规定要摆脱的“老的和无意义的事物”是什么，迫使人们进行思考和行动，使新思想、新行动、新事物获取得以立足的机会以及可以利用的资源。认识自我，并对自己作出客观切实的评估，回答“我是谁，我将会是什么人，我应该成为什么人”，这是职业生涯规划最为基础，也是最令人困惑的工作。

青年人要善于借助“物镜”来检视自我，更要善于通过“心镜”来自省吾身，要能够从生理体貌、心理情感、理性认识和社会角色等各个层面全面地评估自己。具体可借助心理测量学上各种测验技术和方法来进行评估。圣人劝言说：如果你想征服世界，先要征服自己的心灵！自我评估就是从自身的内在情况出发，尽量客观地对个人的生理、个性、心理、价值观、志向、兴趣、爱好、特长、智力、学历、能力、情商、经验等进行全方位的认识和把握。简单地说，就是要清楚回答三个基本问题：

——客观回答：我是谁？我要成为什么样的人？

——主观意向：我想要做什么？

——能力测验：我能够做什么？

在进行个性、兴趣和能力测量的基础上，可以作出关于职业生涯“自我认知”的综合性评价，包括对自己职业价值观的全面审视，对自己职业兴趣倾向以及职业能力的优势和劣势有系统的认识，并能够在职业生涯的不同发展阶段根据自己的人生体验随时反省自悟、总结经验教训，始终能够准确认清自我、把握自己，去争取人生成功。

首先，要明确自己的职业价值观，知道自己最想从职业工作中获得什么，以及在职业生涯中最看重、任何时候也不愿放弃的是什么。关于工作的价值有内在和外在、长期与短期之别，青年人应该以内在的、需要长期固守的核心价值观为根本和依托，来确定自己的人生和职业生涯目标。你要好好想想清楚：为什么参加职业工作。主要是为了“挣钱谋生”、经济独立，还是主要为了追求某种生活方式，抑或是为了有成就感、权威感、荣耀感，将它作为自我价值实现的主要途径和手段，或者是将它作为实现自己某种基于“高尚梦想”的东西去追求，例如为了减轻人类苦难、弘扬真善美或幸福人生去投入一项可以称得上“伟大事业”的职业工作中？——所有这些问题，在你进行自我评估时，必须要通过“扪心自问”来给予正面回答。

其次，要正面系统检核你的职业志向，知道自己究竟想干什么，对什么样的职业工作发自内心地充满热爱激情和敬业精神。职业志向往往与职业兴趣、职业能力和职业需要三者耦合相关。你“喜欢”干什么，往往与你“擅长”干什么，以及他人、社会“需要”你干什么，是密切相关的。“喜欢”是靠内在自发的“兴趣”激发而来，但有很大弹性；“擅长”也许是一种天赋才能，但更多的是一种后天教育训练的结果，而“需要”往往意味着你所干工作的社会价值，虽然是“外在的”但如果你能够“内在地”去认识它，那么就会引发出你本来就具有很大弹性和可塑性的职业“兴趣”与“能力”。因此，在检核自己的职业志向时，不能将职业兴趣、职业能力以及后面我们要谈的职业需要机械割裂开来去分析，而应该辩证地将之联系起来、整合起来去认识，这样你才能真正明白自己真正心之所想的职业是什么。

再次，要在社会交往中从他人眼中认知自我，尽量全面真实地了解自己在现实生活中究竟是一个什么样的人。一个人的自我认知往往是在与他人的互动中实现的，因此在具体操作方法上可以借助心理学中常用的“橱窗分析法”，来认知和把握自我。我们可以将“自我”放在一个由自知—不自知与他知—非他知的二维坐标轴中去认识，由此组成四个象限（相当于四个“橱窗方格”）中的四种自我状态，即“公开我”、“隐私我”、“潜在我”和“背脊我”（见图 4-3）。在进行自我剖析的时候，要一一检核自己的各个方面，重点是通过与别人真诚沟通，了解那些属于“背脊我”橱窗中的部分，并在可能的情况下试探自己“潜在”的强力和弱点。

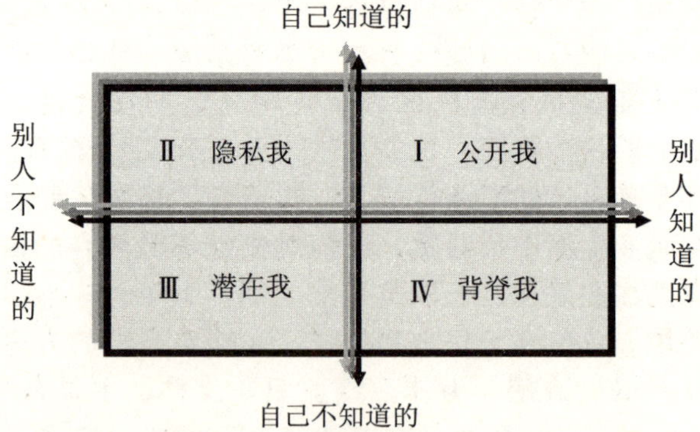

图 4-3　自我认知橱窗分析法

总之，自我认知本质上不是一种“学术探讨”，而是一种“生活体验”或“实践探索”，是存在“严重自然技术性障碍”、面临“极度社会复杂性困扰”的人生实践课题，唯有直面现实生活、投入到火热的职业生涯实践中，经过长期“艰苦卓绝”的体验、探索、反省和自悟，才能有结果并可望最终达到一种“自我超越”的境界。在这个问题上，既要反对“不可知论”、经验主义，更要防止“书呆子”、理性主义和教条主义。

要点三：进行职业环境因素分析，立足目前约束条件，努力摆脱过去、超越自我，问："我必须做些什么新事情，什么时候做？"

一个人活在世上，在一定的社会环境中度过自己的职业生涯，其职业生涯规划就不仅是一个自我"修身"、进行自我评估的问题，而且要考虑"齐家、治国、平天下"的问题，研究分析职业的社会环境影响因素。家庭出身、社会经济状况以及所处的时代背景，是一个人在进行职业生涯规划时需要考虑的三层基本环境因素。

首先，要认识家庭背景对于一个人职业选择的重要影响。我们说过，人生而平等，但人生而不同，因出身不同的家庭环境而不同。"成人"关键在"童年"，婴幼儿、青少年时期不仅是身体成长的关键时期，而且是人生观、价值观形成的关键时期，也是职业生涯发展的奠基期，而在这个时期家庭都扮演着最直接、最权重的角色；至于"成人"以后的职业生涯发展"正途"中，家庭也始终是一个人职业生涯"如影随形"的战略伙伴、政策向导和后勤保障者。总之，家庭对于一个人的成长和职业生涯发展具有举足轻重的影响作用，家庭出身是人生设计和职业生涯规划需要考虑的最直接、最重要环境因素。

在过去，家庭出身可能被看作是决定一个人是否"根深苗正"、"革命意志坚决"的关键因素，极端的身份制严重束缚了人们争取"自由平等"民主权利的手脚。但是从家庭出身对于一个人成长和职业生涯发展的重要影响来看，不能不承认"论出身"有一定的道理，只要不搞成"唯成分论"就是了。记得外国电影《流浪者》，其故事主线就是围绕"法官的儿子是法官，小偷的儿子是小偷"这个具有争议性的命题展开的。在现实中，之所以存在"法官的儿子是法官，小偷的儿子是小偷"的普遍现象，就是因为家庭环境的影响；影片主题要提供"法官的儿子是小偷，小偷的儿子是法官"的反证，也是通过设计特定的家庭环境影响来达到的，正反命题的合题都是"家庭出身很重要"。

在现实的职业选择和职业生涯规划中，一个人的职业志向和生涯路径往往受家庭环境因素的影响很大。据旅美中国学者高燕定先生介绍，在美国，许多律师的孩子，少有例外地不当律师。在中国，家庭对于个人职业生涯重要影响的情形，同样也不例外。传统中国社会是家族血缘关系为纽带编制而成的网络，中国人历来"家庭观念"、"家庭负担"很重，一个人首先要完成的社会义务是"传宗接代"，选择干什么事也首先要想到"光宗耀祖"。因此，在这样的社会文化背景下，家庭环境对于一个人职业生涯的权重影响可能比西方社会更大。只不过对于广大农民家庭来说，除了极个别(现在越来越多)有志向、幸运的贫寒弟子，他们通过"科举式"途经，跳出祖祖辈辈守候的"土环境"，而改变人生命运和职业生涯发展路径外，绝大多数老百姓家庭的孩子是在“别无选择”地“子继父业”的。而中上层家庭，特别是官员、商人和知识分子家庭，其子弟未来的职业生涯发展路径，则往往是有计划、有目标地事先由家长设计出来的，而且很少有例外。

家庭环境对一个人职业生涯规划的影响可能是正面的，也可能是负面的。家庭亲友职业价值观、职业意愿导向和职业信息传播等影响，往往是“潜移默化”的。你想想：从小在一个特定的家庭氛围中长大，自己将来想干什么不想干什么、该干什么不该干什么，其实已经是被“洗脑”了的，究竟是自己发自内心地“想”从事，还是家庭成员和亲友的“意思”，往往很难判断。但你必须给出明确的判断，否则，如果将自己给完全“丢失”了，不知道自己要什么，或误将“扭曲”了的家庭环境信息，如父辈根据自己过去年代已经不适时宜的老观念、老经验，拿来指导自己的职业生涯规划，其结果只能是“误导”自己走上歧途，延误终身职业发展大事。

受父母家族亲友影响选择专业和职业的情况，在我们的日常生活中不是个别现象。我就曾面试过一个推免上研究生的女孩子，原来报的会计专业，后来因名额限制等原因转到人力资源管理专业。在面试过程中，老师们自然就问到专业方向选择的问题，问：“你是出于什么考虑选择会计专业的？选择转专业你有什么想法？”她回答是攻读会计专业将来就业容易些，自己也对会计专业感兴趣，而且家庭亲友包括母亲、姑姑、舅舅、姨姨都是从事会计职业的。如果真是她所说的这样，选择会计专业和职业主要不是因为家庭亲友职业的外在干预性影响，而是出于自己内在的职业兴趣和能力(这也不排出遗传和家族影响)，那么这位同学选读会计专业研究生、将来走会计职业生涯道路，应该说是合理而明智的；如果情况正好相反，自己对会计工作一点都不感兴趣，也不擅长数字计算和处理事务，只是因为母姑舅姨的外在干预性影响才不得不选择，那么这样的选择是轻率、不负责任的，其后果也会是很糟糕的。

当然，对于“成人”后不同阶段职业生涯发展规划来说，家庭的重要影响作用还不仅仅是在“出身”层面，而是延伸到自己新成立家庭的方方面面，如谈恋爱择偶阶段“对象”以及结婚后“配偶”的职业价值观、职业生涯志向和状况，家庭成员包括配偶、子女和老人的财务需求、情感要求，他们所期望的生活方式，家庭的发展阶段以及本人和配偶在职业生涯上所处的发展阶段等，都是在职业生涯发展规划及其调整中所要慎重考虑的重要因素。

其次，要了解一定时期社会职业基本状况。青年人应通过查阅国际组织、政府主管部门和学术中介组织制订发布的有关职业分类标准文件和职业分层状况研究报告，了解社会总体职业分布状况，并对各种职业的工作内容、环境条件、资格要求、经济收入、生活方式、社会地位和发展前景等各方面信息，都有一个全面系统的总体了解和把握。还要重点了解、分析和把握一些社会热点职业门类的分布、需求和发展状况。一个人的职业生涯如果能够伴随着时代脉搏、经济周期和产业结构变革节奏而行进，永远处于职业社会的最前沿和最高层，那么其成功率肯定是很高的。因此，把握时代脉搏，适当前瞻性地了解和预测未来职业发展趋势，重点分析社会热门职业分布和需求状况，是制订好职业生涯规划的一个重要外在条件。争取一切可以争取的机会和途径，积极投入到实际职业情景中，现场体验和深入了解自己重点意向的职业分布状况、需求状况以及这些从业者工作和生活状况。此外，还应了解政府有关就业政策导向，接受政府部门和学术组织有关职业发展指导，使自己的职业生涯规划具有明确的宏观战略方向。

再次，要注意调查就业市场信息。首先要研究劳动力供给规模和结构状况，包括人口规模、年龄结构、性别结构、工作价值取向、民族风俗习惯、文化传统和就业政策等复杂因素对于劳动力市场供给影响；其次要研究用人单位的市场劳动力需求状况，包括行业分布、区域布局和工作岗位设置等。例如，从地域特点来看，京沪两地用人单位分布和工作职位设置就有很大不同，北京作为首都和历史文化名城，政府机关云集，教育文化单位众多，因此就业单位和工作岗位分布自然决定着青年大学生的求职取向，其职业声望排行榜的调查结果显示，市长、党政机关领导干部、国有大中型企业厂长经理、大学教授、法官、社会科学家排在最前列；而上海作为全国工商业大都市和国际金融中心，其商业气息较浓，高科技产业发展速度较快，因此在有关职业声望调查排行榜中，名列前列的，除了政府干部和大学教师外，主要是电脑网络工程师、高科技企业工程师、自然科学工作者、计算机软件设计师和翻译等。在调查劳动力市场供求信息的基础上，还要调查把握总体就业状况和发展的历史趋势。

此外，还应熟悉国家有关劳动法律法规。一般地说，劳动法律体系是指与劳动者权益有关的一切法律制度的总称，其所调节的对象是劳动关系以及与劳动关系密切相关的其他社会关系。在中国，劳动法调节的主要对象是劳动关系。所谓“劳动关系”，是指为了实现劳动过程而在劳动者与劳动使用者(用人单位或个人)之间发生的关系。同时，劳动法也涉及与劳动关系密切相关的其他社会关系，包括国家劳动主管机关、社会保险机构、劳动争议调解委员会和劳动争议仲裁委员会、工会组织以及其他政府机关因执行劳动行政管理职能、社会保险、处理劳动争议、参与企业管理和签订集体劳动合同或监督劳动法执行情况等原因而与用人单位或劳动者发生的关系。国家通过立法和政策规章等方式对这些社会关系加以调节，便形成所谓劳动法律体系。

从纵向框架结构和法律渊源来看，我国劳动法律体系包括：宪法；法律，即综合性劳动法，主要包括《劳动法》和《劳动合同法》；行政法规，这部分法规占相当大比例；地方法规，包括由省、自治区和直辖市人民代表大会及其常务委员会制定和发布地方性法规或自治条例和单行法规，以及地方各级人民代表大会和人民政府依照法律规定的权限发布的决定和命令，其中包括劳动方面的法规条文；工会规章，即中华全国总工会制定的规章；国际公约，中国是 ILO 的创始国之一，1971 年联合国恢复中国合法席位，同时 ILO 第 184 次理事会也决定恢复中国合法会员国地位，1984 年中华人民共和国政府对旧中国 14 个劳工公约全部予以承认，此后又陆续批准了一系列公约等，这些国际公约在国内都具有正式法律效力。

最后，还应了解政府就业方面的有关政策。我国政府基本就业政策是：通过促进经济和社会发展，创造就业条件，扩大就业机会；鼓励企业、事业组织、社会团体在法律、行政法规规定的范围内兴办产业或者拓展经营，增加就业；支持劳动者自愿组织起来就业和从事个体经营实现就业。为了促进就业，促进经济发展与扩大就业相协调，促进社会和谐稳定，2007 年国家专门颁布了《就业促进法》，规定：国家把扩大就业放在经济社会发展的突出位置，实施积极的就业政策，坚持劳动者自主择业、市场调节就业、政府促进就业的方针，多渠道扩大就业；劳动者依法享有平等就业和自主择业的权利，劳动者就业，不因民族、种族、性别、宗教信仰等不同而受歧视。该法对相关政策支持、公平就业、就业服务和管理、职业教育和培训、就业援助、监督检查和法律责任等，做了明确的法律规定。2007 年 11 月政府颁布《就业服务与就业管理规定》，对《就业促进法》中就业服务与管理、就业援助的相关制度做了进一步细化和完善，并废止了《劳动力市场管理规定》。

总之，一个人总是工作在一定的自然、社会、经济和组织环境中。因此，进行职业生涯规划还必须充分考虑环境的约束条件，要清楚回答这样一个基本问题：环境支持、允许或需要我做什么？具体地说，要检核如下诸问题：

——我所处的自然地理环境对于我所从事的职业有什么样的有利或不利影响？

——我的家庭条件支持、允许或需要我做什么？

——我周围的社会交往关系如何？

——我所在的组织环境能够给我提供什么样的职业条件？

——我从事这样的工作或职业是社会或组织需要的吗？由此可以获得丰厚的经济或非经济回报吗？

要点四：立足现在，明确阶段性目标和任务，将一切转化为行动，问："我必须做些什么？什么时候必须做？"

在进行自我评估和环境分析的基础上，制订职业战略规划，即基于个人职业基本志向，分析自己职业能力的优势和劣势，兼顾社会职业需要及其带来的机遇和挑战，确定职业战略目标，对自己一生职业发展的阶段性特征作出长期全局性部署、粗线条描述和具有应变弹性的安排，并将战略规划具体化为现实的职业行动计划，将一切转化为行动。

在个人基本职业志向确定后，可以借助著名的"SWOT"模型，分析自己职业能力的优势和劣势，兼顾社会职业需要及其带来的机遇和挑战，并进一步利用所谓"期望"模型，一一检核可选择职业三要素：

——工具值，即一个从业者所追求的东西，即个人达到期望职业目标后能得到自己所需回报的主观概率；

——效价值，即不同职业回报在当事人心目中的相对重要性赋值，它是个人职业价值观以及基于价值观对某项具体职业要素，如职业社会价值、职业成就感、职业地位和声望、职业收入及工作条件等的主观评价；

——期望值，即期望职业目标的成功概率，即个人对付出努力后可能达到所期望业绩目标的一种主观判断。

在此基础上，明确自己真正的职业成功动机和现实的职业选择，进行职业目标定位。

值得注意的是，在职业战略目标确定的问题上，一切具有所谓"操作性"的技术和工具都是拙劣的，一心想借助职业指导大师"手把手"式的指点来完成自己的职业目标定位和职业生涯规划，就如同西洋童话里那位试图点石成金的国王一样，是无比幼稚的和愚蠢的。如果硬要"装模作样"地机械套用"理论模型"通过数目字来"理性分析"一番，最后实际上都不可避免地异化为一种可笑的数字游戏而已。

在这里，"思想方法最重要"，关键是掌握恰当的思想方法，有了分析和解决问题的正确思想方法，最明智、最"实事求是"的做法就是回到现实中，主要借助经验的、直觉的、情感的、粗略的、朴素的、传统的和试错的方法，顶多加一点理性分析的"佐料"在其中，去完成自己的人生设计和职业战略目标定位。

拟订行动规划，将一切转化为切实的行动，是职业生涯规划中最关键、最艰难的一步，因为“知易行难”，往往在“纸上谈兵”相对容易，一回到实际、涉及具体行动，问题就立刻“复杂”起来，这一现实转换这可以说是“惊险的一跳”，既是对以前规划设想的现实检验，也是一个人执行力的现实考验。一个具体可行的行动计划，其基本内容应该包括：

☞ **职业志向**：人生目标分析。

——价值观；

——人生理想；

——成就动机；

——兴趣。

☞ **职业能力**：禀赋条件分析。

——性格特点；

——智能水平；

——情商；

——技能特长。

☞ **职业需要**：环境因素分析。

——自然地理环境；

——社会、政治环境及要求；

——经济因素；

——组织环境和需要。

☞ **职业选择**：自己的职业锚类型是什么？

☞ **职业路径**：按照职业锚，确定自己的职业发展方向和路径。

☞ **职业阶段**：各个人生阶段的目标和任务。

——20～30岁：因素分析与特定目标任务是什么？

——30～40岁：因素分析与特定目标任务是什么？

——40～50岁：因素分析与特定目标任务是什么？

——50～60岁：因素分析与特定目标任务是什么？

☞ **职业计划**：具体计划安排。

——长期计划：目标，战略步骤；

——中期计划：目标，策略；

——短期计划：任务，对策，按年、季、月、日安排。

☞ **职业举措**：为了实现上述目标应该采取什么样的对策措施？

——开发措施：在个人能力建设方面需要做那些短期培训和学习提升？

——工作激励措施：在现行岗位和日常工作中自己还需要做哪些进一步的改进和艰苦努力？

——社会环境保障措施：在同事及上司下属关系以及团队合作方面自己需要进行哪些调整和改善，外部社会环境，特别是家庭对自己的职业生涯发展具有促进还是干扰作用，如何扬长避短来改进？

☞ **职业日志**：根据年度目标任务和对策措施，具体拟订按年、季、月、日安排的工作计划，制订好自己的工作和生活日程表。

放弃幻想，脚踏实地，从容步入职场

> 青年人初次参加工作，要放弃不现实的期望，从容走入组织，立业并获得初步职业成就。

青年人就业，一旦确定了职业生涯发展方向和战略规划，下一步就是找到一个可以进入的组织。

参加工作的具体年龄，由于个人情况而不同，没有上大学的青年可能在18岁左右就开始，很多农村青年可能更早就参加农业或非农业劳动，而一些上大学的青年可能晚些，要到23～25岁左右大学毕业才有第一份工作。在这个时期面临的主要问题是：很多青年往往是在缺乏自我认识和社会经验，更不可能掌握完全真确的就业信息的情况下选择工作的，因此往往容易遇到挫折一蹶不振，将一时失利误以为是自己方向性错误，或引发职业理想破灭，或更加盲目地四面出击，反而为自己的职业生涯发展平添许多曲折。

对于初次参加工作的青年来说，在框定了职业发展方向和领域的情况下，面临的一个基本问题就是“寻找组织”，即选择就业的初始工作单位。这个过程实际上是一个个人与组织相互吸引、相互接纳的双向选择过程：个人寻找工作机会，递交求职申请，参加招聘面试，对组织所提供的工作岗位进行评价和选择；组织向社会发布需求信息，招募合适的候选人，估计和评价应聘者的工作预期能力和表现。最终的目的就是相互接纳、相互适应，个人找到适宜组织和如意工作，组织找到与自己需要相匹配的人，双方皆大欢喜。如果失败，后果往往很严重，双方都会遭受很大伤害和损失。因此，如何提高初次求职的成功率，并在进入组织的过程中选择和获得与自己职业期望相吻合的工作岗位，是这个阶段职业生涯发展面临的挑战性任务和关键问题。

实证调查数据显示，很多青年人，尤其是大学生在初次求职时，由于不能客观认识自我，同时又缺乏对实际情况的了解，往往都抱有很不切实际的幻想，自以为是、好高骛远，对自己能力估计过高而对实际工作困难缺乏了解，没有必要的心理准备。在求职时，要么提出一些不切实际的待遇要求，要么过高估计所求工作的期望条件。其结果，也往往无外乎两种情况：要么立刻被拒，到处碰壁、心灰意冷；要么幸运获得聘用，但一旦真的进入组织却大失所望，常常遭受“现实打击”，于是幻想破灭、不满离职。

首先，很多青年找工作，往往不先考虑自己“能干什么”，而是将自己“想要什么”放在首位，不清楚“想要什么”是果而“能干什么”才是因的道理，在应聘时往往口气很大，先想当然地假定自己是“了不起的人才”，自视很高，上来就是薪水多少、福利高低、待遇如何，但对自己究竟能干什么却不清楚。之所以发生这种“天真烂漫”的情况，肯定是因为在学校缺乏人生价值观的修炼，没有对工作的生命意义和内在价值进行真切深入的思考，或者是有关“理想教育”误入了唯“物”主义的企图所致。

同时，一些青年学生在找工作时，往往因为“心气儿很高”，求职期望好高骛远、高不成低不就，最后遭致很大的“现实打击”。这同样是因为缺乏正确的工作价值观和职业态度。一方面，我们的孩子们是在从小深受精英式应试教育的环境中长大，他们往往有满脑子的“精英意识”而缺乏起码的“职业意识”，只有精英如何享受炫耀的意识而没有为劳苦大众做事、“为人民服务”才能成为精英的意识；一些在贫穷家庭里成长的孩子刻苦读书上学就是要“立志”成为“人上人”、“当大官”以便“再也不被人欺负”；一些在富裕的家庭里成长的孩子也常常耳濡目染地形成“劳心者治人、劳力者治于人”的意识。在这种氛围中长大的孩子，求职时“高不成，低不就”，即使到了单位也往往是“小事不愿做，大事干不了”。如果我们的教育没有为年轻人提供必要的职业指导和教育，他们没有正确的工作价值观和职业操守意识，即使学了(其实很多情况下仅是“知道”而已)一些明晰的、书本上的而在实际中无法直接使用的所谓“专业知识”，在走上社会时也必然面临巨大的“现实冲击”，那么遭致挫折可以说是预料之中的事。

撇开这些特殊教育背景和社会影响因素，就一般情况来说，个人产生不现实的工作期望，其主要原因有如下几个方面：一是角色转换的不适应，特别是作为校园里的大学生与作为组织的新雇员之间，在使命要求、行为目标、人际关系和行动节律等方面巨大反差所造成的矛盾与冲突。例如，在学校学生会习惯于老师的谆谆教导和帮助，而到了工作单位却得不到老板和上司的贴身指导和帮助而产生无助感等。二是组织招聘宣传的言过其实和片面性，以及求职者应聘时急切的求职心情和片面的先入成见，所导致的“相互推销”情景，也会对工作期望非现实性提供各种信息不对称的误导或“错觉”。三是新旧环境客观差异所导致的思维习惯和思想方法偏误，例如学校“专业”课程设置与组织“职业”岗位设置的不对口等，造成很多学生习惯于“专业思维”而缺乏职业现实感。正如一位著名管理学家批评调侃举例说，MBA 学员毕业后面临的最大苦恼是，实际工作中遇到问题时他不知道这个问题是学校里哪个课上讲的问题，是人力资源管理课上的问题还是战略管理课上的问题。

总之，所谓“不现实的职业期望”，其实质就是主观判断与客观现实的冲突，而且主要矛盾方面是在个人主观意识上。因此，在初次求职时要获得高成功率，关键是对自己作出客观评估，并尽量了解组织工作的实际情况，在“天真期望”与“严酷现实”之间找到平衡点，以“适度自信”去认识自我，以“平实达观”的态度去面对现实工作，在现实工作实践中不断调适自己的心态、心理和心力。

初次选择工作、进入组织，是一项具有挑战性的角色转换任务，要以积极而平实的态度去对待，有计划、有目标、有步骤地实现这一转变过程。要获得成功，一要了解情况、掌握信息；二要具备理性选择素质、自主决策能力。具体地说，要做好如下几个方面的事情：建立自我意识；识别未来雇主；有效应对面试；客观评估组织；恰当选择工作。

首先要做的事情就是认识自我。常言道：“我们最大的敌人就是自己”。由于“不识庐山真面目，只缘身在此山中”的技术性原因，我们对自己的价值观、职业兴趣和才能往往不能作出客观正确的评价，往往受极端的心理因素影响，不是因为自卑心影响而低估自己、自暴自弃，就是由于自信心过分而高估自己、好高骛远。对此，我们一要学会在别人眼里看自己，在与他人(家长、老师、同学、朋友、同事等)的交往中认识自我、了解自己；二要学会自省自悟，将自我状态通过日常行为和事例一一描述出来，在每天的经验中获取有关自己的信息。只有通过这样漫长艰辛的日积月累，才能建立真实健康的自我意识，形成与未来组织现实相融合的职业期望。

再就是要多途径搜寻工作信息，包括新闻媒体、职业网站、招聘会、就业介绍机构以及个人门路，这样可以多方参照，有利于保证所掌握信息的客观全面性，为自己择业决策提供广泛牢靠的信息基础。但是，这里要注意的问题是，无论什么信息都不会是完全的，一是因为在技术上不可能，二是经济上存在一个合理性、合算性的问题；因此，信息的全面系统性在任何情况下都是相对的，那种认为可以通过全面搜集信息并加权计算出各种工作期望概率数值的所谓“理性决策”，可以说基本上是在“开理论的玩笑”。现实中的情况大多是根据“有限的信息”作出大致“合意的选择”，而且知觉判断往往多于理性分析，所以根据自己的职业兴趣志向做深度的调查研究，往往比广泛撒网式信息搜寻更重要些。

此外，在应聘的过程中，要做好面试准备，具备必要的人际沟通能力。对于自己意向中的组织，要做深入的调查研究，借助媒体等各种途径搜寻与应聘单位有关的信息，如果有条件和机会可以事先到单位做些实地调查，这样面试中就可以做到胸中有数、从容应对，加上具备有效人际交往能力并能够采用适当的沟通方式，求职命中率就应该很高。

这里，关键是要对所选择的组织进行详细的调查分析，包括组织性质、规模、行业前景、财务状况、未来战略、培训和发展机会以及晋升和提拔政策，并对照自己的职业取向和个人情况，看是否一致、有无矛盾和冲突，最后作出有针对性的组织选择和工作选择。但在选择组织和工作时，注意不要过于注重理性分析，而忽视情感和知觉判断；也不要过分迁就他人需要和世俗看法，而放弃自己独特的职业理想和追求。要注意从自己的内心价值追求出发，结合社会需要，选自己该走的路，走自己觉得对的路。

孔子说：“三十而立”。这里的“立”，就现代社会情况而言，应该主要是指“立业”，当然同时还有“成家”的意思，后者既指成立家庭，更指成就事业。30岁以后的青年期，是一个实现“成家立业”的典型时期，是争取获得职业成就和成功的关键时期。简言之，其面临的基本任务有二：首先要“立业”，然后或同时要“成家”。

一个人开始参加工作，经过几年“奋斗”，不仅获得了初步的工作技能，而且能够融入到某个组织中去，完成了“组织社会化”过程，具有了“组织归属感”，就标志着其“立业”目标的基本实现。一个人融入组织的主要标识有：

——个人通过干中学熟练掌握了其所从事的岗位工作，与其他成员建立了良好的人际关系；

——了解组织正式制度规则和非正式行为规范，特别是传统习惯、行话或专业术语、标识符号、历史传奇和核心价值观等；

——清楚组织内部权力结构，有影响力的重要人物及带头上司和同事的个人背景、工作习惯和生活习性。

融入组织需要时间和耐心，需要积极与组织方面进行双向沟通，接受并认同组织的核心价值观，认真对待组织交代的每一项工作任务，向组织方面传达自己的工作能力和高度责任感，要有“在容易的事情中干出不容易的事情来，在平凡的工作中干出不平凡的工作来”这样一种坚忍不拔、不骄不躁的工作态度和敬业精神，经得住日常工作的“平庸”磨炼以及不可避免的挫折和磨难。唯有这样，才能得到组织的认可并与之达成“心理契约”，最后在所融入的组织中完成“立业”的职业发展目标。

在逐渐融入组织的过程中，被动认同逐渐被积极奋斗所替代，经过若干年的经验积累、生涯演变和努力经营，一般到35岁左右的年龄段，大都会或迟或早、或长或短地获得一种“突飞猛进”的成就感。其基本表现就是：自主性和自信心增强，业务能力和职业威望快速提高，因对组织有突出贡献而得到上司赏识和升迁，个人对组织的满意感、责任感和归属感较高，对不断变化的工作环境有很强的应变能力。这时要做的主要事情可能是，重新检核校正自己的职业生涯目标，完善目前工作职责和绩效，进一步铺设未来职业发展路径，积极发展支撑个人事业成功的组织、家庭和社会人际关系力量等。

靠打工安身立命，以学习改变命运

> 近年来，沿海地区“民工荒”实质上是“技工荒”。青年民工要真正维护自身权益，实现长期可持续发展，应注意学习进取，不断提升自己的职业素质和技能。

农民工在城市就业市场上的悲惨遭遇，主要源于供大于求的非均衡市场态势。

长期以来，大量无特殊职业技能、仅靠体力干活的农村剩余劳动力流入就业空间有限的沿海发达城市，而且主要拥挤在狭小的低端制造业和服务业，以及有很大波动性和不确定性的建筑业。在这种供求严重失衡的劳动力市场上，处于弱势的民工根本没有讨价还价能力，没有提高加码的专业化人力资本，因此只能忍受资方压榨和剥削，在自身权益受侵害时无法获得自我保护。

但是近几年，很多劳动力密集型的制造企业却频繁遭遇“招工难”的困扰，纺织服装、饮食服务、电子玩具等许多“两头在外”的劳动密集型企业往往为“用工短缺”而犯愁，特别是2008年春以来，沿海珠三角、浙东南及闽东南等加工制造业聚集地区，连续三年发生“民工荒”。这种现象虽有总量问题在其中，但主要是区域性、结构性的。其中有宏观经济方面的政策含义，但对于青年学生和进城农民工来说，更有微观职业导向意义。

从总量供求关系来看，民工劳动力供给有所减少是一个不可否认的事实。1949年以来中国人口变动中，1958—1961年是一个显著低潮，到70年代末80年代初，再次进入一个人口出生率相对减少的时期，同时1971年以后国家开始实行计划生育政策，特别是1979年实行独生子女政策，正好使这一时期出生率出生的孩子大大减少，而他们大致在新千年前后陆续进入社会；再加上始于1999年的大学扩招政策，又使每年约500万就业人口暂时滞留在学校里。这些宏观因素显然会使民工劳动力在总供给量上大大减少。

但是，仅从人口和劳动力总量减少角度，还远远不能解释2004年前后发生的大规模“民工荒”现象。据统计，进城民工人数总的来说是逐年增长的，人口和劳动力总量只是相对(人口发展规模和总体态势)减少，而不是绝对减少。就全国范围来看，民工流动无外乎南、东、北三个基本流向。近年来，南流广东民工形势已经大不如前，这首先是由于全国经济快速发展，尤其是中部崛起、西部开发、东北振兴等重大战略的实施，不同程度地吸引了相当多的内地劳动力；其次是国家“三农政策”的有效实施，使农民种地收益提高，湘、鲁、豫、皖等农业大省已有大批农民工陆续返乡种田；再次是东部以上海为龙头的长三角地区快速发展，当地政府的优惠政策支持和企业优惠工资明显高于珠三角。加上珠三角引进的主要是以港资、台资为主的劳动密集型企业，这部分企业对人工的敏感比后来大量投资长三角的欧美跨国公司要高得多，而相比之下后者在管理规范性和人性化等方面也要好得多。

更应该看到的是，民工短缺存在明显的素质、年龄和性别等结构性特征。“民工荒”首先是“技工荒”和“素质荒”，短缺的主要是高级技工型人才，基本状况是所谓“三多三少”：技工文化程度低的多，高的少；技术等级中低的多，高的少；高等级技术工人年龄大的多，年轻的少。其次是25岁以下青年民工短缺。再次是在性别上，目前珠三角企业中，短缺的主要是青年女工，而求职难者则以男工为主。从打工民工的人口特征来看，流动近年来在外打工的农村青年男女，大多是80年代末90年代初生育低潮出生的第二代民工，多数都有初中文化程度，工作期望值也较高，但缺乏吃苦耐劳精神和职业教育技能，并且很多人既不安于务农也不甘于在城市“血汗工厂”吃苦受罪。这样的人群很容易在外在因素影响下减少劳动力供给倾向。

当然，“民工荒”也是不健全的劳动力市场机制作用的自然结果。虽然目前中国劳动力市场机制尚不健全，但供给与需求及其反映在价格上的博弈机理已经发挥作用，“价格低廉则减少供给，供不应求自然促使价格上涨”的基本规律在总体上不会有什么不同。据2004年9月国家劳动和社会保障部的一项调查显示：12年来，珠三角地区民工月工资仅提高了68元，如果把物价等因素考虑进去，实际上是负增长。民工们不仅工资低，而且还往往欠薪。“民工荒”背后的实质是“民权荒”，工作环境和条件恶劣，社会福利措施不到位，工作安全和精神文化需求得不到必要满足。

此外，从民工供给"根据地"的状况来看，有三个方面的拉动因素使东南沿海地区民工在总量上大大减少供给倾向。首先，由于实行计划生育，这一代打工者多为独生或二生子女，其父母不愿意让孩子出外干辛苦而危险的工作；其次，由于近年来国家"三农政策"的实施，在农村虽然不富裕但不必"背井离乡"也可以过上"低水准的逍遥自在"日子；再次，内地近年来第一代民工们也陆续"拷贝"开办了一些低技术含量的小企业，其工资比沿海低，但由于消费也较低，又节省了流动成本，所以很多人选择了进本地工厂就业。

近年来"民工荒"现象折射出重要的宏观意义。

首先，"民工荒"的结构性矛盾突出表现在素质结构上。职业技术工人稀缺与大学生就业难同时并存，与中国教育人力资源开发体制和激励机制逆向错位有直接关系。对于中国这样的劳动力近乎无限供给的发展中大国来说，大力发展中等职业技术教育更应成为其整个教育体系的主体组成部分，也是推进整个改革开放以来经济增长的主动因。但由于种种原因我们的职业技术教育发展却长期滞后，大批新成长的劳动者未经任何职业技术培训就参加工作，难以适应社会化大生产的需要，这是"技工荒"的体制性原因。

其次，"民工荒"标志着中国经济增长方式发生历史性逆转。多年来，中国经济增长主要依托所谓"低成本"比较优势支撑。低成本首先是低劳工成本，这就表现为珠三角、闽东南、浙东南等沿海发达地区遍地开花的"血汗工厂"，这些工厂大都是"两头在外"，依托低廉的民工成本支撑，逐渐成长和发展起来的劳动密集型加工制造企业。这些地区和产业吸纳大量"劳动力价格低廉"的内地打工者，其宏观效应有二：一是内地大片土地撂荒，农业生产萎缩，农产品供给减少，导致以食品价格，特别是粮食价格上涨为主要特征的新一轮通胀；二是占人口绝大多数比重的农民收入大幅下降，导致内需严重不足。内需不足，以低成本生产的产品自然倾销海外，外贸顺差逐年增大，由此引发所谓"流动性过剩"，人民币升值压力加大。由此看来，流动性过剩以及通货膨胀的总根源，其实说到底，就在于"中国制造"的低成本陷阱，而"民工荒"可以说是中国经济走出"低成本陷阱"的标志性事件、转折点和重要契机。

再次，"民工荒"也为改善劳资关系、维护民权以及整个和谐社会建设提供了良好机会。借此机会，通过建立健全企业民工集体谈判制度，特别是农村、农民和农民工社会保障体系，彻底改革教育人力资源开发体制，建立完善的农村、农民工职业技能培训体系，可以为中国经济发展模式的转型，为工业化中期阶段的“经济起飞”，提供良好制度基础、社会环境和人力资本条件。

但是，就劳动者个人职业选择和发展方向来看，“技工荒”同时也折射出人力资源开发和培训、不断提升自身人力资本素质的必要性和重要性。

在低端制造业生产流水线上，人被物“异化”，人的劳动、人本身变成了大机器生产体系一个被动的“螺丝钉”。前面我们已经谈到，在以福特主义为典型代表的大机器生产体系和霸权控制性管理框架中，人们日复一日、年复一年地干着一种单调乏味的机械性操作劳动，人失去了整体任务感和责任感，无法进行创造性劳动，也谈不上什么工作成就感。而且，这种工作随时都有被“技术进步”所替代的危险，一不小心就会被淘汰出局，失去工作、丢掉饭碗。在这种情况下，工作对于人来说几乎没有什么“人性”意义，也根本谈不上什么真正内在的自我价值驱动力。

因此，为了能够在求职路上长期可持续走下去，为了不被动地受不良雇主压迫、剥削和牵着鼻子走，进城打工的青年朋友，一定要积极进取，注意进行自我潜能开发，特别是在职业生涯早期，应注意通过各种途径和方式，不断提高自己的文化素质和职业技能。

人本主义者认为，**人类个体作为“完整的人”，天然具有发展自我的潜能和动力，其基本生存方式和成长状态就是自我实现，即自由地选择自己的发展方向和途径，并对自己的选择结果负责**。所以，学习，在广义上远不限于接受正规教育，而是一个人不断认识外部环境和世界，积极寻求自我发展路径和实现自我价值的过程或方式。一个青年人除了在长达20余年的漫漫求学路上进行全面系统的职业基础教育开发而外，还要在正式走上工作岗位、在数十年的职业生涯发展不同阶段上每时每刻“干中学”，不断接受各种短期培训和技能训练，以及个人潜能开发、创新力和领导力开发等专业性训练。

在实践中学会学习，是个人成长和发展中最重要的因素。

在实践中将“在干中学习”与“在思考中学习”有机结合起来，不仅要获得新知识和新技术，而且更重要的是，能够通过深刻反思来提升对成长有决定性影响的能力。在工作过程中边干边学，通过自学或者向有经验的同事或上司学习取得知识和技能。尤其是在机械、电工、木工、建筑和管道维修等操作性较强的工作中，由一个师傅带若干徒弟进行在职培训是非常普遍的做法，一个青年工人选择或遇到一位好师傅对于自己在职学习提高至关重要。

此外，青年人还应注意借助多媒体和互联网络技术提供的互动性和虚拟化情景，通过计算机网络提供智能指导、远程学习、实时视听、电子会议、虚拟现实、动感画面、平等互动和人际沟通等，来不断提高自己各方面的职业素质和技能。

下面是2008年6月23日《云浮日报》记者张瑜的一则报道，说的是一位农村女青年积极学习、参加就业培训，使自己的人生路由此宽阔起来的故事，很值得一读。

“如果不是参加了农村青年就业培训，我不可能找到这么好的工作!”在河口某石材厂工作的农村女孩小曾这样对记者说。

小曾是一名来自郁南县宋桂镇的农村青年，初中毕业后，由于家境困难，她就出来打工，月收入在1000元上下。原来她只是在某床上用品专卖店做营业员，由于工作没有什么技术含量，无法体现劳动价值，所以报酬也就低。她对工作并不能产生满足感。她说，其实我一直都想参加再学习，增加自己的知识，只是家庭条件不允许，所以没有机会。

2006年，小曾的妹妹参加了百万农村青年免费就业培训第一期培训班，这个很好的学习机会令她羡慕不已，自己不由跃跃欲试，产生了读书的想法。于是，她以半工半读的方式进入中大电子商务职业培训学校学习。

培训的时间虽然只有一年，可她学到了很多实用的知识，比如电脑的应用以及会计等。她认为，只要自己懂得了这些知识，以后总会用得着的。还没毕业，她就被学校推荐到云城河口某石材厂做了财务人员。后来，为了锻炼自己的工作能力，小曾主动要求做业务员搞石材销售。现在她每月除了能拿到1000多元的工资外，还能拿到销售业绩的提成奖金。

在石材厂工作已经半年多了，小曾说她在工作中边干边学，学到了很多东西。以前对石材一点也不了解的她，现在知道了这些漂亮的石材是从哪里来的、是怎么做出来的、品种和用途是什么，等等。另外，她还运用在培训班学到的电脑知识，做一些简单的设计，以及各种财务和销售表格。

小曾告诉记者，现在她在公司待的时间比在家的时间还长，已经把公司当成另一个家，把所从事的职业当成一份事业来用心地经营。她说，对于自己这个来自农村的女孩来说，如果不参加培训，不出来工作，在家除了务农还是务农，只能守着那一亩三分地，说不定早就嫁人了。

“出来工作参加学习后，我的眼界开阔了很多，见识了很多东西，思维和见解增长了不少，还结识了不少朋友。可以说，在学习中，在工作上，我真正感受到了知识的力量。”小曾这样欣喜地解释说。

她满怀信心地说，“虽然现在通过培训，我已经找到了一份满意的工作，但学无止境，如果有机会，我还会继续参加有关的职业学习和培训，更加充实自己的内涵，用知识来丰富自己的人生。”

记者从中大电子商务职业培训学校了解到，通过该校免费就业培训出来的农村青年，在学校的推荐下，大部分都走上了工作岗位，有的还在深圳、珠海、佛山等发达城市工作，月薪达2000多元。

一个人在职业生涯的不同发展阶段上，为了实现自己既定的职业生涯目标，按照自己职业生涯路径设计要求，有针对性地对自己人力资源所进行的一系列开发和再开发活动，包括职业基础素质教育、职业技能培训及其他修炼活动。在实际中，职业开发一般涉及潜能开发、人际交往能力开发、创新能力开发和领导力开发四个层面的重点开发。

人的巨大“潜能”，主要来自于无限奇妙的精神世界，以及具有无限驱动力的意识志向，而精神世界的奇妙和意识志向的强大，又主要是存在于人体并作为人体“指挥控制中心”的人脑之机能。所谓“潜能开发”，就是通过开展内在或外在的、正向或逆向的身心修炼计划和课程，以激发情感、开发右脑，或获得潜意识的“放松性警觉”以获得“灵感”，从而达到磨炼个人意志、提高智力素质和强化学习能力的目的。

人是有思想的动物。人类行为由其思想决定，有新思想才有新行为，创新行为来源于创造性思维，即通常所说的“创意”。什么是创意？简言之，就是“对旧要素进行新组合”。

在日常工作和生活中，我们总是按照一定的“心路”（经验、态度或想象等）去认识事物并了解其意义。由于所认识的事物是外在地存在的，也就是说思维所加工的材料都是旧的，至于哪些材料进入你的思维，哪些是没有“看”到的，以及这些材料怎么组合，能否产生以及产生什么样的结果，完全取决于你的“心路”即思维方式。

由此看来，所谓“创意”不是针对外在存在的事物或思考所用的材料，而是对材料进行加工的“心路”即思维方式来说的。在这个意义上，**任何“创意”（新想法、新点子）都是来自于“旧要素”，只不过是对旧要素按照不同已有的“心路”进行了“新的组合”，如此而已**。因此，学会认知，进行职业开发重点不在增强记忆、灌输知识上，而取决于你能否在“见多识广”的基础上进行“新组合”的能力。

人还是一种群居的“社会动物”，人们在职业生涯中面临最多、最复杂的还是“人际关系”，即人们在交往过程中形成的心理反应机制和情感体验模式。具体说来，人际关系涉及：

——由管理、指导、教育等行为，导致尊敬和顺从等心理反应或情感体验；

——由帮助、支持、同情、赞同、合作、友谊等行为，导致归属、友好、信任、接受等心理反应或情感体验；

——由尊敬、赞扬、求助等行为，导致积极、主动和帮助等心理反应或情感体验；

——由怯懦、礼貌、服从等行为，导致骄傲、夸张、炫耀、控制等心理反应或情感体验；

——由反抗、攻击、责骂、怀疑、厌倦等行为，导致仇恨、处罚、拒绝等心理反应或情感体验，等等。

人际关系的不和谐，原因非常复杂。从个体层面来看，无外乎利益冲突、信息不对称和心理情感矛盾三个方面。在这方面，青年人需要有意识地提高相关的认知水平，以及因应人际情势而自如调适自己心态和行为的能力。

此外，要在现代城市职场中生存和发展，青年人还要认真体悟学习如何在人际社会交往中去积极地、外向地影响他人，以及组织管理他人和领导他人。青年人应通过各种途径和方式，不断提高自己“办公室政治敏锐性”，以及在不同组织情境中承担和变换管理或领导角色的能力，为自己设计、搭建“一路畅通、步步高升”的职业发展阶梯。

人生万花筒，行行道道有出路

> “职业锚”好似一种奇异吸引子，使人生呈现出万花筒的多元化发展路径和心路历程。

“人生是个万花筒”。每个人的职业生涯都是大千世界的一条独特风景线。也就是说，职业生涯发展虽然有规律可循，我们对人们的不同职业生涯发展阶段、路径和模式可以进行适当的理论归纳，总结出一般性的东西以指导人们的职业实践，但是千万不能将之机械教条化，而忘记了自然界物种的多样性法则，人类社会的职业生涯发展同样是多元化、多样化和千变万化的。

“职业锚”：人生的奇异吸引子。

在成长和发展过程中，每个人实际上都在根据自己的天资、能力、动机、需要、态度和价值观等不断地进行职业探索，在探索中逐渐形成自己的职业方向和职业领域，渐次明晰自己的职业目标和职业路径。随着一个人职业生涯的演进，以自己的职业性向为基础的关于职业态度和价值观、职业动机和需要、职业特长与技能等与职业有关的自我判断会越来越清楚，这样就会最终形成自己的职业生涯主线或主导价值取向。

所谓“职业锚”，即职业生涯主线或主导价值取向，也就是当一个人不得不作出选择的时候无论如何都不会放弃的原则性东西，是人们职业选择和发展所围绕的中心。职业锚是一个人内在锚定的职业取向，就如同一种物理学上的“奇异吸引子”，或者“罗盘针”，在其毕生的职业选择和发展中起到矫正方向的作用，使职业生涯发展“万变不离其宗”，朝既定大目标、大方向迂回前进。

20世纪60年代中后期及70年代初，美国职业管理专家施恩教授基于对44位麻省理工学院斯隆研究院毕业生的长期追踪调查研究，经过对调查对象反应模式进行归纳总结，提出了他认为能涵盖所有职业类型的五种基本职业锚。其基本特征可以简要转述如下：

(1)**技术职能型锚**。这类人在职业选择和决策时，倾向于那些能够保证自己在既定技术或职能领域不断发展的职业，如科学研究、工程技术、财务分析、营销系统等。虽然他们在职业生涯中也涉及一些管理职责，但他们从内心深处看不起或惧怕全面管理工作，职能性管理工作只是其所锚定的技能性职业的辅助手段或职业进步的阶梯，一旦在其职业生涯中抛锚于既定的技术或职能区域，他们就会抛弃公司而非在既定区域外谋求晋升。

(2)**安全稳定型锚**。还有部分人极为重视长期职业稳定和工作保障性，他们比较愿意从事的工作或职业一般是能提供丰厚的薪酬收入、体面的工作职位以及可靠的未来生活保障，如组织能够提供有效的薪酬津贴方案、地缘上具有优越感和安全性、工作环境熟悉稳定、有良好的养老保险计划或能够终身雇用的职业等。安全稳定型职业锚又可以进一步区分为地理安全型和组织安全型两大类型。

(3)**管理权威型锚**。这些人往往具有成为管理者和获得权威的强烈动机，自信自己具备被提升到总经理职位上所必不可少的能力及价值观，通向能承担较高职责、进行更全面管理的经理职位是他们的根本职业目标和追求。他们自以为具备以下三个方面的能力：分析能力，即在信息不完全及不确定情况下发现问题、分析问题和解决问题的能力；人际能力，即在各种层次上影响、监督、领导、操纵及控制他人，从而富有成效地实现组织目标的能力；情感能力，即能够驾驭情感，能为人际情感危机所激励而不会受其困扰或影响，在较高的责任压力下不会变得无所作为，以及能使用权术而不感内疚或羞怯的能力。

(4)**变革创新型锚**。这类人大多具有企业家人力资本特性，拥有把握自己命运、要求有自主权来施展自己特殊才干的创造或创新能力。他们一般具有建立或创设某种完全属于自己的东西或杰作的行为倾向，如一件以其姓名命名的产品或工艺、一家他们自己的公司或一笔反映他们商业成就的个人财富等。这种职业锚具体涉及的职业类型是多种多样的，一些人成为某大城市中的城市住房购买商、修缮商和承租商，另一些人可能创办一家咨询公司或广告公司，还有的可能成为大学校长或风险投资家等。

(5)**独立自主型锚**。在选择职业时，一些青年人图谋最大限度地摆脱组织约束，往往被一种“自己决定自己命运”的精神冲动或内驱力所驱使，急切希望摆脱那种因在大公司、大机关中工作时受别人摆布、依赖别人的境况，力求在个人生活和工作诸方面都能独立自主。其中许多人同时还有着强烈的技术—职能导向，但他们却不像技术职能型职业锚的人那样，到某个组织中去追求这种职业导向，而是作为咨询专家独立工作，或是作为一家小企业的合伙人来从事技能性工作；而其他一些人则可能成为工商管理方面的教授、自由撰稿人或小型零售公司的所有者，如此等等。

需要指出的是，职业锚实际上只能由事后观察总结才能辨认，它其实是根据一个人所有职业性向、工作经历、兴趣爱好、关键事件等信息汇集而成的一种带规律性的职业生涯模式，以此告诉人们哪些是其职业生涯中最重要的东西，以作为今后职业发展的参照。同时，施恩根据美国特定人群归纳出来的五种类型职业锚，也不一定能够涵盖所有情境，对于中国人的情况是否适合也是个问题。但是，他所采用的实证调查研究方法则是值得我们学习借鉴的。

人生轨迹：职业生涯的多元化路径。

每个人的职业发展路径随着其人生轨迹走势不同而有很大的差异性。常言道：“天有不测风云，人有旦夕祸福”，人来到这个世界上，很多事情是人自己不可掌控的，在一定程度上要“顺势而为”。有些人，“心比天高，命比纸薄”，一辈子勤奋努力、辛苦劳作，却一事无成；而有些人似乎是“命运的宠儿”，一生顺顺当当、悠闲自得，好事连连。但是，大多数时候，“造物主”是以取长补短的“公平”准则播撒万物的。由于人生的这种多样变幻性，现实中个人职业生涯发展的具体路径也就呈现出无限丰富的多样性。

在传统计划经济体制环境下，大多数人的职业生涯是“别无选择”的，干部升迁往往是“听从组织安排”，一般职工常常是作为“革命螺丝钉”一辈子钉在一个单位或岗位上，一些有幸受高等教育的“天之骄子”也大都是“一次分配定终身”，他们的工作人生经历，存在明显的人身依附性和平直单调性，甚至可以说不是真正意义上的“职业生涯”。

今天，在改革开放的新时代，无论是城市里的还是乡下的年轻人，都有了自主选择自己人生道路的权利和机会。但是，对于很多没有接受过良好技能培训或中高等教育训练的青年人来说，他们的职业选择机会和空间往往十分有限，其职业生涯轨迹大致是沿着一种很狭窄的低层职业通道曲折而平实地走到尽头的线条。

——对于城市里(原本就有城镇户口)的青年人，他们的职业生涯轨迹五花八门：一些下乡回城的“知青”，就如同梁晓声小说《年轮》中所描述的那些，命运虽然很悲惨，但也不得不根据“历史”所安排的“命运”艰辛地向前走，“八仙过海、各显其能”，干什么的都有，其职业生涯再现出传统城镇小市民谋生式的典型特征；一些当初没有下乡而留在城里的青年人，往往通过各种途径(如“接班”顶替父母工作等)，在国有企业单位谋到了工作，后来由于企业改革而下岗，不得不在有限的职业空间中“自谋职业”，走上市场化职业生涯之路。

——对于我们农村青年来说，一些人很早辍学在家、无专业技能、仅有体力，有些人可能选择死守在家，在传统农村社区中过着单调的农业或非农业劳动生活(这很难称得上典型意义上的“职业生涯”)，大多数人即使出外谋生，但其典型的人生轨迹和职业生涯路径无非是：趁年轻时到城市的特定职业领域(如建筑施工、保安、家庭保姆、餐饮及相关生活服务)“打打工、挣点钱”，然后回乡成家过与其父辈差不多的日子，而个别人靠打工得来的“资本”(包括人力资本和非人力资本)回乡创业，也在中后期的职业生涯中干出了一番轰轰烈烈的事业来。

——对于那些有一定头脑和技能的农民工来说，很多人抱着在城里生活下去的信念，往往不太有具体职业目标、游荡式地随机选择能干的事情，“坚忍不拔”地在城市很“恶劣”但相对很“优越”的环境中工作生活下去，走一条艰辛而漫长的“农转非”职业生涯之路。

在高等教育没有实现大众化的情况下，那些有幸接受高等教育、成为“时代宠儿”、“天之骄子”的青年人，其人生轨迹和职业生涯路径也比较清晰：大学毕业，作为“国家干部”，相当多的人被分配到国家机关从政，走的是一条“升官发财”的道路，他们要么按部就班、兢兢业业，逐级按行政阶梯往上爬，到一定职位退休安享晚年；要么爬到一定级别，有了一定的权力和社会资本，这时由于改革大潮冲击市场机会多多，被一股浪打下海，另走一条“商海”职业通道；要么本来在机关干的就是“舞文弄墨”的智囊营生，官场走到一定级别再也不可能有什么向上发展空间了，就另谋出路，或到学术机构搞研究，或到大学教书，或者干脆就成一名游荡于学术圈的“自由职业者”。

现如今，在网络数字化传媒推介下，一些文化娱乐界明星们的人生轨迹和职业生涯发展路径更是富有传奇色彩。一些年轻歌手、影星，往往一夜之间快速成名，紧接着红遍全国、誉满全球，后旋即退出演艺圈，结束其职业生涯；也有个别职业生命旺盛，有长久不衰者，也有迂回曲折退出演艺圈数年后再返回重续辉煌者。在国内，具有这样传奇生涯的当红影星，如王宝强和二人转演员小沈阳等。他们的职业生涯走势呈“跑势”或“飞式”，人生“万花筒”及职业生涯多样性，在我们这些新人类、新新人类身上，变得异常奇妙甚至有些“不可思议”。

这里，我们专门看看两个从农村出来的当红80后明星之人生路径。

两个80后“土明星”的人生路径

在当今中国，说到王宝强和小沈阳，可以说无人不知无人不晓，这两个当红明星有一个共同点，即都是从农村出来的80后新星。

王宝强，1984年生于河北南和县农村。6岁时开始练习武术，8～14岁在河南嵩山少林寺做俗家弟子，之后来到北京闯天下，在各个剧组当武行做群众演员。

16岁时，王宝强被导演李扬挑中，主演独立电影《盲井》，这部电影让他一夜之间从武行变成金马奖最佳新人。王宝强凭《盲井》获得了法国第五届杜威尔电影节“最佳男主演奖”、第四十届台湾电影金马奖“最佳新人奖”以及第二届曼谷国际电影节“最佳男演员奖”。

之后，参演多部影视剧，以其草根形象深受观众喜爱。2004年，参演冯小刚贺岁剧《天下无贼》，名声大噪，其朴实的个性和独特的幸运赢得很多人的关注。

2006年，王宝强主演30集电视连续剧《士兵突击》，成功地塑造了许三多这个角色，其自然的表演才能在这部剧集中得到充分的展现，给人们留下深刻印象，并赢得了广大电视观众的喜爱。

2008年春节，上央视春节联欢晚会，主唱《农民工之歌》。王宝强在《乡下住着咱爹妈》中唱道：“乡下住着咱爹妈，面朝黄土把汗水洒。一年一年，青丝变白发，日日夜夜还把我牵挂。”歌曲中搭配童声儿歌念白，与王宝强刚强、豪迈的声音形成对照，其草根、真挚、坦白、淳朴的情愫富有感染力，催人泪下。

2008年6月，推出自己的首部自传《向前进——一个青春时代的奋斗史》。7月28日，在由中华全国总工会和国际劳工组织合作的“中国工作场所艾滋病教育项目”启动仪式及研讨会上，国际劳工组织正式宣布聘用王宝强担任“外来工艾滋病预防爱心大使”，并主演由顾长卫执导的“老乡帮老乡，预防艾滋病”健康行动公益广告，其生动幽默的表演给人留下深刻印象。2009年，担任浙江低收入农户青少年关爱行动形象大使并拍摄公益广告。

小沈阳，真名叫沈鹤，1981年出生于辽宁铁岭农村贫困家庭，从小就是个“心思重得邪乎”的孩子，童年在物质匮乏中度过，七八岁就开始为下地干活的爸爸、妈妈、哥哥炒菜做饭。家里生活压力一直很大，小沈阳想早点挣钱养家，13岁小学毕业进了武术学校，没多久就因为交不起学费而辍学，少年时代的第一个梦破灭了。回到家里无事可做，嗓音条件天生就好的小沈阳就跟着妈妈到处唱二人转挣钱。

母亲本来就是十里八村小有名气的二人转艺人，可以说，小沈阳的二人转基因是从娘胎里带来的。1995年，爸爸揣着700元钱把15岁的小沈阳送到当年赵本山、潘长江所在的铁岭民间艺术团学艺。当时，乡下的人们衡量一个孩子“出息”的标准是考大学，再就是开汽车、学手艺等，而二人转这行则是“下九流”，父母是顶着很大压力送小沈阳学艺的。不过，小沈阳也争气，二人转学得是顺风顺水。但眼界一开，心就野了，他决定出团到吉林去，凭借着自己二人转的绝活，一个人出去闯天下。

2000年，小沈阳进入吉林林越艺术团。刚到那里的时候，是做开头码暖场的演出，但经常被人起哄甚至谩骂，可不久小沈阳就开始唱压轴戏了。2001年，参加第一届“本山杯”二人转大赛获得了铜奖，这个青年的瘦弱渺小形象瞬间变得高大威猛起来。19岁时和搭档沈春阳恋爱，2004年在吉林大婚。

2006年阴历八月十五，小沈阳正式成为赵本山的弟子。从此，辽宁民间艺术团的广阔平台给了他充分展示自己的机会。年底，他参加天津电视台春节联欢晚会一鸣惊人，在与星光大道等代表队的PK中大获全胜，此次演出很快在网络上爆红，受到众多网友追捧。

2007年12月初次登陆央视舞台，在电视剧群英汇晚会中表演了《我要当明星》片段，获得满堂彩。2008年1月，有机会参加央视春晚的审查，送选节目《我要当明星》，惟妙惟肖地模仿了刀郎、刘德华、张雨生、阿杜、阿宝的演唱，震惊四座，但最后因与春晚主题不够相符，未能在大年夜与全国人民见面。2月20日再次应央视春晚导演邀请参加元宵晚会的录制，表演《我要当明星》，再次震惊四座，但在次日正式播放时因节目时间过长未播出，但小沈阳演出的视频在网络上火爆异常。后来，在《乡村爱情2》、《关东大先生》、《今日升堂》等电视剧中亦有精彩演出。

2009年中央电视台春节联欢晚会中，与师父赵本山、毕福剑、毛毛，搭档演出小品《不差钱》后，从此一路窜红，成为炙手可热的大明星。

总之，“理论是灰色的，而生活之树常青”，再高明的文学或绘画大师也难以穷尽描述现实中五彩缤纷、无限多样的人生轨迹和职业生涯发展路径。

心路历程：职业认知的阶段性变化。

职业生涯作为一种生命历程或人生经历，其实是主观选择和客观路径双重因素的辩证统一。一方面，它由一系列客观性的人生事件、工作状态或生活情境所组成，例如考学专业选择、初次求职就业、工作调动或地域迁徙、职务晋升等；另一方面，它也是一个人职业成长和发展的心路历程，由工作志向确立或就业期望形成、工作满意度与组织归属感增加、职业道德和敬业精神塑造、事业追求及成就感提高等一系列主观感悟或价值体验所组成。一般来说，职业心路历程的发展演变是这样的：

——在童年时期(约 12 岁前)，关于职业的认知主要是凭借兴趣和好奇心，或者凭感觉，朦胧地想象将来长大成人后“想干什么”；

——后来在家庭、学校和社会环境影响下，在少年和青年前期(12～18 岁)，逐渐感到自己将来“应该干什么”，先是很单纯地、非此即彼地考虑自己将来的职业生涯问题，而后发现该干的事情不是一样，太多了，且此彼之间是相互矛盾的，于是产生焦虑和无所适从的感觉；

——到青年自立时期(18～35 岁)，逐渐从困惑中走出，建立了独立的自我意识，发现很多事情并不是矛盾的而是有关联的，能够将自己内在能干且想干的事与社会外在要自己干的事情联系起来考虑，并能够采取达观的态度加以选择和区分，最终在实践探索中使自己的职业期望、职业目标、职业能力和职业路径逐渐清晰起来；

——在职业生涯中后期(35 岁以后)，在长期的实践探索中，感悟、总结、评估和调整自己的职业意识与职业态度，逐渐建立起健康、成熟和稳定的职业心理与敬业精神。

职业生涯发展中的心路历程，即人们关于职业的自我认知，也是因人而异、千差万别的，但总的来说，都是一个由浅层到深层、由朦胧到清晰、由内在到外在再回复到内在的循序渐进的心理变化过程。

5

走向成功路　幸福谁都有

青年人，就像早晨八九点钟的太阳，朝气蓬勃。青年人血气方刚，切忌陷于外在急功近利的世俗陷阱，要有内在的精神追求和自我价值目标，学会向内思考和自觉感悟，只要标定自己的核心价值观，勇敢地朝前走、朝前走，生活就会在平凡中有幸福，工作也会在艰苦中多快乐。

青年人，大胆地往前走

> 积极主动，胆大心细，理性有情，是青年人走向成功需要具备的基本心理素质和生活态度。

人生设计得再美好、职业生涯规划做得再周密，不采取行动一切都等于乌有。

人生成功的关键是，勇敢地将你的脚踏在地上，迈出第一步，并接着迈好你的每一步，一路走来，幸福生活自然就会有。

首先，青年人要树立积极主动、自信勇敢的人生和工作态度。

乐观面对人生，把握一切邂逅的机会，积极尝试一切值得尝试的事情，勇敢地推销和展示自己。不求稳妥，敢于冒险，要知道“当你行事过于谨小慎微时，你实际上正在承担生活中的最大风险”；许多人不敢尝试表面上是因为害怕失败，其实是害怕成功，如果你真的害怕失败，那你很可能早就成功了。成功与失败往往是孪生和遗传的，如果说“失败是成功之母”，那么在很多情况下“成功也是失败之父”，因此，成功与失败并没有那样泾渭分明，所以你也不要那样对二者“爱憎分明”，不敢失败就绝对没有成功。

只有积极、勇敢地尝试，才能有更多的成功机遇和条件，要知道成功的职业生涯恰是在不断试错中获得的。同时，勇敢承认错误，勇敢地接受失败，勇敢地放弃已经成功获得的东西，也是成功的职业生涯所必需的条件，这对于有效执行人生计划、获得成功人生具有重要意义。

其次，青年人不仅需要自信和勇气，还需要智慧。

我们知道，工作对于人的内在意义，主要体现在“主观能动性”方面，即人能够用“脑子”而不是双手创造性地干工作。因此，成功者的生涯肯定是“智慧人生”，他们善于用“脑子”干工作、干事业。青年人要善于学习，不时“充电”，经常参加一些进修和培训活动，以不断提升职业发展水平。当然，职业能力并不等于现实执行力，要将能力转化为现实的职业“生产力”，还需要实际中的“干中学”。此外，贯彻人生计划，还要善于在身边树立“标杆”，把握工作进度和生活节奏，分析差距并不断调整，形成良好的“职业习惯”。

再次，青年人要在工作和生活中取得成就，还要善于利用和管理时间。

我们为什么要强调“执行力”？就是因为“时间有限”、“时间不等人”这个自然条件的约束。一个人的生命是由时间组成的，在这个意义上，时间是造物主给予我们的唯一财富和资本，因此如果用时间来计量，儿童应该是亿万富翁，青年人应该是大资本家，拥有高效的执行力，就意味着节约了时间、积累了雄厚的资本和财富。而管理时间的基本要则就是，将日常的事务分轻重缓急有序安排，然后设定期限有条不紊完成之。

关于时间管理，有学者用大铁桶装沙石来做比喻："铁桶"容量相当于一个人一天的最大工作量，"石块"相当于重要而紧急的事务，"碎石"相当于重要但不紧急的事务，"细沙"相当于紧急但不重要的事务，"水"相当于不重要也不紧急的事务。因此，对于轻、重、缓、急情况不同的事务，在时间安排上次序应该是，先装石块再装碎石，而后灌进细沙最后倒进水，这样就可以充分填满时间铁桶的容量空间。这样思想方法很值得一些老感觉时间不够的青年朋友借鉴。

简言之，一个人的职业成就是坚强的毅力、创造性的智力，再加上有条不紊、"只争朝夕"的时间管理效力，三者有机结合的产物。

但是，风云多变幻，人算不如天算。一个人要取得成功，不仅需要有明确的目标、周密计划和强大的执行力，还需要建立随时化解矛盾、及时处理冲突、不时应对危机的职业生涯反馈和调整机制。要知道，"理性设计"、"科学分析"并遵守基本的生活或职业准则，是十分必要的，但这些设计、分析和准则只是辅助手段，不是机械的工具、死板的教条。

在人生路上，充满着喜怒哀乐的情感纷争，既有成功时的欣喜若狂、热泪盈眶，也有失败时的唉声叹气、无可奈何，其中很多事务不是仅凭"理性分析"就可以说清楚的，而往往需要"感情用事"，"凭着感觉走"。人生实质是一种自觉追寻、自发形成、自然演进的"学习曲线"，职业生涯本质上是一种"随机应变"、往往"妙不可言"的处世哲学和待人艺术。

最重要的是，一个人要在漫长的生涯中，自觉修炼出一套健康有序的心理调适机制，建立一套应对财务危机的理财保险机制，营造一套能够患难与共、同舟共济的社会保障体系，还要悉心经营自己的婚姻家庭和朋友亲情网。所有这些，都不是一朝一夕，搞"运动式"的操控管理活动能够"突击"出来的，而要在日常中长期坚持、潜移默化、循序渐进，才能有结果。

注意从小处入手，一切都要从现在做起，在现有职位上做好眼前的事。活在当下、抓住现在，平时就要注意人际交往，拜师交友也要在日常，时时处处注意个人形象和声望。千万不要等到"大祸临头"才去功利性地找人办事，这种就事论事式的"走后门、拉关系"，可能得手于一时一事，但要最终获得长期的职业生涯管理效果，十有八九是不会获得成功的。

因此，一个人的职业操控和生涯管理，要走出“人定胜天”的科学理性主义误区，以一种平和的心态、充分的耐心和在失败中不断学习的“大无畏”精神，去“实事求是”地面对人生、投入“火热的现实生活”和应对激烈而残酷的职场竞争，才能从中“自得其乐”、“自获其果”。

多元成功路，你有我有他都有

只要有精神追求，人人都能成功；只要能自我超越，个个都有幸福。

成功是内在精神诉求的达成，幸福是自我价值目标的实现。青年人，特别是来自农村的青年朋友，一定要树立多元成功观，并具备塑造主体幸福感的精神素质和能力。

正如台湾学者傅佩荣所说：成功最具体的定义就是“达成了某项目标”。“成功是出自一个人内在的自我肯定，而不是外在的财富、名望、地位、权势所能增建的。并且，人应该对自己负责。”“生存需要勇气，更需要目标。所谓成功，就是知道自己往哪里走，然后笑向前去。”或者说，“成功之道，首在确定目标，然后全力以赴”，真正的成功是一种“生活态度上的自得其乐”。

寻找目标固然辛苦，然而，最可惜的莫过于漫无目标。漫无目标可能导致三种态度：要么得过且过，要么游戏人生，再者就是投机取巧。但是，如果把外在的金钱、财富、名誉、权势等当作自己最重要的甚至是唯一的目标，其后果更为严重，这样很可能就会无视别人的存在、别人的需要，甚至忽视自己的真正需要；等到所谓目标达成时，内心所感受的恐怕是前所未有的失败。遗憾的是这种情形在现代社会背景下，往往是“经常发生的事”。人生目标的确定要“听从内在的声音”，然后把握时机，发挥潜能、全力以赴。

著名经理人李开复博士也强调：**成功最根本的衡量标准是“该行为是否对社会、对他人或对自己有益，是否能让一个人在自主选择的过程中，不断超越自己，并由此获得最大快乐”**。因为每个人都有自己的特质，真正的成功都是独一无二的，片面追逐名利、财富等外在目标的一元化成功模式，会让人失去正确的奋斗方向；一个崇尚一元化成功的社会，一定是不完善、不均衡的，在这样的社会中，其绝大多数成员都很难体会到真正的快乐和幸福。

成功就是不断超越自己，“做最好的自己”，每个人都有适合自己的独特成功机会、道路和模式，人人都能成功。李开复博士关于“成功同心圆”的说法，很值得我们青年人参悟思考。

成功同心圆

一个人要想成功，就必须首先拥有正确的价值观，有了正确价值观的指引，就可以更好地完善自己的人格，端正自己的人生态度，因此处于成功同心圆的核心。对于一个渴望成功的人来说，最重要的人生态度还包括积极、同理心、自信、自省、勇气、胸怀六种，它们处于同心圆的第二层。最后，还要将正确的价值观和人生态度应用到追寻理想、发现兴趣、有效执行、努力学习、人际交流、合作沟通六种最基本的行为方式中，它们构成同心圆最外面的一环。

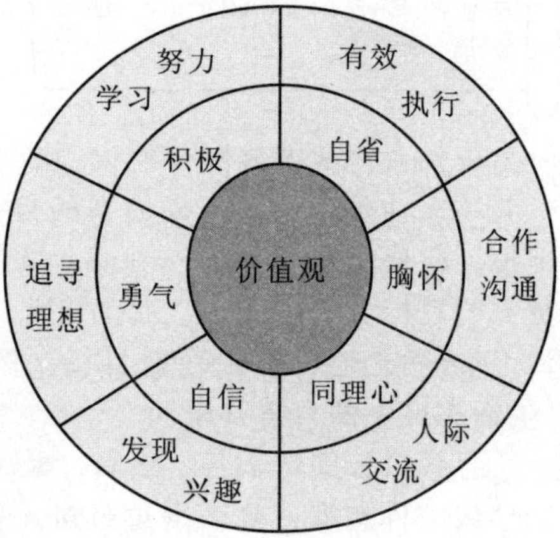

<u>价值观</u>：成功圆的中心是价值观，这也是判断一个人能否取得成功的最重要的标准。价值观是人生的基石，是成功的前提。拥有正确的价值观意味着一个人可以在大是大非问题上作出正确的抉择，意味着他是一个有道德、讲诚信、负责任的人，是一个值得信赖、值得托付的人。诚信是社会交往的道德基础，是一个人建立长期信誉的先决条件，是最为重要、人人都应该具备的核心价值观。只有从诚信出发，拥有正确的价值观（“正心诚意”），才能为社会作出贡献，才能达到真正的成功。

<u>态度</u>：态度受价值观指导，是行动的前提，是“为人处世的基本原则”。在某种意义上，态度是一个人所具有的核心价值观在现实生活和他人心目中的映射结果。最重要的态度有六种，即积极、同理心、自信、自省、勇气、胸怀，它们两两一组，构成了三个对立统一的逻辑关系。在积极与同理心之间求得最佳平衡，参与社会事务时既不能咄咄逼人，也不能因羞涩而畏缩不前；在自信与自省之间求得最佳平衡，既不能因过于自信而跌入自负的深渊，也不能过于自谦而加入自卑者的行列；在勇气与胸怀之间求得最佳平衡，既要有勇气面对挑战，改变那些我们可以改变的事情，也要有足够的胸怀接受那些无法改变的事情。中国文化强调团队和纪律，更注重自省和同理心，更有胸怀“来接受那些不可改变的事情”；西方文化则强调个人意识，更注重自信和积极主动，

更有勇气“来改变那些可以改变的事情”。所以，融合中西、协调均衡是在态度上“做最好的自己”的关键所在。

行为：行为受价值观和态度引导，是态度在学习、生活和工作中的具体表现，是一个人与社会、他人乃至自己接触和沟通的必然结果，也是社会衡量每个人的外在指标。每一种态度都主导着一种具体行为：以勇气指导自己追寻理想，以自信培养、发现兴趣，以自省指导有效执行，以积极的态度努力学习，以同理心指导人际交流，以胸怀促进团队合作和沟通。

在理解和使用成功同心圆的过程中，还要坚持两个基本原则，即完整和均衡。完整的原则是指要完整地理解成功同心圆的每个方面，要同时培养自己在各方面的素质和能力，以成为完整的、结合中西文化优点的人才；均衡的原则是指在培养自己的素质和能力时，不能偏激，不能走极端化的路线，应当根据自己的目标和实际情况，在对立统一的逻辑关系里选择最佳的均衡状态。但是，完整和均衡并不意味着圆滑、世故和骑墙，也不意味着必须丧失自己的个性和激情。有勇气来改变可以改变的事情，有胸怀来接受不可改变的事情，有智慧来分辨两者的不同，根据自己情况来追求多元化的成功，就可以成为“最好的自己”。

这样看来，只要有自己特定价值追求的农村青年，经过自己的个人奋斗、不断努力，如愿以偿地获得了自己内心的诉求，就都是人生成功。

——很多通过科举考试上了大学的农村青年，终于跳出农门进了城，最后经过个人努力和各种机缘巧合，最后成为国家干部或学界名流，算是人生成功；

——而没有考上大学，诸如王宝强、小沈阳等这样的农家子弟，也经过个人的奋斗，凭借自己的独特天赋才能，并巧遇贵人相助和抓住各种难得机会，同样走出农村进到城里来，当了闪光耀眼的明星，当然也是人生成功；

——还有千千万万既没考上大学，也无缘成为明星的农村青年，背上铺盖卷走出农村进得城来，经过艰苦卓绝的打工生涯，也在城市里定居下来，成为技术工人或职业白领，同样是人生成功；

——即使没有走出农村的无数青年，经过自己创业奋斗，成为林业专业户、养殖专业户乃至乡镇企业家或民营企业家，无疑也是成功。

再推而广之，有些农村青年，出来打工赚钱，回乡创业致富；有些农村青年走出大城市，进军小城镇；还有些农村青年在沿海建基业，到内地谋发展；另有更多的农村青年，到城里打工开了眼界，辛苦走一遭还了心愿……这些都是一种人生成功。

例如，2008年春，一个来自河南南阳农村的小伙子秦英林，由于回乡养猪而获得成功，作为农业部门选派基层代表之一，被总理招到中南海商谈国事，引起各界注意。媒体是这样报道他的：

不做城里人 回乡当农民

大学毕业后，秦英林回老家当起了“猪倌”，经过几年的发展，如今他经营的河南省内乡县牧原养殖有限公司，拥有上亿元资产，年产20万头猪。良好的经营业绩帮助他成为中国青年五四奖章获得者、中国十大杰出农民当选者。

秦英林出生在河南省内乡县马山口镇河西村，祖辈都是农民。1985年，他考进河南农业大学畜牧专业。1989年毕业，分配到南阳市一家食品公司工作。1990年结婚，“过起了许多农村娃梦寐以求的城里人生活”。

开始时日子过得甜甜蜜蜜，上班坐办公室，一切按部就班。但时间久了，秦英林的心里没着没落的。干的与学的关系不大，自己刻苦学习为了什么？像父亲这样的农民在农村不知有多少，为什么不利用自己所学，做点真正有意义的事呢？秦英林萌发了回乡创业的念头。但他还是犹豫了3年。

这3年里，秦英林为南阳的几个朋友设计猪舍、调配饲料，小试牛刀就得到大家的赞赏。他从中看到了自己的人生路标。1992年秋，他辞职与妻子一起回到家乡河西村，开始了“猪倌”生涯。

回来后，周围是一片反对声。同学说，咱农村孩子闯进城里不容易，丢了“铁饭碗”你肯定要后悔；父亲说，咱农村是个人都会养猪，谁要你这个大学生来逞能！

但巨大的压力没有压垮秦英林的信念。为筹建万头猪场，他向家人和朋友借了3.1万元。白天黑夜他都住在用玉米秆搭起的小窝棚里，打井、架电线、建水塔，样样都干。他还发挥自己的专业知识，设计出砖拱结构的猪舍，使造价降低了90%。

1993年6月，秦英林从郑州和南阳买来22头良种猪，梦寐以求的事业起步了！乡亲们马上就发现，大学生养猪与农民养猪的确不同。秦英林招聘的饲养员都是职高毕业生，他还经常给他们上课；他有一套隔离和防疫制度，一般人不能接近猪舍；他用营养学理论配制饲料，猪一天能长1公斤肉；给猪做肠道切除手术，他用手把猪粪掏出来；从国内到美国、法国、巴西等国的养猪场、兽医站和实验室，他四处学习。

秦英林的事业迅速壮大，创业第4年，他的资产就达到400万元。

随后，他主持了国家级星火项目——瘦肉型猪的产业化开发，年创社会效益上亿元，使数千人就业。

修齐治平：修炼自我，成就社会

> 国学乃人生哲学，“修身、齐家、治国、平天下”是最精妙的人生解读和成功之道。

就个人层面来看，青年人生注意价值观和人生观方面的修炼，即中国儒家哲学经典《大学》所说的“修身”。中国哲学其实就是人生哲学，“修身、齐家、治国、平天下”是最精妙的人生解读和成功路径描述。

首先，每个人自己对其人生的管理，也就是所谓“修身”。要“修身”，其实质在于学习如何做人，包括“格物致知”和“诚意正心”两个方面的内容；大致说来，前者属于认识论和方法论层面的修炼问题，后者则属于价值观和人生观层面的修养问题。

“格物致知”简单地说就是“悟道”、“超觉”，亦即超越“形而下”的具体器物形态，穷究“形而上”的普遍道理或一般真理，通过“格物”即格去存于肉身的“物欲”来达到认识心灵中“天理”的目的。

而“诚意正心”，则主要是指一个人的思想道德修养要做到理性和情感的内在统一，首先在情感上要“真诚实意”，不自欺欺人，不随意挥洒喜怒哀乐好恶爱恨种种情感，坦然豁达、谦和快意，才能做到“心安”而“理得”，“不思而得”，“择善而固执之”。

通俗地说，关于“修身”要则无外乎如下几点：

——**珍爱生命**，真诚地拥抱生活、感受人生，让内心充满阳光，在人生旅途中不断超越自我、提升生命价值和意义；

——**敬爱自然**，超脱于具体的物质形态和自我的物欲心理局限，对大自然（“天下万物”）怀着应有的尊重和敬畏心态，不断探索世界运动规律和普适性真理，“和合”天地万物、“包容”世间万象，无论在什么情况下都能够在“天下主义”文化境界上去从容应对处理任何事务；

——**关爱他人**，保持心灵始终处于“纯真可爱”的原生态，不以己之心强施于人，以“博爱”的宽广胸怀对待每一个人，不仅要以大德报小德，而且要做到“以德报怨”，在人际关系互动交往中追求“道德至善”；

——**热爱工作**，踏实肯干、忠于职守，将劳动、工作视作生命意义的有机组成部分，具有一种脚踏实地干事业的实事求是精神，将为人类谋幸福当作自己终生追求的价值目标；

——**衷爱真诚**，善于自我省悟，有自知自明，不虚妄、不做作，待人处世光明正大、坦坦荡荡，民主谦和中自然显露爱人本色，积极追求真善美。

按照中国儒家经典学说，以“修身”为本，一个人基于自己“待人处世”的道德精神修养，在家庭、学校、企业和政府等各种社会组织中推广实施“仁义礼治”之道，为他人、为社会同时也是为自己勤勤恳恳工作终生，就构成其职业生涯管理的全部内容。

“仁义忠恕”是孔子所强调的基本道德规范，是一个人管理其人生、修养其人性和发展其职业生涯的基本内容。

“义”者，“宜”也，即人在社会中的义务，也就是一个人要做“正确”的事情，按照道德原则(“绝对命令”)做他本应该做的事，而不是为了某种自私的利益去行事，所谓“君子喻于义，小人喻于利”就是这个意思。义务的本质就是“爱人”，这就是所谓“仁”，真正爱人者就是能够履行社会义务的人，“仁人”就是要求每个人忠于职守、各行其道。如何行“仁”呢？简单地说就是推己及人。从肯定方面说，“己欲立而立人，己欲达而达人”谓之“忠”；从否定方面看，“己所不欲，勿施于人”就是“恕”。

一个人要“管理”好其职业生涯，就是要围绕“仁义忠恕”四个方面的内容在各个人生阶段上始终不渝地进行学习修炼。在谈到自己“管理人生”的经历时，孔子有如下一段著名的自白：“吾十有五，而志于学。三十而立。四十而不惑。五十而知天命。六十而耳顺。七十而从心所欲，不逾矩。”

在这里，孔子所说的“学”，并不是今人通常所说的科学知识，而是关于“做人做事”的学问，青少年的时候就立志提高“待人处世”的精神境界。“立于礼”，“不知礼，无以立也”，所谓“三十而立”就是人生这个阶段应该知礼达礼、言行得体。然后成为“知者”，深刻认识道德价值和人生意义，因此“不惑”；到了五六十岁，进一步知“天命”并顺乎天命，达到“无所为而为”的超脱境界，为工作而工作，在乎的只是做事本身的价值，而不为外在功利而动。到了最后阶段，修身到家了，就能够达到做事“从心而欲”，无须刻意追求就可以“自然而然”将事情做好，即达到“至善”境界。

在这样的个人修身和人生追求基础上，就可以在各种社会组织中“游刃有余”地与人打交道，以“仁义忠恕”作为待人处世的基本准则，从事“理族齐家”、“治国安邦”等不同组织层次的各类管理工作。

其实，无论古今中外，凡是有辉煌成就者，无不是建立在个人成功的“人生管理”和“职业生涯管理”根基之上的。归纳起来，其要则无外乎：

——奉行“民为贵”信条，所谓“得民心者得天下”，察民性、顺民情、爱民众、兴民利、得民心，在工作中时时处处与人为善、平等待人，无论什么时候什么情况下都“不脱离群众”、永远“走群众路线”；

——关心“民生”问题，尊顺每个人“生命”个性要求，“正心诚意”地满足其人生价值实现需要，在工作中“勤政爱民”、“与民同乐”，共同进步；

——固守“仁义”核心理念，遵循“生命”周期运作规律，不断强化学习和开拓创新能力，“以不变应万变”积极应对环境变化所带来的各种挑战；

——建设“和合”文化，加强沟通和团队合作，提高所在群体内的凝聚协同力。

在人生奋斗和职业发展中，一个人应注意如下禁忌：**不要太“世故”，而忘了必要的“超然”态度；不要太“精英意识”，而忘了自己的有限理性；不要太“自以为是”，而忘了“人比己贵”的忠告；不要太“目中无人”，只把自己当人，而忘了别人也是与你一样的人。**坚守“三不要”，人生就会有方向感，职业发展就会有底线。

吃青春饭不是问题，仅靠“青春”吃饭很有问题

> 青年人要积极进取，要有内在的精神追求。如果摆正态度，再苦再累的工作和生活现实，你都会感到苦中有乐。

毛主席教导我们说：人还是要有点精神的。又说：青年人，就像早晨八九点钟的太阳，朝气蓬勃。一个人要有点精神，而对于一个青年人来说，就更是要拥有不只一点的精神追求。

回顾60多年共和国的世事民情演变，特别是青年人的生存状态和精神面貌，我们可以从中折射性地看出，当代青年人在生活态度及工作价值判断上，究竟面临的是怎样一种困境和问题。

旧中国“一穷二白”，人们在专制制度下过着“饥寒交迫”的日子。劳动对大多数老百姓来说，是一种异化自己人性的苦难经历，是一种“牛马不如”的生存状态。生活在这样的情形下，不要说是“不满”，那简直是一种怒火中烧的“愤懑”，这种愤懑往往在忍无可忍时引发出熊熊燃烧的“革命烈火”。

新中国成立，人民群众“翻身得解放，当家作主人”，由此激发出20世纪50年代那样“大干快上”、“战天斗地”的劳动热情。后来，由于种

种复杂的社会经济文化政治因素“历史性”地耦合，广大民众再度陷入不幸。

在一系列“文化大革命”口号煽惑下，工作价值和人生意义曾一度被扭曲到荒谬绝伦的地步。于是，“积极性”变成“消极性”，整个社会在一片“虚张声势”的虚假繁荣中。

“忽如一夜春风来，千树万树梨花开。”

改革开放后，特别是80年代初以家庭联产承包责任制为核心的农村土地改革，真正使广大农民有“一夜之间就到了共产主义”的感觉，一时间新的“劳动热情”被极大调动起来，经商做工、劳动致富再次形成一种“轰轰烈烈”的全民运动。但是，经过几年的忙活，不少人突然感觉迷失了生活方向。

在一些组织中，一说调动积极性就是提高工资、发奖金，一说“吸引人才”就是“房子、票子、车子”，结果积极性没有调动起来，人才也没有吸引来、留得住，倒是人们的“不满”情绪越来越大，组织凝聚力越来越差。

为什么会是这个样子呢？美国组织行为学家赫茨伯格研究发现：在组织中，满足各种需要所引起的激励强度和效果是不一样的，工作之外的物质生活条件满足是必要的，未满足会导致“不满”，但即使得到满足其激励作用也是很有限的；管理者的首要任务不是对付“不满意”，而是千方百计使人们感到“满意”，这就要通过改善工作内在因素，如使工作丰富化、富有挑战性，使员工有晋升、成长和发展的条件或机会等。

据此，我们可以很清楚地看到：人们之所以“端起碗吃肉，放下碗骂娘”，不是对“肉”（物质福利待遇）有什么“不满意”，关键是对劳动、工作本身的状态没有“满意感”，是因为普遍地迷失了劳动本身的价值目标，忘却了工作本身蕴涵的内在人生意义。

人们之所以感到劳动“辛苦”、工作有“压力”，主要不是因为劳动工作本身引起的，而是关于“劳动为什么”或“为什么而工作”这样的基本问题没有搞清楚，只有“工具理性”没有“价值理性”，仅把劳动作为“谋生的手段”、将工作看作是追求“房子、票子、车子”的工具，从而迷失了工作价值目标和人类生活意义。问题就在于此！

年轻人有“青春资本”，有的是天赋体力和天然姿色，但如果没有内在的精神追求，没有长期打算，没有可持续发展的职业技能，不合情合理甚至不合法地去吃“青春饭”，例如去从事性服务工作，可能就很成问题。

当今，南方一些农村青年，因凭借父辈留下的优厚物质生活条件而养成坐享其成还自鸣得意的“阔绰”状态，以及人生观和价值观的“错乱”，值得我们关注。

一位中国大陆农村青年的征婚启事

姓名：徐公子；**性别**：男；**学历**：高中；**职业**：农民

地址：浙江省龙游县某山村

网络征婚：寻求名牌大学女大学生做配偶

征婚独白：

我文化不高，高中上完就回到农村家里了，因为家里又只有我一个独子，所以现在生活过得也算小康。我也知道，大部分大学生不怎么喜欢到乡下，但如果你愿意嫁到农村来，我一定会叫你过上叫别人羡慕的生活，我敢保证不会比城里的生活差。我会用一辈子叫你幸福。我很专一，一旦你成为了我的老婆，我会把最好的东西都给你。

如果你喜欢逛街，我可以叫司机 24 小时待命送你去城里；如果你喜欢兜风，我可以用我的“BMW”随时带你去看风景；如果你更喜欢在网上看电影，你还可以用我新买的康佳 55 寸 LED 液晶电视直接上网看；另外，我会常常带你去旅行，国内、国外由你决定，不过前提是不能影响我们共同的理想的工作时间，其实在农村时间很自由，另外就是农村环境空气又好，适宜居住。我家的三层楼房，城里人管它叫别墅。

我什么东西都喜欢大的、宽敞的东西。不像城里人房子小，洗澡间还很小，用起来不舒服。这里厨房里的厨房电器，有格兰仕的、伊莱克斯和海尔的，不过不需要你做饭，我们家有小阿姨会做。

这是我们家书房，设备很全吧？哥们觉得这一张很 MAN，说咱们农民有力量，让城市大学生见识见识，呵呵。这也是我比较得意的家当，虽然我家的电器用品已经不缺，不过本人平时爱玩 PS2，对电视的要求比较高，这是我国庆期间刚换的 55 寸 LED 液晶电视迫不及待的装机试试，我最喜欢自己捣鼓这些新的数码家电了，家里的电脑、电视、打印机基本上都是我自己选的。洗完澡就玩上了，呵呵。

如果你也是农村人，你就明白了，在我们农村大部分大学生都在外面安家了，留在农村的很少。家人介绍大部分都是学历都不高的。我也是学历不高的人，我想改变，一方面可以改变下一代基因，另一方面有个高学历有见识的大学生作老婆可以相辅相成，共同努力实现农村建设的理想，所以我希望能够找一位大学生老婆这种想法不过分吧。为了能够让大家对我有更多的了解，我再发一些本人的生活照片给大家。这是我的书房，休息的时候，我最喜欢一个人盘坐在地板上用那种超大荧幕电视来玩游戏，画面感很强，很过瘾，所有烦恼都没有了。这是我的一种休闲方式。

下面，我们再来看看某位高素质的来自农村的女大学生，究竟是怎样一种人生态度和价值追求。这里，将前几年我与一位未谋过面的会计专业大一学生的几封电子通信转录如下。

尊敬的李教授，您好：

我是07级会计系学生X。结束了大一的经济学学习，我尚有一些问题和想法与老师所讲不符；而考试结束后，再联系老师就很难了。当然，即使能找到，说法也和课堂上是一样的。

期末考试结束后，学校却提供了一个机会：要求学生就自己所拟订的问题向教授咨询。您既为教授，必然能就我的些许浅薄问题指点迷津。因此，若您在7月初的任何时间有闲暇，希望您能给我一个机会，聆听您的教诲，也表达我自己的看法。近期，我将为此准备，望您能在7月1号到5号中任意一天匀出1小时左右时间有所赐教。期待您答应这个不情之请，谢谢！

感谢老师于百忙之中阅读此邮件！

您的学生X
2008-06-17

X同学：

欢迎你与我交流。师生谈话不需要那么正式隆重，具体约请时间也不方便。你如果有什么问题，可在白天打电话(×××××××××，我一般都在家)，我们可一起聊聊天，如果有特别重大的人生选择问题，我们再约时间当面谈，你看怎样？

2008-06-17

尊敬的李教授：

非常感谢您能抽出时间为我做些许指点。根据学院安排，这门课程应该于英语四级考试后(即5月21日后)开展。届时我们会有一些“培训”，大约到6月底才会开始自主咨询。因此，现在还无法根据其具体安排明确具体的时间，对此深表歉意。我会尽快确定我们的咨询时间，最迟在下周五前再与您联系，以确定咨询时间。对此给您造成的不便，再次表示歉意！

在此，谨向您提出我欲咨询的问题，方便您的指点。

作为一名来自西部内地的学生，毕业后能留在首都是再好不过的事。这一点相信不仅是我，也是很多和我有共同背景同学的愿望。身为S大学学子，我有理由相信在毕业后(暂且认为是本科毕业)找到一份工作是极有可能的；但我们面临着更大的麻烦：住所。

当然首先应该考虑单位分房和自己租房，这是两种比较直接的解决方式；但这些以及类似的方法毕竟不是长久之计，我们终究要面对买房的问题。

我的问题就是：3年后，作为一个刚毕业的大学生，在北京的环境下，应该怎样规划买房？

根据我的一些想法，这理应涉及以下几个方面：

1. 未来国家(或者说北京市)的住房政策是怎样的？依据是什么？

2. 未来房地产市场的走势是怎样的？资金是流入还是流出？依据是什么？

3. 未来的物价上升速度会怎样？依据是什么？(关系到房价的上升速度)

我会在近期查询政策，历史数据等相关资料并得出一些结论；届时希望您告诉我您对此的看法，并对我做出指导。

感谢老师于百忙之中阅读此邮件！若您有任何不便之处，请回复邮件或告知我(手机号码)。

您的学生X

2008-06-19

X同学：

我觉得你的想法存在方向性偏误，大学毕业不是想着怎么干事，而是满脑子“房子、房子……”严重不着调!!——恕我直言！有话当面再细说。

2008-06-19

尊敬的李教授：

常言道“一文钱难倒英雄汉”。话无豪情，却有深意。没有实际的物质支持，再多的抱负也无从实现。理想要转化为现实，还是需要一定条件的。您主张大学生做一番事业，我也如是想；但一屋不扫，何以扫天下？一个连自身基本生活都不能解决的人，必然无法施展其他的才华。欲有为必先自立，而这不啻为一个自立的基础，您说是吗？

可以向您保证的是，这不是我的最终目的。如同英语只是一个交流的工具，这也属于生存的一部分；但是为了更好的发展，我们还是要学好英语。而这也是同样的。

对您的态度，高兴之余，十分感动。经济学是一门“实际”的学科，那么部分研究之人难免陷于市侩之流；只不过相比菜市场上元角分的斤斤计较，他们研究的数字相对较大罢了。显然，您的看法是建立在“做事”基础上的，虽然不知道您得到的具体成果，想必过程十分精彩。现在有许多理想的人，也有许多为之奋斗的人，但不被流俗所扰而坚持到底的，实在是寥寥。我的想法：为了避免被扰，自然要研究规避的方法，好为理想的路披荆斩棘。从前看过余秋雨先生关于“小人”的文章，他认为“小人”无处不在，而“好人”是斗不过“小人”的。因此，应该存在研究“小人”的学问，目的就是更好地避免遭到损害，以完成更多的事。既然未来不可避免，还望您指导我如何对付这个“小人”，让我不至于为此陷于市侩。言语中见得您是直爽之人，我也就冒昧直言了。词句中若有不尊之处，还敬请谅解。

感谢老师于百忙之中阅读我的邮件！

您的学生 X

2008-06-21

X 同学：

看来你是一个“有心”的青年，善于观察思考。

说得不错，“一屋不扫，何以扫天下”，“欲有为必先自立”，但应该怎么“扫”？什么是“自立”？自立就是要买房子住吗？不“自立”房子从哪里来？我理解的自立就是有工作，能够独立地干出一些对他人、对社会有价值的事情(这不是大话，而是实实在在的真话)，这样你的财源自然滚滚而来，房子也会不成问题。你工作都没有，或者根本不知道自己将来能够干什么，一上来就那么气壮地要买房子？凭的什么？如果不是爸爸妈妈亲朋好友的资助，你有这个能力吗？——请注意，我不是从投资理财的角度跟你讨论这个问题。

我也不同意什么“好人”斗不过“小人”的话，我不相信“我是流氓我怕谁！”那是假话，我相信“我是君子我怕谁！”我是好人我谁都不怕。

谢谢你与我交流思想，欢迎继续讨论。我喜欢你这样勤于思考的青年！

2008-06-22

尊敬的李教授：

毋庸置疑地，刚毕业后无法独立承担这份财务。因此就刚毕业来说，必然地是选择租房等手段暂时解决问题。如果是父母支付，那于情则远，于理则贵，因而必不会是在北京。这既是我的选择，所有在京“给养”问题自然也是独自支付，而这就是我大一就开始关心这个问题的原因。家中现也有几处房产，但我希望凭自己的努力挣得真正属于自己的东西。

鉴于两个原因：1. 毕业后短期内必然不会在这方面有充足的资金投入；2. 有自己的住所越快越好，我才尤其关心这个问题，而这纯粹是从个人角度出发的。此事我既没告诉家人，亦无打算靠他人“援助”。个人的力量是渺小的，那么信息当然是知道得越多越好了。由于专业的关系，当然希望学有所用，毕竟利用于实际才是经济学，也是所有学科存在的目的。

或许您认为这是急功近利的表现，但我觉得它是生存的基础。若您因我的“动机”有所不快，还请谅解。若如此，您大可把这个问题当成一个学生咨询的学术问题。我想，真正使您不快的原因应该是这与我自己的切身利益相关罢。如我咨询的题目是类似于“日本的经济泡沫产生原因及其对中国的启示”等等，虽然空泛些，想必不会令您如此生气。可是，您觉得一个农业大学出来的学生不会种田，音乐学院出来的不会演奏，那行吗？作为经管院的学生，若是连自己身边的经济生活都无从处理，那还真有点说不过去。

下周我们就要开始实践课程了，真诚地希望能够继续和老师交流。

感谢老师于百忙之中阅读我的邮件！

您的学生 X

2008-06-22

可能人家孩子以为我不可理喻，打电话跟我也没有什么好说的，或者根本就跟这个老家伙说不清楚，此后再也没理睬我。

面对当今年轻人急功近利、心急火燎的焦灼焦虑状态，我真切想表达的意见是：**如果不明白票子、车子、房子等只不过是工作成就的一种“自然而然”的结果之一，而且对于你实现人生价值和生命意义来说这仅是一种外在的、不具有决定性的结果，将工作本身的价值目标与物质福利的外在手段之关系完全搞颠倒了，那么在这样的情况下，在很容易满足的物质需要“一不小心”满足后，就会突然“忘乎所以”起来、“不知所措”起来，滋生出无限空虚颓废的糟糕情绪，并陷入“欲壑难填”的扭曲心理**。

在这种急功近利狂吃“青春饭”或坐享其成的错位价值观笼罩下，由于没有必要的“心理准备”，很容易“失足成恨”，再次“一不小心”，很容易做出一些既“自损阴德”又“伤天害理”的举动来，结果葬送了自己的“前程”，如果人人如此，必然使整个社会也陷于腐化没落的尴尬可悲不和谐状态。

无可否认，一个人年轻时生存压力往往很大，吃饭问题往往显得很紧迫，但关于吃饭、吃什么饭、靠什么吃饭，以及为什么吃饭或吃饭为什么这样基本的人生观和价值观问题都搞不明白，那么，他的前途和命运就实在令人堪忧。

如果向内找原因，就会获得真善美

> 你什么时候都不能对真善美失去信心！如果你向内找原因，你会发现这个世界还是很公平、正义、美好的。

应该承认，在车轮滚滚的街道上，在人声喧嚣的集市上，在机声隆隆的流水线上，苦难的劳作把我们打工仔、打工妹的人性都给“异化”了，但是我们自己不能自甘堕落，应该积极向上寻找和坚守人生的真善美，锚定并把准自己职业发展的正确目标，沿着正当稳实的台阶步步坚定地向上走。

2006年9月，有媒体报道，一位名叫臧勤的“神奇的哥”，别人累死累活每月也就挣三四千元，他竟能快快乐乐每月稳挣八千元，人称“快乐车夫”。其神奇、快乐的奥妙何在？按他自己所言，就在于拥有积极内在的工作价值追求。他说：“要学会享受工作带来的美和快乐”。“有人说，你是因为赚的钱多，所以当然快乐。我对他们说，你们正好错了。是因为我有快乐、积极的心态，所以赚的钱多。”确实如此，如果摆正了“工作态度”，哪怕你从事的工作再苦再累再普通，不仅能够挣大钱，同时也会从中感受到美和快乐。

我曾为此专门撰写了一篇博文，大加赞颂。

一赞“神奇的哥”，二颂“快乐车夫”

在数字化生存的时代，我这个平日钻在书斋里的“臭学人”实在孤陋寡闻得可以，一天深夜看书累极打开电视，某电视台正在播放上海“神奇的哥”、“快乐车夫”和“草根英雄”臧勤的调查故事，看后激动不已，上网一查原来竟然是3月份就发生的“旧闻”，网上评议早已像沸腾的开水。由于此“闻”与鄙人所关注的HR问题密切相关，所以管它是“新闻”还是“旧闻”，只顾借题发挥出自己想说的话就算“得了”呗！

凡是公共话题说什么的都有，有正面的就有负面的，有歌颂的就有贬斥、质疑或批评的。这位“的哥”的事也是如此。作为“愤世嫉俗”的所谓“知识人”，比如我这样平日钻在书斋里的“臭学人”，最大的“臭毛病”就是喜欢“吹毛求疵”，发评论往往批评这指责那，却往往提不出什么真正具有“建设性”的意见来。但是，唯独关于“神奇的哥”这件事情，我怎么想也想不出它有什么不是，哪怕是一丁点值得我批评质疑的地方！

首先臧哥之所以值得赞颂，是因为他是我们建设“社会主义市场经济”所真正需要而在现实中又极其稀缺难得的“理性人格”。他在激烈的煎熬人性的市场竞争环境中能够“独善其身”地保持着健康向上的市场主体人格，即独立自主而不自私自利、精明理性而富有人情味、苦难深重而又达观处世，是多么难得啊！一个“的哥”，一个现代“骆驼祥子”，能够将现代经济学和管理学的理念、知识和方法(如成本核算、时间管理、信息技术和营销理念等)融会贯通地应用到自己平凡得不能再平凡的工作中去，使自己在没有任何违规行为、且往往表现出“为人民服务”举动的情况下，这是一种什么人格、什么精神？我以为这正是我们所呼唤的“市场主体”人格、市场创新精神！

其次臧哥之所以值得颂赞，我想更是因为他身上保持着那股凡是国人都不应该缺失的“民族特性”或“优良传统”。中国人的民族特性大抵可以用“吃苦勤劳”来形容，在长期艰难困苦的“日子”中我们中国老百姓学会了一整套“革命乐观主义”的处世态度，以及对付灾难、压力、贫困的“过日子”策略或手法，他们不怨天、不尤人，将劳作苦难视作“老天”安排的“生活”(日子)本身，深深地懂得“日子就得这么过”，因此在苦中求乐，最终一个个成为苦难而快乐、不幸而幸福的人。臧哥就是千千万万这样的中国人中的一个，他对工作价值、生命意义和生活真谛的深刻理解，令我感动！他能深深知晓“态度决定一切”的道理。在“很多司机都抱怨，生意不好做啊，油价又涨了啊，都从别人身上找原因”的情况下，他却知道“从自己身上找问题”，能够“学会享受工作带来的美和快乐”。“遇到红灯的时候，把心态放松，放一粒瓜子或者五香豆到嘴中，看看外面的美景，有时候感觉就像自己开着私家车在马路上兜风。”关于快乐工作与赚钱的内在关联性，臧哥的大义金言是：“我常常说我是一个快乐的车夫。有人说，你是因为赚的钱多，所以当然快乐。我对他们说，你们正好错了。是因为我有快乐、积极的心态，所以赚的钱多。”这是一种多么深刻的人生感悟啊！

近年来，处于社会转型关键时期的国人，心绪浮躁、精神抑郁、就业困难、利益冲突、矛盾激化往往成为笼罩工作生活的常态，在这样的时代大背景下，臧哥这种人生态度、工作价值观和职业精神是那么难得珍贵啊！因之，为了我们“社会主义市场经济”的建设事业，我想学着当年俄罗斯大文豪高尔基在《海燕》中的腔调，高声呐喊——

“让臧勤这样的‘神奇的哥’、‘快乐车夫’来得更多些吧！”

下面大家再来看看媒体记者关于打工妹小蓝的采访报道。

打工妹小蓝的艰辛人生路

深圳天安数码城一带，工厂云集，数码城工人生活区，一间间鸽子笼般的房间镶嵌在一幢幢宿舍楼中，在一间阴暗逼仄的七人宿舍里，今年20岁的广西妹小蓝——千百万珠三角打工仔打工妹中的普通一员，虽然对未来没有一个明确方向，但东奔西跑、辛勤劳作，还在工余时间补充文化知识。

"每次回家看到家里就心酸，在城里呆久了，家乡却依旧贫困，妈妈白发也多了起来，只要想起妈妈，再苦再累也要好好干。"自从2001年来深圳后，蓝元梅只回过两次广西上林县老家。

刚来深圳时，她只有16岁，只能办临时身份证。初中刚毕业，考上了中专，因为家里穷没能上成。父亲因贷款炒股票欠了一大笔债，至今五六年过去了，下落不明、生死未卜。小蓝有一姐一弟，姐姐也在深圳打工，弟弟在家乡镇上的中学念书。

来深圳后，小蓝先是在关外宝安的一家电子厂干了一年多。"那时几乎天天上班，偶尔不加班。每天要工作12个小时，忙的时候要通宵工作，一个月才六七百元工资。"初来乍到的新鲜感，很快就被工作的疲惫所替代。

她们早上要7点起床，洗漱，吃早饭，8点就要上班，午餐和晚餐各有一个半小时休息时间，晚上通常要加班，10点半左右下晚班，消夜，排队洗澡，洗衣，跟打仗似的，通常要到凌晨才睡。蓝元梅和她的工友们普遍睡眠时间不足，上班打瞌睡，焊锡的烙铁把自己的手给烫了，这样的事经常发生。

有一次，小蓝生病，正赶上工厂赶货，厂里不准请假，只允许打针休息几个小时。还有一次，姐姐大老远来看她，小蓝要去车站接，想请半天假陪姐姐，工厂只准假两小时，把姐姐接到就赶着去上班。

厂里对工人很不尊重，下班要搜身，看有没有偷走产品，男工就直接搜身，女工用电感器探测。有时工人想辞职，厂里不准许，非要辞就别想要当月工资了。"公司做了很多违法事情，但总觉得告状没有用，劳动局都应该是护着老板的。"对初到城里打工的小蓝来说，第一份工作着实让她领教了都市生存的残酷。

有高兴的事？小蓝回答："高兴的是认识了很多朋友，不高兴的是，本来大家玩得很好的，但有些工友提了班长后，就开始对我们凶起来。"

一年多后，小蓝元梅换了一份工作。这是一家助力器厂，老板不错，比原来人性化多了，逢年过节还请大家吃饭，并组织员工到海滨玩。工资也比原来涨了一些。问题在于工作环境太糟糕，车间太热。

又工作了一年两个月，2004 年 6 月小蓝元梅来到关内的精量电子厂。这是一家美资企业，比较严格地遵守劳动法。参照深圳公布的最低工资，拿 690 元，经常加班，月收入可拿到 1400 多元。

业余时间，不加班的话，也很无聊，就是看个电视什么的。从去年 9 月开始，她与很多工友们到一个公益性质的外来工社区学院，主要是学习一些计算机办公软件。另外还经常可以看电影或参加个舞会，或者参加一些涉及劳动维权、人际沟通、预防艾滋病等方面的讲座。“我们已经把外来工社区学院当成了一个家”，小蓝说，“以前没事就逛街，看电视，现在没事就往那里跑，生活充实了很多。”

对未来有进一步的打算吗？“有打算，但还是有些不自信，总觉得文化知识不够，”小蓝说，“想做文员，或到商场做收银员，总之工资要高一些。”以前在关外时，小蓝一个月生活花费不到 50 元，现在则要花两三百元。尽管如此，小蓝还是省吃俭用，一年总要往家里寄上一万元左右，供弟弟念书，补贴家用。

想在深圳定居吗？“定居？定居就要买房，这是我们想都不敢想的事。”小蓝说，“现在没有想得太远，只想家里能过得好，赚点钱，走一步算一步。”外来工社区学院让小蓝这些打工妹打工仔们懂得了学习的重要性，“我学会了上网，与人说话胆量也提高了一些。”更重要的是，外来工社区学院让他们这些外来工有了自己的公共生活空间。小蓝作为其一名优秀代表参加过探访麻风病人等不少公益活动。“原来以为自己就是弱者，怎么能够帮助别人，现在发现弱者是相对的，我也能够帮助人，帮助人的感觉很好。”

在城里呆久了，小蓝回家时都有点不习惯。“回家时看到一些熟悉的面孔，会觉得亲切、激动。”但家乡贫困依旧，“变化不大，好像更破了，家里都是泥土，不习惯，到了晚上漆黑一片，生活单调得要命，住了几天又想回深圳了。”小蓝无奈而迷茫地说，“我们这一代人，会干农活的非常少了，大多数人都不想回去，但凭我们的实力在深圳定居又太难，大家对未来没有想得太多，只好走一步看一步。”

一百多年前，马克思、恩格斯在指出“资本主义”社会以专业化分工为基础的大机器生产劳动对人性“异化”的局限性后，进一步展望了未来“共产主义”社会超越分工局限的理想状态。他们对比描述道：

原来，当分工一出现之后，每个人就有了自己一定的特殊的活动范围，这个范围是强加于他的，他不能超出这个范围：他是一个猎人、渔夫或牧人，或者是一个批判的批评者，只要他不想失去生活资料，他就始终应该是这样的人。而在共产主义社会里，任何人都没有特定的活动范围，每个人都可以在任何部门内发展，社会调节着整个生产，因而使我有可能随我自己的心愿，今天干这个事，明天干那个事，上午打猎，下午捕鱼，傍晚从事畜牧，晚饭后从事批判，但并不因此就使我成为一个猎人、渔夫、牧人或批评者。

也许这种想象太过“浪漫”，但他们对于以专业化分工为基础的现代大工业生产体系存在“异化人性”的严肃批判，以及对于社会进步人道化、人性化、人本化的基本指向的理想展望和深邃把握，却是值得我们认真思考的。

如果说在马克思时代，将工作本身设计得既高效又快乐，使人们可以随心所欲地“今天干这个事，明天干那个事”，这种工作状态确实有些“乌托邦”；但是在今天，在互联网新技术革命推动下，人类已经进入后工业化的知识经济社会，伴随着新人类、新新人类的接续成长，什么“虚拟化空间”、“数字化管理”、“家庭办公”、“网上冲浪”等诸如此类的新新工作生活方式，可以说是层出不穷，令人目不暇接，甚至再新奇的东西，大家都有些司空见惯的感觉，人们的工作生活状态已经不是“日新月异”，而真可谓“日新日异”，变幻莫测！

在这样的情况下，**怎样通过试错式的寻觅，找到一份适合自己的工作，从此“工作，并快乐着”，看来是每个当今都市职场青年男女所希望并都可以达成的事情**。对此，号称“世界第一 CEO”、“管理奇才”杰克·韦尔奇，在他一部可以看作是人力资源专著的书《赢》中，专门在第 16 章以“合适的工作：找到一份好工作，此后的人生不再是劳作”为题，谈了他自己的亲身感悟和看法。他说：

重要的一点是，你在未来会从事什么样的工作，这个问题几乎是不可能准确预测的。实际上，如果你的确遇到了某个长期以来一直忠实地执行自己职业规划的家伙，那可千万别在晚餐上同他坐在一块儿——多么乏味的人啊！

当然，我并不是要你听任命运的摆布。一份伟大的工作能让你的人生充满兴奋，富有意义，而不合适的工作则会让人的生命之水趋于枯竭。

那么，你怎样才能找到合适的工作呢？

第一个答案很简单，那就是你要学会忍耐，这是一个令人讨厌而又浪费时间的过程，有起有伏、反反复复。所有的上班族都有过类似的经历，人们先接受一个工作，看看自己喜欢什么，不喜欢什么，哪些方面擅长，哪些方面不擅长。接着，他们在合适的时候变更工作，更接近自己理想的职业。直到有一天，人们认识到——啊，我已经找到最适合我自己的工作了，我喜欢自己正在做的事情，我所得到的平衡是自己心甘情愿的。

是的，一种平衡，因为没有什么工作是完美无缺的。你可以对自己的工作有发自内心的喜爱，但依然希望薪水能再高一点。或者你觉得工作本身只是马马虎虎，但你喜欢周围的同事。不管用什么标准，总有适合你的工作。

工作，并快乐着！如此这般，人生就是工作，工作就是快乐，从此就不需要专门腾出时间来“休闲”、“娱乐”了吧？好像也不是那么回事儿。这不过是强调，工作与休闲越来越融为一体了，其对人生的意义及其内在价值实现越来越不分彼此了，如此而已。

1994年，美国学者杰弗瑞·戈比在学术畅销书《你生命中的休闲》中，根据新时代特点对“休闲”重新做了定义：

休闲是从文化环境和物质环境中解脱出来的一种相对自由的生活，它是个体能够以自己所喜爱的、本能地感到有价值的方式，在内心之爱的驱动下行动，并为信仰提供一个基础。

其实，如果将“休闲”一词替换成“工作”，这个定义也是同样成立的。在当代社会，工作与休闲的界线越来越模糊，工作本身就应该也将会成为这样一种“休闲娱乐”行为：**它是一种人“成为人”的过程，是一种完成个人生命价值和社会发展使命的主要形式，从根本上说，就是一种对生命意义和幸福快乐的自由探索，是人类通过自身行为去发现生活意义的典型实践活动**。这首先是一个工作价值观和工作态度的内在修炼问题。

总之，套用流行语来说，青年人正当的价值指向应该是：生活，并幸福着；工作，并快乐着！在当今网络数字化生存的新时代背景下，根据生命的神圣感召和社会角色的内在价值要求，将自己的人生和职业工作设计得既高效又快乐，并不是梦想，而是近在眼前的现实。

青年人要学会直面社会利益矛盾，达观平和处理日常人际冲突，基于自利诉求又能超越自我，推己及人去利他，为构建和谐、美好生活而自强不息。

根据我自己的人生体验，无论哪个时代，青年人面临的最大挑战和困惑，往往并非表面我们感知的那样——来自物质匮乏，而主要来自于精神层面。

一般来说，青年人在认知外部世界、感悟社会事理时，由于经验有限、阅历尚浅而时常陷于无尽的困惑怅惘和焦虑无奈之中，特别是遇到现实人际利益矛盾和冲突时，往往因不会达观认知和自如应对而陷于万般无助状态。

因此，在结束本书谈话之前，我们还是回到“青春困惑”这个老话题上，结合我自己当年正值青春期时陷于潘晓困惑不能自拔，后来又怎么经过长期挣扎而摆脱痛苦的“心路历程”，与当今的青年朋友们谈谈，应该怎样直面现实利益矛盾，积极化解社会人际冲突，进而奔向幸福快乐新生活这个重大人生选择问题。

当在北京城里的“潘晓”（潘祎、黄晓菊）们大声呐喊“人生的路呵，怎么越走越窄？”的困惑时，我正值18岁的“春季”，刚刚怀着莫名孤寂和无限憧憬，从偏僻的豫西山村来到空旷大气的太原城，步入“似真亦幻”的大学生活不到一年。

这种境况，虽然不至于有潘晓他们那种“人生的路越走越窄”的极端感觉，但是，改革开放初期剧烈变动的社会环境，强加给我们这一代青年人内心深处的精神重压，却是完全相同的。从当时大的时代背景和特点来看，我这个正处于“农转非”人生转折点上的农村青年，所特有的沉重、幽怨、郁闷、迷茫、焦虑和激愤，与自小就处于北京城市生活环境而生发出来的“潘晓困惑”，可以说是别无二致、灵犀相通的。

在我童年记忆中最早的重大历史事件，应该是庆祝“九大”召开的夜晚游行盛况。各村中小学生各自排着长龙一样的游行队伍，敲锣打鼓，抬着大灯笼，扭着秧歌舞步，互串村巷，那情景真是叫人情绪昂扬、热血沸腾！后来，在整个小学初中阶段，就是一场运动接着一场运动，我们这些农村孩子更是经常性地亲临其境、深受其苦。

现在回想起来，一个人在这种狂躁、虚假的社会环境中成长，该是多么不幸和痛苦的事情啊！实在地说，我相信人天生都有一颗“向善”的心灵，所以政治思想教育如果不是“假大空”而是实实在在的话，应该是能够被孩子们所接受的。

记得在初中的时候，我们学校让学生成立“理论小组”，帮助贫下中农学文化，这事情后来闹得动静很大，成为县里树立的政治思想教育典型。就是这样的氛围下，我们这些青春初动的男女孩子们，也能够从每晚小组活动以及活动结束后互送回家的交往中，感觉到无比珍贵而朦胧的友爱。现在回想起来，小组活动的主题早已淡忘，但那“朦胧的友爱”却始终留在了心灵深处，像晶莹闪光的宝石是那么美好无比。

我常想，如果能够把这种“美好的善”的潜能通过实实在在的教育方式有效“开发”出来，对于我们建设“和谐社会”该是多么大的动力啊！不幸的是，现实与理想都有许多矛盾。

在这样的成长环境中，我们那一代青少年的烦恼，不是一般的“少年维特之烦恼”，而是普遍患有“潘晓”那样精神分裂般的“苦恼”，于是在“忍无可忍”的情况下“爆发”或“喷发”，终于酿成全国范围的“人生大讨论”和“思想解放运动”。用历史唯物主义的观点回头看，这并不是“小题大做”或“超女作秀”，而是自然而然、必然发生的严肃历史事件。

当然，从“潘晓”那封似“电场”、像“惊雷”、令人“一阵震撼”的读者来信中，你也可以看出，在我们那时初涉之“人生路”上，也存在明显的“城乡差别”。

当时，他们那些城市孩子作为“知识青年上山下乡”，其生活条件可以说是从“天堂到地狱”，后来虽然落实政策又回到“天堂”但已经“今非昔比”，返城后没有了自己应得的地位，你说他们能不“感到”人生的路“越走越窄”吗？而我们这些本来就在山乡过活的农村孩子，给点“阳光”就是“灿烂”，再加上因为贫穷所以人与人的关系要比他们“城市”自然淳朴一些，因而没有明显“感觉”到潘晓那样人生的路“越走越窄”，这也是很自然的事。

由于这种“城乡差别”，使得我后来“农转非”进城上大学期间所招致的“潘晓困惑”及苦恼又多了一层，这也许是三十多年来作为“进了城的农民”始终感到没有原先在乡下“精神幸福”的一个重要社会背景和历史局限性吧？

经过数十年来“在黑暗中摸索”，在跌跌撞撞、四处碰壁的艰难跋涉中，以及几十年如一日沿着“人本管理与发展”这个基本方向，在人文社会科学相关专业领域积累的“学问”，再回过头来看看，当年那搅动亿万中国青年心绪的“潘晓困惑”并最终以大批判而结束的“潘晓命题”，似乎已经有了“不惑”的、“通解”意义上的答案。

要达观认识人际关系和深刻领悟人生意义，首先要充分认可和尊重人的自利基因及个人欲求。为什么要认定人的自利本性？正如赵德志先生在《论人本主义经济学》一文所论，其基本依据是：自然存在的个人是“性质最稳定的一种社会经济系统基本元件和微观实体，是一切社会组织和结构拓扑变形的生成元”；在社会科学领域，自然存在的个人（追求自身利益的）本质“就是一个客观存在、性质已知却无法改变的原子核”。

其实，关于人的自利本性，马克思主义经典作家也曾明确承认：对于每个人来说，出发点总是他们自己，个人总是并且也不可能不是从自己本身出发的。总之，**追求自身利益是人的天然本性，这种自利本性最深刻地根源于任何开放系统（耗散结构）所具有的自组织功能和生物遗传基因的自控原理，是“最硬”的即性质最稳定的生成元素，因而具有普遍适用性**。

可能有人会说，人是社会中存在的高级动物，怎么能完全服从哺乳动物的生物学限制而不去“反抗自利的复制基因的暴政”从而实现利他主义的真正人化呢？按照美国著名经济学家加里·贝克尔的理论解析，**“利他主义的真正人化”也必须建立在“人是自利的”这一“坚硬内核”的基础上才能得以说明**。实际上，在“个人自利内核”基础上衍生的人类利己或利他行为方式，用生物学基因遗传原理可以得到“统一”解释。

任何有机体的个体行为从根本上取决于“自私的基因”复制自身的对策性方式，包括“殊死搏斗”、“互惠合作”或“自我牺牲”等。其一般原理是：通过拥有相同基因的生命个体互相拯救，以少数具有生命力的基因复制来获得整体基因遗传和保持，这就是生物界利他行为之所以存在的生物学根源。

同样，人类社会中的利他主义也具有深刻的生物进化根由，利用现实中存在的“利他主义”行为是无法否定人们客观存在的“自利”动机的。**如果说“利他主义”是真正的“人化”特征，那么，人类正是在“自利人性”的基础上实现“利他主义的真正人化”的**。

认可和尊重人的自利动因具有重要的“人生管理与发展”意义。

如果将自利人性及个人行为放在群体、组织和社会环境中来考察，那么所得出的一个自然推论就是：要给每一个人以充分的自主决定其行为的“自由”。就是说，承认个人“自利”的存在，也就必须承认每个人天然是他们的自身利益的判断者。我的利益在什么地方，这样的行为对我有利，还是那样的行为对我有好处，谁最清楚？回答是：我自己！除了我之外的任何一个“外人”，不管这个外人是谁，是我的亲朋好友还是智者伟人，都没有我自己清楚！在这方面，正如亚当·斯密所言，“哲学家”和“街上的挑夫”没有太大差别；他们对自己想要什么、不想要什么最为清楚，把个人的选择权交给一个外人（不管他是政治家或是立法者），“是再危险没有了”。

反观历史和现实，亚当·斯密所说的这种“危险”经常变为“真实的悲剧”，小到家庭悲欢离合，大到国家民族兴衰。

在中国，传统家庭生活中，子女的婚姻之所以必须由父母包办，就是因为在父母眼里，子女永远都是“不懂事的孩子”，即使“成人”以后，决定关于娶谁嫁谁能够获得幸福这样的决策，他们自己也是“傻瓜”的，结果由此酿成了多少“人间悲剧”！

一个人有了“自主性”或“自主权”，不仅意味着选择的“自由”，更意味着“责任”、意味着自己要为自己的行为后果负责，意味着“积极性”和“主观能动性”，意味着创造性地“工作”。**在群体、组织和社会中，互相承认“自主”，也就意味着互相“理解”和“尊重”，无论是“己所欲”还是“己所不欲”都不会轻易“施于人”，遇到矛盾冲突采取“达观”的态度和“沟通、协商”的办法化解**。这正是和谐社会赖以建立的前提或基础。

如此看来，**在现实社会生活中，大量存在的利他行为其实都是一种“有条件的”，即都是在特定条件约束下为实现“自利”目标的利他行为**。例如，面对危险或灾难等特殊变故的“同舟共济”性合作行为，遗产税、个人累进所得税等再分配政策条件下的“慈善捐献”行为，父母为自己“防老”或享受“天伦之乐”而对子女的养育行为，等等，都属于“投桃报李”或“助人为乐”的利他行为。所有这些行为，其实都是“千真万确”的自利行为，都是一种出于“自利”动机为实现自身利益目标的“开明自利”行为。如果说这种行为是什么“利他主义”行为的话，那么人们在市场上的交换行为都是“利他主义”的，而经济学所专注研究的就正是这种行为。

我们应该将“自利”动机或目标与实现这种目标的行为方式区分开来。在实际生活当中，人们为了实现自己的自利目标，往往会“理性”地选择自己应该采取的实现途径和方式，或直接地“自私自利”或“损人利己”，更多的时候是“开明自利”或“利他主义”。即使表面上看来极端无条件的利他主义行为，归根结底，都基于文化遗传基因的亲缘选择和协同进化性质；从利己动机到利他行为之间，所不同的只是“迂回”程度有差异而已。

“自私自利”的小人，其自利目标与实现目标的手段或途径之间“迂回”度太低，太“直截了当”；而“大公无私”者，并不是说他真的没有自己的“自利”动机，而是因为他看待他的“自利”目标时站得“境界”比较高，往往能够将自己的眼前利益与长远利益做“战略性”的权衡，所以，在实现自己的自利目标时能够选择较“迂回”的途径或方式，能够“放长线钓大鱼”，从而在“根本”上真正实现自己的自利目标。在现实中，这种“迂回”性很具有“欺骗性”，不仅外人往往被蒙蔽，就是行为者本人也在主观意识或显意识层面，似乎是“不知道”或“不刻意”的。

多年前，著名经济学家樊纲先生在其半自传体小书《求解命运的方程》中对这种基于自利动机的利他行为，曾做过透彻分析。他说，在特定社会环境中，人们追求“自利”并非就只是“自私自利”，他人利益也可能进入其目标函数，人们追求自身利益并不意味着就“不管别人死活”。

另一位大学者汪丁丁先生，也曾专门提到，“自利”不应该与“自私”画等号，“自利”说的是基于人的理性，虽强调自己的利益，但却是从“理性”出发，遵循“己所不欲、勿施于人”的道德律，时刻准备为改善个人与他人的利益关系做某种妥协。

总之，**现实中存在的“利他”行为，不是没有“利己动机”，而不过是为实现“利己”目标的一种“恰当”或“高级”行为方式罢了。**

在现实生活中，**一切人际关系都可以看作是两个自利人之间的关系**。他们的关系无外乎两种情况：一种是无关系，即零相关关系，即一个人的利益与另一个人的利益不相关，彼此没有任何关系，这种相互独立的关系对于社会秩序的维持一般来说不会存在什么问题；另一种是有关系，这种关系又有正相关与负相关两种情况。

无论是正相关还是负相关的情况，再进一步考虑“主观动机”因素，为此我在深刻领会樊纲先生关于人生“命运方程”含义的基础上，加入自己数十年来的心得体会，画了一张自以为周延无比的“社会人际关系全景图”，这张图可以将所有的人际利益关系囊括其中。

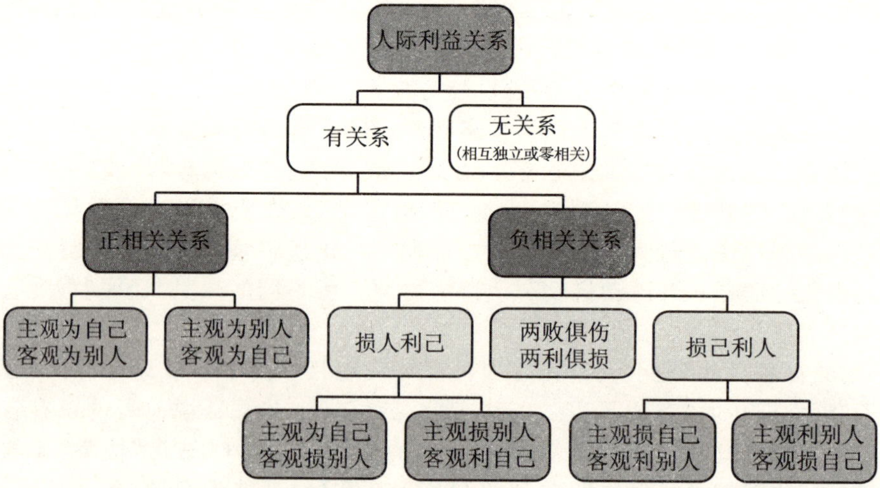

社会人际关系全景图

“利己利人”，即“主观为自己，客观为别人”，这也就是我们上面所说的“有条件的利他主义行为”，用经济学的专门术语来说，就是所谓“外部正效应”，市场、职场或日常生活中最大量、最普遍存在的，就是这种正相关关系。

“利人利己”，即“主观为别人，客观为自己”，这就是日常人们多加颂扬的“利他主义行为”。其实，这种行为之所以受到大家赞赏，主要是因为人们将关注的焦点放在了“主观为别人”视点上，而没有注意“客观为自己”的事实，或者是行为人自己将“客观为自己”这个茬给“忘了”或无意识“蒙蔽”了，但之所以能够“淡忘”不是因为真的无自利在里面，而是因为“正相关”太强烈或太不成问题了，以致才可以达到如此这般“忘我”的程度。

“损人利己”，在日常大多数场合，我们都可能遇到这种“主观为自己，客观损别人”的情形，用经济学的语言来说，就是所谓“外部负效应”。当然，日常也常有“损人(结果)不利己”或“宁可不利己也要损人”的行为发生(这种行为之所以发生，可能是当事人出于如嫉妒等扭曲或不合理的动机考虑，由心理上某种莫名其妙的“需求”或“收益”激发所致)，这是些平常人们最讨厌并在道德上大加谴责的一种行为。

“损己利人”，这是通常人们大加赞赏的高尚行为。但是，应该注意的是，这种行为并非绝对意义上的“毫不利己，专门利人”，大多是权衡选择的妥协行为；还有一种可能情况是，在利益负相关的情况下双方处于“僵持”状态，既可能因为都想“损己利人”而陷于“势均力敌”的僵局(如《镜花缘》中所描述的“君子国”情景)，也可能由于看到各自的处境而主动达成互不干预的独立状态，结果或者两者谁也别想占利，或者造成“两败俱伤”或“两利俱损”的意外结局。

对于上面所描述的“社会人际关系全景图”，我还把樊纲先生的“命运方程”作了进一步修正和完善，用我以为更加周延的方式作了解答。

现实中的每个社会成员，作为一个自利的经济人，其目标函数都会由三种类型的子目标变量组成：

(1)“独立自利变量”，这种变量的取值与其他人的利益没有关系(零相关)，可用 $IX=(IX_1, IX_2, \cdots, IX_n)$ 表示。

(2)“利他收益变量”，这种变量取值与他人利益正相关，可用 $HX=(HX_1, HX_2, \cdots, HX_n)$ 表示。

(3)“损人利己变量”，这种变量的取值与他人利益负相关，可用 $DX=(DX_1, DX_2, \cdots, DX_n)$ 表示。

基此，若用 U 表示经济人总利益，那么其目标函数可表示为：

$$\text{Max}\, U=U(IX, HX, DX)$$

三种类型变量的具体取值大小，其在总目标中的权重如何，不同偏好结构的人或同样的人在不同的时空场合或环境约束中会很不相同。一个人在实际当中，是采取“自私自利”行为还是采取“冷漠处之”的态度，是“关心自己”还是“可怜别人”，是“损人利己”还是“损己利人”，等等，都不是有没有“自利”动机的问题，而是自利目标的具体实现策略和方式问题。

总之，根据自己的人生经验和学习体悟，我以为，**待人处世的最精髓要义，其实就是要学会在现实工作和生活中，随时随地通过平等协商的方式，去化解与别人可能有的任何利益矛盾和冲突**。我们要提倡人与人之间的“平等”，在看待他人时，要把别人看作是与自己“一样”的利益主体，与别人打交道的时候要互相“尊重”，不要把别人看作“弱智”或“傻瓜”，时时处处自以为是地替别人着想、做打算，结果却干出一系列干预别人生活、侵害别人利益、破坏别人幸福的“好心坏事”来。同样，在面对利益冲突时，不要“与人过不去”，只强调自己利益而不顾别人“死活”，不要搞“阶级斗争”，动不动就“革命”，而应该通过“民主互动”、“平等协商”和“妥协忍让”的办法去解决问题。

这才是经济学所包含的精髓思想和精神实质。人人有了这样达观的人际价值观修养，人们之间还有什么利益问题不能解决的呢?!

跨文化，平天下，美好世界是你们的

> 当代中国青年，要有使命感，在全球化新时代，以“欲达人、先律己”的姿态，勇敢担当起“跨文化、平天下”的历史重任。

在本书最后，我还想再次引用毛主席语录来跟大家告个别。毛主席当年在莫斯科大学演讲时，对当时将成为“国家栋梁”的青年朋友们说：“世界是你们的，也是我们的，但归根结底是你们的！”此话千真万确，世界永远属于年轻的一代！

当代青年人，面临的是全球一体化的新时代，你们在数字化的社会环境中出生，在网络化的世界中成长，在市场经济的大潮中搏击，背负着“跨文化、平天下”的重大历史使命，因此必须有决裂于“与天斗、与地斗、与人斗”旧时代的新眼界、新境界和新理念。但新中有旧，千变万化的创新需要继承亘古不变的旧传统。那么，我们当今的青年人应该怎么去“平天下”？在当今世界的跨文化交流、沟通和管理中，应该坚持的最重要、最基本准则应该是什么？说千道万，恐怕就是一句话，即：

推己及人，己所好恶，不加于人。

孔子说："己所不欲，勿施于人"。这个大家都能理解，也比较容易做到。但是，关于"己所欲，施于人"的说法，却有很大的欺骗性和迷惑性，许多人可能很赞成甚至大加赞扬，在他们看来，为了别人好而强加于人，是"合情"、"合理"所以也是"合法"的。

著名经济学家茅于轼先生指出：**"己所不欲，勿施于人"和"己所欲，施于人"是两种完全不同、一正一反、一正确一错误的心智模式**。"己所不欲，勿施于人"是一种人我和谐统一的人际状态，它是一种将自己看作组织中与其他成员一模一样的"普通一员"，在日常交往中，能够推己及人、"将心比心"，自己不愿意的"讨厌事情"决不强加于他人；人们在这样的人际关系中，无论文化背景、宗教信仰等多么不同，都会相安无事、和平相处，整个社会或组织的人际关系才能整合凝聚在一起，从而才能有"相亲相爱大家庭"或"社会和谐"发生之可能。而"己所欲，施于人"则提倡的是一种"伪善"，它往往从自己的良好愿望出发，而把别人当作没有他高明的"傻瓜"，去将自己的意志强加给别人，结果往往是"好心办坏事"，用"积极"的态度做"消极"的事情，也容易被那些"别有用心"的人利用来损害别人的利益。

在现实的社会生活中，往往越是强势的人、有权力的人、富有的人、"自作聪明"或"自以为是"的人，对待弱势、平民、穷人和被认为是"愚昧落后"的人，越倾向于做出这样或那样"乐善好施"的事情，令人遗憾的是，其结果大多数情况下是"好心办坏事"。这个重大"道义"问题，在近年来全世界范围的恐怖主义与反恐怖主义"国际斗争"中，表现得特别突出，这很值得我们认真、深刻和理性地反思一番。

如果说现代人类发展出什么"文明规则"的话，那不是别的，就是我们中华民族早就倡导的"天下主义"文化准则——"己所不欲，勿施于人"，尤其是"己所欲，亦不施于人"。

家事国事天下事事事相通，天事地事世间事都是人事。你把你村里的事情搞清楚了，城里的事情也会搞个差不多，至于说国家大事乃至世界大事嘛，你也会弄个八九不离十。人与人、民族与民族、国家与国家之间的交往关系，只有在互相尊敬、多元发展的"天下主义"文化背景下，也才能共容和谐。

在关于"和平与发展"这个当今世界的两大主题事务中，中国青年、包括来自中国农村的青年朋友们，都应该积极参与进来担当起自己该担当的！